2024年

国家统一法律职业资格考试

主观题通关包

考点必背108

法律考试中心／组编
张博／主编

法律出版社
——北京——

图书在版编目(CIP)数据

2024年国家统一法律职业资格考试主观题通关包：全3册／法律考试中心组编；张博主编. -- 北京：法律出版社，2023

ISBN 978-7-5197-8621-2

Ⅰ. ①2… Ⅱ. ①法… ②张… Ⅲ. ①法律工作者-资格考试-中国-自学参考资料 Ⅳ. ①D920.4

中国国家版本馆CIP数据核字(2023)第238862号

2024年国家统一法律职业资格考试主观题通关包：全3册

2024 NIAN GUOJIA TONGYI FALÜ ZHIYE ZIGE KAOSHI ZHUGUANTI TONGGUANBAO: QUAN 3 CE

法律考试中心 组编

张 博 主编

策划编辑 田亚飞

责任编辑 田亚飞 徐 菲

装帧设计 李 瞻

出版发行 法律出版社

编辑统筹 法律考试·职业教育出版分社

责任校对 晁明慧 王语童

责任印制 胡晓雅

经　　销 新华书店

开本 787毫米×1092毫米 1/16

印张 22.75 **字数** 496千

版本 2023年12月第1版

印次 2023年12月第1次印刷

印刷 永清县金鑫印刷有限公司

地址：北京市丰台区莲花池西里7号(100073)

网址：www.lawpress.com.cn

投稿邮箱：info@lawpress.com.cn

举报盗版邮箱：jbwq@lawpress.com.cn

销售电话：010-83938349

客服电话：010-83938350

咨询电话：010-63939796

书号：ISBN 978-7-5197-8621-2

定价(全3册)：78.00元

凡购买本社图书，如有印装错误，我社负责退换。电话：010-83938349

序言:方向对了,速度才有意义

一、选教材定方向

考试失利最主要的原因是选择了不适合自己的老师或教材!考生的起点不一样,年龄、基础、记忆力、考试目标都有差别,因此选择老师或教材也应谨慎,适合自己的才是“真经”!选择了不适合自己的老师和教材,是久考不过的根源!

想要高效通过主观题考试,一定要结合自身的实际情况选择教材资料。学习时间较少的在职考生,可以选择精简干货类资料进行复习。**方向对了,速度才有意义!**

二、知己知彼,百战不殆

锦囊一:主观题考试考什么学什么。主观题考试考查的考点有限,老师在命题的时候也会有一个“知识点清单”,整个法考学科常考、必考点不会超过1500个,而主观题考试常考、必考点不会超过150个。本书“考点必背108”一卷收录了108个核心考点,这些就是我们主观题考试中用以做答题依据的“大前提”。把这些考点掌握透彻,就会为通过主观题考试奠定知识基础。

锦囊二:背不下来是因为重复的遍数不够。如果考试之前,把核心知识点过3遍以上,想不过都难!如果自己能够投入法考复习的时间有限,那么就尽量选择比较简捷的教材,不要上演快考试了,知识点还没看完的悲剧。重复是攻克“记不住”难题的良方。应把时间都用在“刀刃”上,拒绝盲目地死记硬背知识点。

锦囊三:巧用真题,沙场点兵。许多同学以为做真题没有用,因为真题考过了就不会再考。但请记住“真题不代表死去的过去,永远代表鲜活的未来”。本书“真题必练100问”一卷收录了2019~2023年5年法考主观题考试题目(回忆版)。沙场点兵,让你在掌握知识点后,熟练运用、查漏补缺。本书“冲刺必做20题”一卷包括20道模拟题,做模拟题不是为了押题,而是在掌握了真题后,通过模考演练来提升成绩。

锦囊四:法考复习需要有明确计划。即便是用同样的教材,也不一定有一样的结果!本书包括“考点+真题+模拟题”,三位一体,为考生顺利通过主观题考试提供全方位保障。根据大部分考生的情况,建议可以学习三轮:第一轮看书,将知识点系统学习一遍。第二轮看书+做真题,通过真题来查漏补缺。第三轮看书+做模拟题,把重要的考点和错题涉及的考点进行总结归纳,然后再做模拟题。具体的计划电子版可以关注公众号

“法考张博”获取。

三、相濡以沫不如相忘于江湖

要想成为真正的法律人，就必须自己跨过法考这道“坎”。明知前路艰辛坎坷，也要矢志不渝。

我们坚信：**“有志者事竟成，破釜沉舟，百二秦关终属楚；苦心人天不负，卧薪尝胆，三千越甲可吞吴。”“骐骥一跃，不能十步；驽马十驾，功在不舍。”**当胜利曙光照耀前途时，你会感恩这段激情燃烧、忘我奋斗的岁月。

我愿意与你成为终生的朋友，但却愿在法考学习中只与你相遇一次。

念念不忘，必有回响，不忘初心，方得始终！

张博

2023年12月于北京

目　　录

刑事诉讼法

民　　法

商　　法

民事诉讼法与仲裁制度

行政法与行政诉讼法

主观题考试备考方法论

一、导论

(一)法考改革,模板已"死"

2018年国家统一法律职业资格考试改革,分为客观题考试、主观题考试,通过客观题考试后才能参加主观题考试。

对于主观题考试的学习,一定要掌握正确的学习方法,了解法考主观题考试的命题思路及规律方能乘风破浪,顺利通关。

1. 拒绝模板,适应法考改革

所谓"论述题就是填空题"的"模板论"时代已经结束,同学们务必跟上时代步伐。最典型的模板就是"定概念—说联系—喊口号"。这种模板得分不会高。原因很简单,写一篇议论文,文章开始肯定是要先提出观点,而不可能上来什么观点都没有提出就开始写概念。因此,这种写法只会被低分处理。如果想写概念,没关系,放在"大前提"里面,想怎么写就怎么写。实际上,大部分年份的考试中是不需要写概念的。

2. 掌握思维,学会运用"四要素"来解题

所谓"四要素",即观点、法学理论、分析材料、结论。无论怎么评分,主观题一定要有这四个部分才完整。后面会具体讲"四要素"的运用问题。此外,主观题备考一定要根据阅卷人的思维来学习和练习,这样才能起到事半功倍的效果,本套书便完全是按照阅卷人的思维进行讲解和设计的。

(二)主观题考试答题技巧

1. 结论置前,结合案情

这点在前述已经提过,即无论题目会不会,一定要有结论。结论单独评判,只要有结论就有分,而且在法考中有很多开放性的答案,尤其是民商法,得分关键在于能否言之有理。阅卷人一般在阅卷时都会希望考生能多得分,这一点毋庸置疑。再者就是分析时一定要结合案情,不要照抄,简单一句话总结即可,这里往往也有关键 1 分。

论述题阅卷要求一篇文章具有四个要素,即"明确观点、理论阐释、结合材料、给出结论",其中第三部分就是结合材料进行分析。

2. 法言法语,"复述"法条

在答题时不要用一堆话去掩饰自己在法律知识、法律语言方面的匮乏。不需要抄具体的法条原文,但要学会运用法言法语"复述"法条。这就是"大前提"。本书在最后对每个科目 2024 年能考到的"大前提"进行了汇总并整理成"必背大前提"供大家记忆。

3. 善于推理分析

有些题目的问题往往是答案的突破口,如 2021 年"民法 + 民诉 + 商法"那道题,问题其实已经隐藏了答题方向,要善于推理分析,从问题中寻找答案的蛛丝马迹,不要盲目答题。

4. 合理分配答题顺序及答题时间

法考主观题一般安排在 10 月中旬(非延考)的周末,考试时间是 240 分钟(9:00 ~ 13:00),总分 180 分。题型基本固定为"4 必做 + 1 选做"模式,平均每道题答题时间为 48 分钟。

建议考生合理分配答题顺序及答题时间。建议考生先做论述题,2022 年考查分数为 35 分(2018 年、2019 年均为 38 分,2020 年为 32 分,2021 年为 35 分),建议考生在 45 ~ 50 分钟内完成。

再做刑法题,2022 年刑法题分值为 31 分(2018 年为 30 分,2019 年为 36 分,2020 年为 34 分,2021 年为 31 分),首先看一下是笼统式问法还是一问一答式问法,笼统式问法的答题时间控制在 35 ~ 40 分钟。一问一答式问法的答题时间控制在每个问题 6 ~ 8 分钟。

第三道题做民法综合题,2022 年考查分值为 56 分(2018 年为 54 分,2019 年为 52 分,2020 年为 56 分,2021 年为 56 分),这道题目涉及民法、民诉与仲裁制度、商法,所以做题的时候时间控制在 65 ~ 70 分钟。

参照 2021 年试卷,这三道题目总分数就为 122 分,此时题目还剩 2 道(刑事诉讼法、商经/行政法二选一),大部分考生时间还剩 70 分钟左右。2022 年刑事诉讼法考查分值为 30 分(2020

年、2021 年刑事诉讼法也是 30 分,基本已经稳定了),如果考生觉得难,可以直接挑自己擅长的商法或者行政法作答,这道题目 28 分,可以用 40 分钟进行回答。最后再回答刑事诉讼法题目,按照法律人思维进行回答,按点作答,能得多少分算多少分。这样安排答题顺序和时间,胜算很大。平时练习的时候可以注意训练这种方法,以更好地把握时间。

二、主观题解题思路

(一)论述题“四要素”演示

1. 基本内涵

在主观题考试的阅卷过程中,同一道题目由两位老师同时进行评分,分数相差过大就由第三位老师进行评分,还是差距过大就由专家组来评分。这与高考作文的阅卷规则十分相似。

为了避免两位阅卷老师在面对同一名考生的答卷,对同一道题目进行评分时给出的分值偏差过大,阅卷老师会遵循一定的阅卷标准,即根据“提出观点、讲理论、结合材料、得出结论”这四要素进行评判,每个要素占据一定比例的分值。举例来说,我们设定某道题目中这四个要素分别占的分数是:7 分、8 分、8 分、7 分。那么,两位老师在批阅试卷的时候,先看这位考生有没有提出观点,根据“提观点”的情况在 7 分以内来给分数;再根据这位考生“讲理论”的情况在 8 分以内来给分数;再根据他“运用理论分析材料”的情况在 8 分以内来给出分数;最后根据考生“得出结论”的情况在 7 分以内给出分数。这样一来,两位老师给同一张试卷的同一道题目打出的分数就会相差不多。因此,学会用“四要素”理论进行答题已经成为我们准备主观题考试第一道论述题的不二法门。

2. 适用范围

“四要素”是汉语议论文必须具备的四个要素,也是公务员考试申论题的必备要素。我们以某年的高考作文《学雷锋》为例进行说明:

【提出观点】雷锋叔叔是一个乐于帮助人的“活菩萨”。他的一言一行都在证明着这一点。

【讲理论】螺丝钉虽小,可它的作用往往会大于比它大的物体。就算是一颗小小的螺丝钉,它也能给社会献出一份它仅有的力量。社会上又有多少人能做一颗真正的螺丝钉,社会上又有多少人能像雷锋叔叔一样?

【结合材料】现实生活中太多的人只懂得为自己着想。看到垃圾不捡起还摆着一副事不关己高高挂起的样子,看到需要让座的人群不起来还眼睛瞪得大大的要看热闹……就是太多自私的人让社会上的“活雷锋”越来越少。

【结论】雷锋叔叔那种谦让、乐于帮助人的精神值得我们去学习,去实践。同学们,光说是没用的,重要的是你有没有去实践。在此,我还是希望通过一些学雷锋活动使生活中能有更多的“雷锋”!

以上,是我对我们白话议论文进行的最典型的分析。可以说,“四要素”是汉语议论文必须具备的最基本要素,因此凡是考试中的主观性题目,都可以按照这个思路来写,阅卷老师也会按照这四个方面来评阅。再以 2022 年法考主观题试卷第一题为例供大家参考。(本题题干、答案及解析详见“真题必练 100 问”分册)

问题:请根据以上材料,结合你对习近平法治思想的学习理解,谈谈党的十八大以来改革重构司法权力配置和运行机制的重大成就和意义。

解题思路如下：

【明确观点】改革重构司法权力配置和运行机制必须以习近平法治思想为指导思想，习近平法治思想是新时代中国特色社会主义思想的重要组成部分。必须坚持以习近平同志为核心的党中央权威和集中统一领导。加强和改善党的领导是全面深化改革的根本保证，坚持党领导立法、保证执法、支持司法、带头守法，这样才能确保改革重构司法权力配置和运行机制能够取得重大成就。

【理论+材料】改革重构司法权力配置和运行机制要坚持党的领导。党的十八大以来，习近平总书记对深化执法司法权力运行机制改革作出一系列重要指示，为进一步规范用权、提升执法司法质效和公信力提供了根本遵循。正如材料一所述党领导深化以司法责任制为重点的司法体制改革，开展政法队伍教育整顿等是取得重大成绩的。

【理论+材料】改革重构司法权力配置和运行机制要以人民为中心，要"努力让人民群众在每一个司法案件中感受到公平正义"。法治是国家治理体系和治理能力的重要依托，立法、执法、司法、守法是依法治国的基本环节，要用法治保障人民安居乐业。正如材料二所述"要围绕让人民群众在每一项法律制度、每一个执法决定、每一宗司法案件中都感受到公平正义这个目标"。

【理论+材料】司法体制改革要坚持党领导立法、保证执法、支持司法、带头守法，确保司法机关依法办案，发挥司法独立性、权威性、公正性，构建开放、动态、透明、便民的阳光司法机制，确保司法公开、透明。阳光是最好的防腐剂，正如材料三所述权力是一把"双刃剑"，权力需要在法治轨道上行使。

【得出结论】综上所述，改革重构司法权力配置和运行机制利国利民，我们必须要坚持在党的领导下，坚持以人民为中心，牢牢把握社会主义公平正义的价值追求，从立法、司法、执法、守法等各环节发力，在思想上和行为上同党中央保持一致。只有这样，司法机关的依法独立性才能明显增强，司法权威及公正性才能进一步提升，司法廉洁性才能进一步提高。

"四要素"是中国人写议论文的法宝，是我们应对各种考试中"主观题"的法宝。同时，我们工作了以后，领导让我们写材料时，基本也可以用到"四要素"的思路，这样的材料才思路清晰、有理有据。

同时，法律文书中判决书、起诉书，都是要有这"四要素"的。法律文书中所引用的法律规定、法律说理就是"讲理论"部分，而对案件事实的陈述就是"结合材料"部分，对于诉讼请求的提出或者案件最终结果的判定，就是"提出观点"和"结论"部分。

综上，无论你是想顺利应对各种考试的"主观题"，还是要写好法律文书，抑或想学会写一手不错的公文，熟悉和掌握"四要素"这个分析思路，都是必须要过的一关。法考改革以后的主观题第一题也要用"四要素"的思路来解决。有了这个思路，然后配合我给大家总结的几十个法学理论，相信大家应该是可以轻松应对写作题了。写作题总分在35分左右，但是拿分又比案例题容易得多，如果是一个"智慧"的考生，就应该在写作题上多下功夫。这样容易的题目，大家千万不要丢分呀！

（二）案例题“三段论”演示

在案例题中，每一个小问题的回答，都要遵循“观点（结论）—法律依据（大前提）—案件事实（小前提）”这个基本思路。下面以2021年刑法题目的回答进行范例说明（本题题干、答案及解析详见“真题必练100问”分册）。

1. 认定刘某构成敲诈勒索罪的理由有哪些？认定刘某构成侵占罪的理由有哪些？（10分）

【答案参考】

（1）认定刘某构成敲诈勒索罪，属于共同犯罪。

理由一：以非法占有为目的，威胁恐吓他人，索取财物的行为成立敲诈勒索罪。事实一中，赵某所犯的敲诈勒索罪并未既遂，刘某知道真相后，主观上具有共同的故意，中途加入去取10万元，属于承继的共犯。依据《刑法》第25条规定，构成敲诈勒索罪的共犯。

理由二：为正犯实施帮助的成立帮助犯。事实一中赵某威胁周某给钱的行为符合敲诈勒索罪“威胁他人、索取财物”的构成要件，依法成立敲诈勒索罪。刘某事中加入，为赵某取财提供帮助，依法成立敲诈勒索罪的帮助犯。

（2）认定刘某构成侵占罪，赵某的敲诈勒索罪已经既遂。

理由一：敲诈勒索罪既遂的标准是被害人丧失对财物的占有，事实一中，周某已经将10万元放到了指定地点，对财物丧失了占有。该财物属于脱离他人占有的遗忘物，刘某非法占有遗忘物，依据《刑法》第270条，成立侵占罪。

理由二：《刑法》规定，教唆他人犯罪的，成立教唆犯。事实一中赵某教唆刘某将脱离他人占有的遗忘物非法占有，刘某依法成立侵占罪。

2. 有观点认为，赵某成立事后转化的抢劫，理由有哪些？有观点认定赵某成立盗窃罪和故意伤害罪，理由有哪些？（10分）

【答案参考】

（1）成立事后转化的抢劫的理由有二：

理由一：《刑法》规定，犯盗窃罪，为了窝藏赃物，当场使用暴力的，转化为抢劫罪。事实二中赵某误以为李某是失主王某而实施暴力，但对象错误不影响赵某转化抢劫，赵某依法成立抢劫罪（转化型抢劫）。

理由二：刑法规定的转化型抢劫罪，只要是为了窝藏赃物而实施暴力即可。事实二中赵某故意伤害李某致其轻伤，依据《刑法》第234条“故意伤害他人身体”，赵某成立故意伤害罪，与抢劫罪属于法条竞合，仅定抢劫罪一罪即可。

（2）成立盗窃罪和故意伤害罪的理由有二：

理由一：《刑法》规定，犯盗窃罪，为了窝藏赃物，当场使用暴力的，转化为抢劫罪。其中使用暴力必须针对原占有人和抓捕人，事实二中，李某不知道赵某盗窃，赵某盗窃结束后，基于错误认识将李某打成轻伤，不符合转化型抢劫罪的规定，依法成立盗窃罪与故意伤害罪，数罪并罚。

理由二：赵某侵入王某家盗窃电脑，符合刑法关于“入户盗窃”成立盗窃罪的规定，依法成立盗窃罪。盗窃罪既遂以后，赵某故意伤害李某致其轻伤的行为符合刑法关于故意伤害罪的规定，依法成立故意伤害罪。对赵某依法应数罪并罚。

3. 有观点认为,刘某和赵某仅成立故意伤害罪,你反对还是赞同这个观点,说明理由。(6分)

我赞同刘某和赵某成立故意伤害罪。

理由:《刑法》规定,在非法拘禁过程中,使用暴力致人伤残的,以故意伤害罪定罪处罚。此处的伤残只需要在客观上达到即可。事实三中刘某和赵某共同将杨某控制,砍掉其大拇指的行为发生在拘禁过程中,仅定故意伤害罪一罪即可。

4. 赵某是故意杀人罪的犯罪中止还是犯罪未遂?请说明理由。(5分)

犯罪中止。

理由:《刑法》规定,在犯罪过程中自动放弃犯罪或者自动有效防止犯罪结果发生的,属于犯罪中止。事实四中,赵某见到两个孩子,主观上想着当着孩子面杀害妻子不合适,属于"能达目的而不欲",是主观上自动放弃杀人,属于犯罪中止。

三、阅卷流程介绍

(一)整理答案到数据库待批阅

2018年法考改革以后,对于主观题考试,考生既可以选择机考,也可以选择笔试。机考的考生,提交答案后,答案内容即完成存储。笔试的考生,其纸质版试卷要统一运送到华东政法大学进行扫描,转化为PDF电子版内容,与机考试卷一起导入数据库待阅评。

(二)同一所院校阅同样的题目,统一标准

为了保证分数公平,同样的题目会交由同一所院校进行阅评。参与阅卷的单位一般是"五院",即中国政法大学、中南财经政法大学、西南政法大学、华东政法大学、西北政法大学。比如,所有考生回答的民法—民诉—商法综合题都由中南财经政法大学阅卷,尽可能保证同一道题目的阅卷标准的一致性。

(三)考试结束后才确定阅卷标准

电子版试卷准备就绪后,命题组专家分赴阅卷的相关大学。首先由阅卷组专家随机抽取数百份当年考生的试卷,将这些试卷的答题情况进行总结,比如分出来优秀、良好、中等、及格四个等级,将这四种情况汇报给命题组专家,命题组专家根据阅卷组专家提供的建议,调整原来的"标准答案"以及每个小问题对应的采分点。每个题目、每个小问题具体得分细则标准是由命题组专家、阅卷组专家根据当年考生的水平制定的。

(四)阅卷专家培训、试阅评

各个题目给分标准确定后,即对本校当年参与阅卷的老师进行培训。一般培训需要半天时间。培训之后,所有阅卷老师进行半天的试阅评;也就是说,把培训的阅卷标准真正用在对考生试卷的阅评上。

不过,不同的老师对标准的把握还是有区别的。比如,笔者就接触过一位学术水平很高的博士后,她对于学术的要求精益求精,对于阅卷的要求近乎苛刻。以至于她与其他老师对于同一个题目的评分分值差距很大,从而导致经常重复阅评。

试阅评一般也是半天，这半天中主要是对所有老师的阅卷标准进行统一。有一些老师实在无法跟其他老师统一标准的话，就只能退出阅评组。

（五）正式阅评

经过试阅评阶段的演练，所有阅卷老师的标准基本统一。在试阅评阶段被阅评的试卷，会全部回到未阅评状态，还会被重新阅评一次。

每一位老师，一年只对一个题目进行阅评，阅评相同题目的阅评组都在同一个机房进行。

（六）一题多评，确保公平

为了保证阅评的客观性，电脑系统会随机把同一个考生的答卷发给两位老师阅评，如果两位老师给的总分差距在3分以内，则平均分数是该考生的得分。

如果两位老师给的分数相差超过3分（论述题分差要求是4分以内，案例题分差要求是3分以内），则系统会自动发给第三位老师阅评，看是否存在两位老师总分差距在3分以内的组合。如果仍然没有达到这个要求，那么系统会提交专家组进行最后鉴定。这种方法是为了保证“他评率”。

同时，系统还会不定时地把同一个考生的答卷发给同一位老师2~3次，这是为了保证“自评率”。如果该老师对于同一个考生的同一个题目的答卷每次给的评分分差较大，则说明该老师阅评不认真或者是对阅评标准的掌握不统一，专家组就会及时告知，并要求其及时调整。

阅卷组专家在后台实时监控，每一位老师的阅卷速度、“他评率”、“自评率”等指标一目了然，可以进行有效监督。“他评率”与“自评率”的设定，有利于保证阅卷的客观性、公平性。

（七）汇总加分

在完成全部阅评程序之后，由专家组操作系统，对每一位考生的成绩进行汇总加分。这一过程由计算机操作完成，不会出现加错分的情况。

（八）公布成绩

司法部对阅卷流程、结果核查无误后，按时向社会公布当年考试成绩。

习近平法治思想

考点1 习近平法治思想的形成发展及重大意义

项　目	内　容	
习近平法治思想形成发展的逻辑	历史逻辑	习近平法治思想凝聚着中国共产党人在法治建设长期探索中形成的经验积累和智慧结晶,标志着我们党对共产党执政规律、社会主义建设规律、人类社会发展规律的认识达到了新高度,开辟了中国特色社会主义法治理论和实践的新境界。
	理论逻辑	习近平法治思想坚持马克思主义法治理论的基本原则,贯彻运用马克思主义法治理论的立场、观点和方法,继承我们党关于法治建设的重要理论,传承中华优秀传统法律文化,系统总结新时代中国特色社会主义法治实践经验,是马克思主义法治理论中国化时代化的新发展新飞跃,反映了创新马克思主义法治理论的内在逻辑要求
	实践逻辑	习近平法治思想是从统筹中华民族伟大复兴战略全局和世界百年未有之大变局、实现党和国家长治久安的战略高度,在推进伟大斗争、伟大工程、伟大事业、伟大梦想的实践之中完善形成的,并会随着实践的发展而进一步丰富
习近平法治思想的鲜明特色	原创性	马克思主义创造性地揭示了人类社会发展规律,并随着实践的变化而发展。习近平总书记以马克思主义政治家、思想家、战略家的深刻洞察力、敏锐判断力和战略定力,在理论上不断拓展新视野、提出新命题、作出新论断、形成新概括,为发展马克思主义法治理论作出了重大原创性贡献
	系统性	系统观念是马克思主义基本原理的重要内容。习近平总书记强调全面依法治国是一个系统工程,注重用整体联系、统筹协调、辩证统一的科学方法谋划和推进法治中国建设,科学指出当前和今后一个时期推进全面依法治国十一个重要方面的要求,构成了系统完备、逻辑严密、内在统一的科学思想体系

续表

<table>
<tr><th>项　目</th><th colspan="2">内　容</th></tr>
<tr><td rowspan="3"></td><td>时代性</td><td>时代性是马克思主义的一个基本特性。习近平总书记立足中国特色社会主义进入新时代的历史方位,立时代之潮头,发思想之先声,科学回答了新时代我国法治建设向哪里走、走什么路、实现什么目标等根本性问题,在新时代治国理政实践中开启了法治中国新篇章</td></tr>
<tr><td>人民性</td><td>人民性是马克思主义最鲜明的品格。习近平总书记强调法治建设要为了人民、依靠人民、造福人民、保护人民,推动把体现人民利益、反映人民愿望、维护人民权益、增进人民福祉落实到全面依法治国各领域全过程,不断增强人民群众获得感、幸福感、安全感</td></tr>
<tr><td>实践性</td><td>实践性是马克思主义理论区别于其他理论的显著特征。习近平总书记明确提出全面依法治国并将其纳入“四个全面”战略布局,以破解法治实践难题为着力点,作出一系列重大决策部署,解决了许多长期想解决而没有解决的难题,办成了许多过去想办而没有办成的大事,社会主义法治国家建设取得历史性成就、发生历史性变革</td></tr>
<tr><td rowspan="4">习近平法治思想的重大意义</td><td colspan="2">习近平法治思想是马克思主义法治理论同中国法治建设具体实际相结合、同中华优秀传统法律文化相结合的最新成果</td></tr>
<tr><td colspan="2">习近平法治思想是对党领导法治建设丰富实践和宝贵经验的科学总结</td></tr>
<tr><td colspan="2">习近平法治思想是在法治轨道上全面建设社会主义现代化国家的根本遵循</td></tr>
<tr><td colspan="2">习近平法治思想是引领法治中国建设实现高质量发展的思想旗帜</td></tr>
</table>

考点2 习近平法治思想的核心要义

核心要义	内　容
坚持党对全面依法治国的领导	1. 党的领导是中国特色社会主义法治之魂; 2. 全面依法治国是要加强和改善党的领导; 3. 坚持党的领导、人民当家作主、依法治国有机统一; 4. 坚持党领导立法、保证执法、支持司法、带头守法; 5. 健全党领导全面依法治国的制度和工作机制
坚持以人民为中心	1. 以人民为中心是中国特色社会主义法治的根本立场; 2. 坚持人民主体地位; 3. 牢牢把握社会公平正义的价值追求; 4. 推进全面依法治国的根本目的是依法保障人民权益

续表

核心要义	内　容
坚持中国特色 社会主义法治道路	1. 中国特色社会主义法治道路是建设中国特色社会主义法治体系、建设社会主义法治国家的唯一正确道路。 2. 中国特色社会主义法治道路的核心要义： (1)坚持党的领导：坚定不移走中国特色社会主义法治道路，最根本的是坚持中国共产党的领导。 (2)坚持中国特色社会主义制度。中国特色社会主义制度是中国特色社会主义法治体系的根本制度基础，是全面推进依法治国的根本制度保障。 (3)贯彻中国特色社会主义法治理论。中国特色社会主义法治理论是中国特色社会主义法治体系的理论指导和学理支撑，是全面推进依法治国的行动指南
坚持依宪治国、 依宪执政	1. 坚持依法治国首先要坚持依宪治国，坚持依法执政首先要坚持依宪执政： (1)这是宪法的地位和作用决定的； (2)坚持依宪治国，是推进全面依法治国、建设社会主义法治国家的基础性工作，科学回答了宪法如何更好促进全面建设社会主义现代化国家的关键性问题； (3)坚持依宪执政，体现了中国共产党作为执政党的执政理念，体现了我们党对执政规律和执政方式的科学把握； 2. 宪法是国家的根本法，是治国理政的总章程：宪法是国家的根本大法，是治国理政的总章程，是党和人民意志的集中体现，具有最高的法律地位、法律权威、法律效力。 3. 全面贯彻实施宪法，是建设社会主义法治国家的首要任务和基础性工作。 4. 推进合宪性审查工作：完善宪法监督制度，必须积极稳妥推进合宪性审查工作，加强备案审查制度和能力建设，依法撤销和纠正违宪违法的规范性文件，维护宪法权威。 5. 深入开展宪法宣传教育
坚持在法治轨道上 推进国家治理体系和 治理能力现代化	1. 全面依法治国是国家治理的一场深刻革命； 2. 法治是国家治理体系和治理能力的重要依托； 3. 更好发挥法治固根本、稳预期、利长远的保障作用； 4. 坚持依法治军、从严治军； 5. 坚持依法保障“一国两制”实践与推进祖国统一； 6. 坚持依法治网

续表

核心要义	内　容
坚持建设中国特色社会主义法治体系	1. 推进全面依法治国的总目标和总抓手； 2. 建设完备的法律规范体系； 3. 建设高效的法治实施体系； 4. 建设严密的法治监督体系； 5. 建设有力的法治保障体系； 6. 建设完善的党内法规体系
坚持依法治国、依法执政、依法行政共同推进，法治国家、法治政府、法治社会一体建设	1. 全面依法治国是一个系统工程； 2. 法治国家是法治建设的目标； 3. 法治政府是建设法治国家的主体； 4. 法治社会是构筑法治国家的基础。 要坚持系统观念，准确把握全面依法治国工作布局，坚持依法治国、依法执政、依法行政共同推进，法治国家、法治政府、法治社会一体建设。依法治国、依法执政、依法行政是一个有机整体，关键在于党要坚持依法执政、各级政府要坚持依法行政。法治国家、法治政府、法治社会三者各有侧重、相辅相成：法治国家是法治建设的目标，法治政府是建设法治国家的主体，法治社会是构筑法治国家的基础
坚持全面推进科学立法、严格执法、公正司法、全民守法	1. 科学立法、严格执法、公正司法、全民守法是推进全面依法治国的重要环节； 2. 推进科学立法； 3. 推进严格执法； 4. 推进公正司法； 5. 推进全民守法
坚持统筹推进国内法治和涉外法治	1. 统筹推进国内法治和涉外法治是全面依法治国的迫切任务； 2. 加快涉外法治工作战略布局； 3. 加强对外法治交流合作； 4. 为构建人类命运共同体提供法治保障
坚持建设德才兼备的高素质法治工作队伍	1. 建设一支德才兼备的高素质法治工作队伍至关重要； 2. 加强法治专门队伍建设； 3. 加强法律服务队伍建设； 4. 加强法治人才培养
坚持抓住领导干部这个“关键少数”	1. 领导干部是全面依法治国的关键； 2. 领导干部应做尊法学法守法用法的模范； 3. 领导干部要提高法治思维和法治方式的能力； 4. 党政主要负责人要履行推进法治建设第一责任人职责

考点3 习近平法治思想的实践要求

项目	内容
充分发挥法治对经济社会发展的保障作用	1. 以法治保障经济发展； 2. 以法治保障政治稳定； 3. 以法治保障文化繁荣； 4. 以法治保障社会和谐； 5. 以法治保障生态良好
正确认识和处理全面依法治国一系列重大关系	1. 政治和法治； 2. 改革和法治； 3. 依法治国和以德治国； 4. 依法治国和依规治党

考点4 党的二十大核心考点汇总

项目	内容
大会主题	高举中国特色社会主义伟大旗帜，全面贯彻新时代中国特色社会主义思想，弘扬伟大建党精神，自信自强、守正创新，踔厉奋发、勇毅前行，为全面建设社会主义现代化国家、全面推进中华民族伟大复兴而团结奋斗
对党和人民事业具有重大现实意义和深远历史意义的三件大事	一是迎来中国共产党成立一百周年，二是中国特色社会主义进入新时代，三是完成脱贫攻坚、全面建成小康社会的历史任务，实现第一个百年奋斗目标
取得历史性成就、发生历史性变革的重要方面	1. 创立了新时代中国特色社会主义思想，明确坚持和发展中国特色社会主义的基本方略，提出一系列治国理政新理念新思想新战略，实现了马克思主义中国化时代化新的飞跃。 2. 全面加强党的领导，确保党中央权威和集中统一领导，确保党发挥总揽全局、协调各方的领导核心作用，我们这个拥有九千六百多万名党员的马克思主义政党更加团结统一。 3. 对新时代党和国家事业发展作出科学完整的战略部署，提出实现中华民族伟大复兴的中国梦，统揽伟大斗争、伟大工程、伟大事业、伟大梦想，明确“五位一体”总体布局和“四个全面”战略布局，确定

续表

项　目	内　容
	稳中求进工作总基调,统筹发展和安全,明确我国社会主要矛盾是人民日益增长的美好生活需要和不平衡不充分的发展之间的矛盾,并紧紧围绕这个社会主要矛盾推进各项工作,不断丰富和发展人类文明新形态。 4. 经过接续奋斗,实现了小康这个中华民族的千年梦想,打赢了人类历史上规模最大的脱贫攻坚战,历史性地解决了绝对贫困问题,为全球减贫事业作出了重大贡献。 5. 以巨大的政治勇气全面深化改革,许多领域实现历史性变革、系统性重塑、整体性重构,中国特色社会主义制度更加成熟更加定型,国家治理体系和治理能力现代化水平明显提高。 6. 坚持走中国特色社会主义政治发展道路,全面发展全过程人民民主,社会主义民主政治制度化、规范化、程序化全面推进,人民当家作主更为扎实,全面依法治国总体格局基本形成。 7. 深入贯彻以人民为中心的发展思想,在幼有所育、学有所教、劳有所得、病有所医、老有所养、住有所居、弱有所扶上持续用力,建成世界上规模最大的教育体系、社会保障体系、医疗卫生体系,人民群众获得感、幸福感、安全感更加充实、更有保障、更可持续,共同富裕取得新成效。 8. 深入推进全面从严治党,坚持打铁必须自身硬,提出和落实新时代党的建设总要求,以党的政治建设统领党的建设各项工作。我们以钉钉子精神纠治"四风",反对特权思想和特权现象,刹住了一些长期没有刹住的歪风,纠治了一些多年未除的顽瘴痼疾
新时代新征程 中国共产党的使命任务	1. 从现在起,中国共产党的中心任务就是团结带领全国各族人民全面建成社会主义现代化强国、实现第二个百年奋斗目标,以中国式现代化全面推进中华民族伟大复兴。 2. 中国式现代化,是中国共产党领导的社会主义现代化,既有各国现代化的共同特征,更有基于自己国情的中国特色。中国式现代化是人口规模巨大的现代化,是全体人民共同富裕的现代化,是物质文明和精神文明相协调的现代化,是人与自然和谐共生的现代化,是走和平发展道路的现代化。 3. 中国式现代化的本质要求是:坚持中国共产党领导,坚持中国特色社会主义,实现高质量发展,发展全过程人民民主,丰富人民精神世界,实现全体人民共同富裕,促进人与自然和谐共生,推动构建人类命运共同体,创造人类文明新形态
坚持全面依法治国, 推进法治中国建设	1. 全面依法治国是国家治理的一场深刻革命,关系党执政兴国,关系人民幸福安康,关系党和国家长治久安。必须更好发挥法治固根本、稳预期、利长远的保障作用,在法治轨道上全面建设社会主义现代化国家

续表

项　目	内　容
	2. 我们要坚持走中国特色社会主义法治道路，建设中国特色社会主义法治体系、建设社会主义法治国家，围绕保障和促进社会公平正义，坚持依法治国、依法执政、依法行政共同推进，坚持法治国家、法治政府、法治社会一体建设，全面推进科学立法、严格执法、公正司法、全民守法，全面推进国家各方面工作法治化。 3. 我们要完善以宪法为核心的中国特色社会主义法律体系，加强宪法实施和监督，加强重点领域、新兴领域、涉外领域立法，推进科学立法、民主立法、依法立法。扎实推进依法行政，转变政府职能，优化政府职责体系和组织结构，提高行政效率和公信力，全面推进严格规范公正文明执法。严格公正司法，深化司法体制综合配套改革，全面准确落实司法责任制，加快建设公正高效权威的社会主义司法制度，努力让人民群众在每一个司法案件中感受到公平正义。加快建设法治社会，弘扬社会主义法治精神，传承中华优秀传统法律文化，引导全体人民做社会主义法治的忠实崇尚者、自觉遵守者、坚定捍卫者，努力使尊法学法守法用法在全社会蔚然成风
在法治轨道上推进中国式现代化	1. 立法层面，加强重点领域、新兴领域、涉外领域立法。 2. 执法层面，加大关系群众切身利益的重点领域执法力度。 3. 司法层面，努力让人民群众在每一个司法案件中感受到公平正义。 4. 守法层面，建设覆盖城乡的现代公共法律服务体系，深入开展法治宣传教育，增强全民法治观念；发挥领导干部示范带头作用，努力使尊法学法守法用法在全社会蔚然成风

刑　法

考点5 不作为犯

<table>
<tr><th>项　目</th><th colspan="2">内　容</th></tr>
<tr><td rowspan="2">不作为的分类</td><td colspan="2">1. 真(纯)正不作为犯——刑法明文规定只能由不作为构成的犯罪。认定真正不作为犯,完全符合罪刑法定原则的要求,不存在类推适用的问题。
例:丢失枪支不报罪(第129条),不报安全事故罪(第139条之一),逃税罪(第201条),遗弃罪(第261条),拒不支付劳动报酬罪(第276条之一),拒绝提供间谍犯罪、恐怖主义犯罪、极端主义犯罪证据罪(第311条),不解救被拐卖、绑架妇女、儿童罪(第416条第1款)——这类犯罪,刑法的本质是要求你去做一件事情,但你偏不做,违反了刑法的命令性规定,或者说违反了刑法对行为人所要求的义务</td></tr>
<tr><td colspan="2">2. 不真(纯)正不作为犯——这种犯罪通常情况下是作为犯,但也可能是不作为犯。
例:故意杀人罪,通常情况下是作为犯(如用枪杀、用刀捅),少数情况下可能是不作为犯(如拒绝哺乳婴儿导致其活活饿死)。这种犯罪既可能是违反了刑法的禁止性规定,也可能是违反了刑法的义务性(命令性)规定——放火罪、故意杀人罪</td></tr>
<tr><td rowspan="5">不作为成立条件</td><td rowspan="3">1. 应为(具有作为义务)</td><td>(1)基于行为人对危险源负有监督义务,如危险动物(危险设施)/监督义务(精神病人和未成年人)/先前行为(扔烟头导致火灾)</td></tr>
<tr><td>(2)基于特定关系,行为人负有保护义务,如法律直接规定/职务、业务制度规定/基于合同契约</td></tr>
<tr><td>(3)危险发生在特定领域,行为人对特定领域负有管理职责,如在卖淫女家里,嫖客心脏病突发,卖淫女有救助义务</td></tr>
<tr><td>2. 能为</td><td>具有作为的可能性(从行为人自身能力和客观条件两方面进行判断)</td></tr>
<tr><td>3. 而不为</td><td>不作为的核心是行为人没有履行作为义务,行为人在应当履行作为义务而不履行作为义务的期间所实施的其他行为,不是该不作为的内容,也不影响不作为的成立</td></tr>
</table>

续表

项　目	内　容	
	4. 等价性	侵害法益的等价性
		提示： （1）不作为犯罪可能成立未遂犯； （2）不作为犯罪可能成立故意犯，也可能成立过失犯，即过失犯罪既可能表现为作为方式，也可能表现为不作为方式； （3）“持有”是一种作为方式。同时故意持有多种犯罪对象的，数罪并罚。与此相类似，同时故意走私多种犯罪对象的，数罪并罚

考点6　因果关系

项　目	内　容
概念	因果关系是指犯罪的实行行为（危害行为）与危害结果之间的一种引起与被引起的关系。因果关系仅是犯罪的客观不法要件，即便存在客观上的因果关系，主观上没有非难可能性（故意、过失、期待可能性等）的，也不成立犯罪
常考的因果关系	1. 假定的因果关系：前行为（0 作用）+ 后行为（100% 作用）= 结果。前行为尚未发生作用，后行为直接引起结果发生，后行为与结果具有因果关系
	2. 重叠的因果关系：前行为（50% 作用）+ 后行为（50% 作用）= 结果。两个行为单独都不能导致结果的发生，相互没有意思联络，结合到一起同时起作用导致了结果的发生
	3. 二重的因果关系（择一的竞合）：前行为（100%）/后行为（100%）= 结果。两个行为都能独立导致结果的发生，相互没有意思联络，同时发生作用，竞合到一起导致了结果的发生
因果关系中断	只有在介入了独立于先行行为的因素且介入因素的出现是异常（后条件是否是前条件引起的，如果不是则就是异常的因素，如果是则就是正常的因素。如果还是无法判断，请注意，前条件在通常情形下，导致介入因素出现的概率如果达到 10% 以上，则介入因素属于正常因素）的情况下，因果关系才中断（常考的有三类情形：他人行为、被害人自身行为、自然事件。判断技巧就是“独立且异常”）
	例：非法行医的被告人让身患肺炎的患者到药店买感冒药治疗，导致被害人没有得到正常治疗而死亡的，这个死亡结果归属于被告人的非法行医行为。但是，如果是被害人自我冒险导致结果发生，则不能将结果归属于被告人。常见的例子就是被告人在寒冷冬天为了取乐将钱扔进湖中，被害人为了得到钱跳入水中死亡，就不能将死亡结果归属于扔钱行为

考点7 事实认识错误

<table>
<tr><th>分 类</th><th colspan="2">内 容</th></tr>
<tr><td rowspan="5">具体的事实认识错误</td><td>1. 对象错误</td><td>这是指主观上对具体对象出现认识错误。无论按照具体符合说还是法定符合说，均不影响故意犯罪的成立。误将他人当作仇人杀害的，属于典型的对象错误，无论按照什么学说，均对他人成立故意杀人罪（既遂或者未遂）</td></tr>
<tr><td>2. 打击错误（也称“方法错误”）</td><td>行为指向的对象没有认识错误，但客观结果出现偏差，即出现了其他结果。甲欲杀乙，未击中乙（或者击中乙致其死亡），但导致丙死亡的，属于典型的方法错误。甲对乙不存在认识错误，成立故意杀人罪未遂（或者既遂）。甲对丙存在方法错误，按照法定符合说，成立故意杀人罪既遂；按照具体符合说，甲对丙成立过失致人死亡罪。这种情形存在想象竞合，应以故意杀人罪未遂处理</td></tr>
<tr><td rowspan="3">3. 因果关系错误</td><td>（1）狭义的因果关系错误，即因果关系错误的一般情形，不影响故意犯罪的认定</td></tr>
<tr><td>（2）事前故意，即存在犯罪故意的第一行为没有导致实害结果，之后缺乏犯罪故意的第二行为才导致了实害结果。通说认为，只要能认定第一行为与实害结果具有刑法上的因果关系，则成立故意犯罪既遂</td></tr>
<tr><td>（3）犯罪构成提前实现，即打算第二行为导致实害结果，但实施的第一行为就导致了实害结果。对该情形，焦点在于第一行为能否认定为故意犯罪的实行行为：如果能够认定为实行行为，则是犯罪构成提前实现，属于因果关系错误，认定为故意犯罪既遂（如果认为行为人在实施第一行为时缺乏既遂的故意，则成立故意犯罪未遂与过失犯罪的想象竞合犯）；否则，可能认定为故意犯罪预备与过失犯罪的想象竞合犯</td></tr>
<tr><td>抽象的事实认识错误</td><td colspan="2">1. 对象错误；
2. 打击错误</td></tr>
<tr><td colspan="3">【注】对象错误与打击错误判断绝技：前者是指行为人对某一行为对象的身份属性等产生主观认识错误，如行为人误把王某写成了汪某；后者在主观上没有错误，而是因为客观因素导致错误结果，如地址写对了，只是快递人员投错了</td></tr>
</table>

考点8 犯罪中止与犯罪未遂

比较项目	内容
概念	在犯罪过程中，自动放弃犯罪或者自动有效地防止犯罪结果发生
与未遂的区别	1.“能”达目的而“不欲”。迷途知返，需要“嘉奖”。 考试中常考的中止情形（中止的动机是否高尚，不影响犯罪中止的成立）： （1）真诚悔悟，良心发现而停止。 （2）因被害人的哀求、对被害人怜悯、第三人的劝说而停止。 （3）因为害怕受到法律制裁、神的处罚、鬼怪的纠缠而停止。 （4）害怕受到刑法处罚而停止（例外：如果刑法处罚马上起作用，如警察就在身边，停止下来成立未遂）。 （5）基于目的物的障碍（不存在）而停止
	2.犯罪停止形态的要件。 （1）主观上：犯意消除。行为人“自认为”自己的犯罪行为实施完毕了（如自己停止下来，或者被他人制止后停止下来），结果也出现了或者不可能继续向前发展，事态不会继续向前发展。 （2）客观上：行为人的行为停止了
总结概括	1.阶段不可逆：犯罪停止形态是针对直接故意犯罪而言的，并且犯罪停止形态不具有可转换性。张三对狗蛋狂砍50多刀后离开现场，2小时后回来处理遗留的证据，见狗蛋仍旧没死，这时候心生慈悲，给他送到医院，治疗痊愈。此时也定故意杀人罪未遂，不是中止
	2.对于一个具体的犯罪行为而言，只要出现了任何犯罪停止形态，都不可能出现其他犯罪停止形态。就同一起犯罪而言，不可能并存两个犯罪形态，犯罪形态之间是排斥关系，而非并存关系。例如，出现了犯罪既遂形态，不可能回到犯罪中止；出现了犯罪未遂，也不可能再出现犯罪既遂

考点9 正当防卫

成立条件	内容
起因条件	必须要存在现实的不法侵害。 1. 不法性——侵害行为属于违法行为或者犯罪行为; 2. 客观性——客观上要有法益侵害,即正当防卫行为也是具有法益侵害性的,大吼一声把强奸犯吓跑了不属于正当防卫; 3. 现实性——如果不存在现实的不法侵害,行为人误以为存在不法侵害,并进行所谓的防卫,属于假想防卫(假想防卫,防卫人有过失的,就构成过失犯罪,如果没有过失,就按照意外事件处理)
时间条件	不法侵害正在进行,对法益侵害具有紧迫性,防卫应当具有实时性。 1. 防卫装置:防卫手段与不法侵害具有相当性+防卫手段不能侵害其他法益; 2. 防卫不适时:故意——故意犯罪,过失——过失犯罪,无故意、过失——意外事件
意思条件	防卫人主观上必然具有某种防卫意图,这就是正当防卫构成的主观条件。所谓防卫意图,是指防卫人意识到不法侵害正在进行,为了保护国家、公共利益,本人或者他人的人身、财产等合法权利,而决意制止正在进行的不法侵害的心理状态。以下两种行为,从形式上看似乎符合正当防卫的客观条件,但主观上不具备防卫意图,因此,其行为不能视为正当防卫: 1. 防卫挑拨。在刑法理论上,把故意挑逗对方进行不法侵害而借机加害于不法侵害人的行为,称为防卫挑拨。 2. 互相斗殴。在刑法理论上,互相斗殴是指参与者在其主观上的不法侵害故意的支配下,客观上所实施的互相侵害的行为
对象条件	对谁进行防卫?原则上,对不法侵害人本人
	例外,容易考查观点展示。 1. 甲故意伤害乙,乙情急之下将丙的高尔夫球杆(价值较大)拿起反击甲,导致球杆毁损——乙对甲构成正当防卫,对丙成立紧急避险,想象竞合,优先认定为正当防卫,不构成故意毁坏财物罪,但民事上应赔偿。 2. 甲拿丙的高尔夫球杆(价值较大)打乙,想要伤害乙,乙用力反击,导致球杆毁坏——乙对甲不构成正当防卫,因为乙只是单纯抵挡,不具有法益侵害性,如果乙抵挡并反击甲的身体,则对甲成立正当防卫;乙对丙也不构成紧急避险,丙的球杆损失由甲赔偿,与乙无关。 3. 甲故意伤害乙,乙反击甲,情急之下捡起一块石头扔向甲,在击中甲的同时击中了旁边的丙——对甲构成正当防卫,对丙没有定论,需要观点展示: (1)乙对丙也构成正当防卫——对一个行为只能认定同一性质;

续表

成立条件	内　容
	(2)乙对丙构成假想防卫——但是假想防卫要求防卫人主观上以为存在不法侵害,如果认定假想防卫就要求乙在主观上以为丙对其有不法侵害; (3)乙对丙构成紧急避险——但是紧急避险要求只有损害较小法益才能保护面临危险的法益,然而,伤害丙不能起到保护乙的作用
限度条件	1.没有明显超过必要限度造成重大损害(必要性和相当性),正当防卫所造成的侵害可以小于、等于、稍微大于不法侵害行为所造成的侵害。如果超越侵害行为很多,所造成的侵害就属于防卫过当了。防卫行为是否过当,应以防卫行为所造成的最终结果来评价,而不应以防卫行为当时造成的结果作为判断防卫行为是否过当的标准。 例如:甲对正在实施一般伤害的乙进行正当防卫,致乙重伤(仍在防卫限度之内)。乙已无侵害能力,求甲将其送往医院,但甲不理会而离去。乙因流血过多死亡。本案中,虽然当时仅造成了重伤,似乎在限度之内,但最终造成了死亡结果,应整体评价为防卫过当
	2.对正在进行行凶、杀人、抢劫、强奸、绑架以及其他严重危及人身安全的暴力犯罪,采取防卫行为,造成不法侵害人伤亡的,不属于防卫过当,不负刑事责任。 提示: (1)必须针对暴力犯罪。采用非暴力的方式实施上述犯罪,不允许进行特殊防卫。例:使用和平方式投毒杀人,使用麻醉方式实施抢劫、强奸。 (2)"其他严重危及人身安全的暴力犯罪"主要是指武装叛乱、武装暴乱、暴力劫持航空器以及暴力劫持船只、汽车等直接严重危及人身安全的犯罪。 (3)特殊防卫也适用一般正当防卫的条件,只不过在限度方面与一般正当防卫有所区别,特殊防卫针对几种危及人身的暴力犯罪没有防卫过当这一说

考点10 共同犯罪

项　目	内　容
共同犯罪的概念	共同犯罪是指二人以上共同故意犯罪
	二人以上共同过失犯罪,不以共同犯罪论处; 应当负刑事责任的,按照他们所犯的罪分别处罚——违法是连带的,责任是个别的
二人	现今的刑法理论及国家法律职业资格考试的观点更多地认为,共同犯罪是一种客观行为的共同。或者说,是客观不法层面的共同,与责任无涉,即"违法(客观不法行为)是连带(共同)的,责任是个别的"

续表

项　目	内　容
什么是 “共同”	部分犯罪共同说（最新考试方向）：只要两个行为人客观上的行为是共同的（不存在谁支配、控制谁的问题），共同推进犯罪的进行，各行为人主观上对行为的意义能够基本了解（知道自己是在干坏事），交换意思、互相帮助，即便两个人的罪名完全不一致，甚至有一方最终因为没有达到责任年龄而不构成犯罪，二者也成立共同犯罪。 ——只要有共同犯罪行为，无须共同有责性。不需要罪名一致就可以构成共同犯罪。 例如：甲想杀丙，乙想伤丙，最终甲、乙共同将丙杀死了。甲、乙在共同故意伤害范围内成立共同犯罪。甲构成故意杀人罪，乙构成故意伤害罪。有共同的伤害行为，成立共同犯罪
共同犯罪原则上必须出于共同故意，过失犯罪不构成共犯，但有例外	交通事故发生后，车辆的所有人、乘车人、单位主管人命令/指示驾驶员逃逸，并因逃逸使受害人得不到及时救助而死亡的，成立交通肇事罪的共同犯罪，法定刑7年以上。如果最后法医说就算救助及时了也一样会死，则不构成交通肇事罪的共同犯罪
没有共同故意，不成立共同犯罪的情形	1. 共同过失犯不成立共同犯罪——共同过失犯罪时，只要根据各人过失犯罪的情况分别定罪量刑即可，不需要以共同犯罪论处
	2. 故意犯罪行为与过失犯罪行为不成立共同犯罪——看守所武警擅离职守，重大案犯趁机脱逃。武警属于过失，罪犯属于故意，客观上虽然有一定联系，但是不成立共同犯罪
	3. 同时犯不成立共同犯罪——甲、乙二人趁商店失火之际不谋而合地同时到失火地点盗窃商品。由于两人主观上没有意思联络，故不成立共同犯罪
	4. 先后故意实施相关犯罪行为，彼此没有主观联系的，不成立共同犯罪——甲先到丙家盗窃一台液晶电视，乙后到丙家窃取一辆哈雷摩托车。二人虽然实施了相同的盗窃行为，而且都在丙家作案，但是由于缺乏共同故意，故不成立共同犯罪
	5. 超出共同故意之外的犯罪，不是共同犯罪——毛毛教唆狗蛋盗窃小花家的财物，狗蛋除了盗窃财物之外还强奸了小花，毛毛对此毫不知情。毛毛和狗蛋成立盗窃罪的共同犯罪，但是毛毛对强奸罪不承担刑事责任
	6. 事前无通谋，事后的行为（窝藏、包庇、掩饰、隐瞒犯罪所得或者犯罪所得收益）不成立共同犯罪，如果事前有通谋，则成立共同犯罪

续表

<table>
<tr><th>项 目</th><th colspan="2">内 容</th></tr>
<tr><td rowspan="5">正犯与间接正犯——间接正犯不构成共同犯罪</td><td>1. 正犯</td><td>实施了实行行为:部分实行,全部责任</td></tr>
<tr><td rowspan="4">2. 间接正犯</td><td>(1)利用无刑事责任能力/未达刑事责任年龄的人实施犯罪:成年人唆使严重精神病患者杀人的,成立故意杀人罪的间接正犯;成年人唆使 8 岁儿童窃取他人财物的,成立盗窃罪的间接正犯</td></tr>
<tr><td>(2)利用他人不属于犯罪行为的身体的动静:明知甲梦游切西瓜,还安排甲与被害人在一起睡觉,还放刀,构成间接正犯,成立故意杀人罪(致死的)</td></tr>
<tr><td>(3)利用他人不知情的行为:隐瞒屏风后面有人,让人射击</td></tr>
<tr><td>(4)利用被害人自身的行为:告诉孩子从楼上跳下去就能飞,孩子跳了,构成间接正犯。但是让正常成年人跳,正常成年人跳了,不承担责任。因为正常成年人有选择性,可以不跳可以不信。但是对孩子是有支配地位的</td></tr>
<tr><td rowspan="3">片面共犯——一厢情愿</td><td colspan="2">1. 片面的共同实行犯(正犯),即实行的一方没有认识到另一方的实行行为,即彼此之间没有意思交互</td></tr>
<tr><td colspan="2">2. 片面的教唆,即被教唆者没有意识到自己被教唆的情况。例如,甲将乙的妻子丙与他人通奸的照片和一支枪放在乙的桌子上,欲教唆乙杀害丙。乙发现后立即产生杀人故意,将丙杀死。但乙并没有认识到自己是被甲教唆而实施犯罪</td></tr>
<tr><td colspan="2">3. 片面的帮助行为,即实行的一方没有认识到另一方的帮助行为(非实行行为)。例如,甲明知乙正在追杀丙,由于其与丙有仇,便暗中设置障碍物将丙绊倒,从而帮助乙顺利地杀害丙</td></tr>
<tr><td rowspan="3">教唆犯</td><td colspan="2">1. 教唆的对象必须是达到刑事责任年龄、具有刑事责任能力的人;
教唆对象必须特定,让他从无心犯罪到有心犯罪!说者无心,听者有意,不算教唆</td></tr>
<tr><td colspan="2">2. 教唆不满 18 周岁的人犯罪,从重处罚</td></tr>
<tr><td colspan="2">3. 如果被教唆的人没有犯被教唆的罪,对于教唆犯可以从轻或者减轻处罚,即教唆未遂。
提示:对于被教唆者接受教唆,且已着手实行,但没有达到犯罪既遂状态的情形,行为无价值者主张构成教唆未遂,结果无价值者多主张无罪。如果被教唆者没有着手,那么教唆犯无罪(主流观点)</td></tr>
<tr><td rowspan="2">帮助犯既遂的条件</td><td colspan="2">1. 实行犯制造了既遂的结果(行为人已经既遂)</td></tr>
<tr><td colspan="2">2. 帮助行为与既遂的发生有因果关系(没有因果关系时,是帮助犯的未遂)。
同时满足两点才是帮助犯的既遂</td></tr>
</table>

考点11 罪数总结

<table>
<tr><th>项 目</th><th colspan="2">内 容</th></tr>
<tr><td>原则上</td><td colspan="2">一个行为一罪,多行为就数罪并罚,禁止重复评价</td></tr>
<tr><td rowspan="4">例外</td><td rowspan="2">1. 一个行为</td><td>(1)想象竞合:一个行为侵犯了数个客体,触犯了数个罪名的情况。
例外:纳税人缴纳一般税款后采用假报出口等手段骗取所缴税款,貌似骗取出口退税,实为逃税,定逃税罪。如骗取税款超过所缴纳税款,超过部分构成骗取出口退税罪,数罪并罚。例如,毛毛缴纳50万元税款后又通过出口退税方式骗取税款80万元,这80万元中50万元相当于逃税数额,30万元属于骗取出口退税数额。一个行为既触犯逃税罪,又触犯骗取出口退税罪,本应择一重罪,但数罪并罚</td></tr>
<tr><td>(2)法条竞合:明知是现役军人的配偶还与之结婚——重婚 vs 破坏军婚</td></tr>
<tr><td rowspan="2">2. 多行为</td><td>(1)事后不可罚:财产犯罪如果针对普通财物,事后处理赃物的行为不成立新罪;但如果是针对特殊物品如枪支、文物等的犯罪,应数罪并罚</td></tr>
<tr><td>(2)法定一罪(结合犯、集合犯):
①绑架+故意杀人——绑架罪一罪。
绑架后故意杀人的,以绑架罪一罪论处,处无期徒刑或者死刑,并处没收财产。
【法律依据】《刑法》第239条第1、2款规定,以勒索财物为目的绑架他人的,或者绑架他人作为人质的,处10年以上有期徒刑或者无期徒刑,并处罚金或者没收财产;情节较轻的,处5年以上10年以下有期徒刑,并处罚金。
犯前款罪,杀害被绑架人的,或者故意伤害被绑架人,致人重伤、死亡的,处无期徒刑或者死刑,并处没收财产。
②拐卖妇女+强奸——拐卖妇女一罪。
③收买被拐妇女、儿童+出卖——拐卖妇女、儿童一罪。
④组织、运送他人偷越国(边)境/走私、贩卖、运输、制造毒品+妨害公务——一罪(加重处罚情节),其他+妨害公务——并罚。
⑤中介组织收受他人贿赂后提供虚假证明文件的,依照处罚较重的规定定罪处罚。
⑥针对假币、假发票、假货(如假冒注册商标的商品、侵犯著作权的作品)实施了一连串行为的,只要这些行为之间具有关联性,原则上仅定一罪</td></tr>
</table>

续表

项　目	内　容
常考情形	1. 组织、领导、参加恐怖组织罪，组织、领导、参加黑社会性质组织罪，又实施杀人、爆炸、绑架等行为
	2. 组织、运送他人偷越国（边）境，又对被组织者、运送者有杀害、伤害、强奸、拐卖等行为
	3. 收买被拐卖的妇女，又非法拘禁、伤害、侮辱、强奸的
	4. 用放火、杀人方法制造保险事故，骗取了保险金的
	5. 出售、运输假币又使用的

考点 12 故意伤害罪与过失致人死亡罪

项　目	内　容
行为模型	暴力伤害，轻伤是底线，重伤可故意，死亡限过失
加重犯	故意伤害致死 = 故意伤害行为 + 过失致死结果
	注意：轻微暴力不是伤害故意
区分	轻微暴力 + 死亡（重伤）结果 = 过失致人死亡（重伤）罪
	注意：过失致人重伤后，被害人死亡的，直接认定为过失致人死亡罪
结合犯	第 239 条：绑架 + 故意伤害（重伤、死亡）= 绑架罪
认定	1. 对于被害人自陷的风险，行为人不承担刑事责任
	2. 自伤无罪，但是战时自伤构成战时自伤罪
提示	1. 抢劫致人重伤的，只定抢劫罪
	2. 强奸致人重伤的，只定强奸罪
	3. 拐卖妇女、儿童致人重伤的，只定拐卖妇女、儿童罪
组织出卖人体器官罪	1. 成年人 + 同意——组织出卖人体器官罪
	2. 成年人 + 不同意——故意伤害罪或者故意杀人罪
	3. 未成年人同意或者不同意——故意伤害罪或者故意杀人罪
	4. 违背本人生前意愿摘取其尸体器官——盗窃、侮辱、故意毁坏尸体、尸骨、骨灰罪
司法解释	父母为教育子女而实施惩戒行为导致子女死亡、邻里之间由于民间纠纷一方殴打另一方造成死亡，以及轻微暴行致人死亡的案件，一般不能轻易地认定为故意伤害致死

考点13 强奸罪

项目	内容
行为模型	强制手段→妇女明显难以反抗→奸淫妇女
	注意:不要求压制反抗
幼女	奸淫幼女,无须强迫,不满12周岁推定“明知”,已满12周岁不满14周岁的,需要“明知”
加重犯	1. 公共场所:不特定人进出;当众:不特定多数人有知悉的可能性
	2. 二人以上轮奸:不问年龄精神,要求共同正犯。注意:轮奸存在教唆犯、帮助犯
	3. 加重结果:奸淫行为导致,若其他目的造成加重结果,应并罚。注意:被害人自杀的,不属于强奸致人死亡,属于“造成其他严重后果”
	4. 强奸致人重伤、死亡。这里必须是强奸行为本身导致
结合犯	第240条:拐卖 + 强奸 = 拐卖妇女、儿童罪。注意:除此之外,都要并罚
想象竞合	强奸妇女为了防止其反抗,想将其打成重伤,不小心失手打死了,属于强奸罪(未遂)致人死亡与故意伤害致人死亡的想象竞合
司法解释	已满14周岁不满16周岁的人偶尔与幼女发生性行为,情节轻微、未造成严重后果的,不认为是犯罪

考点14 非法拘禁罪

项目		内容
行为模型	画地为牢	
构成要件	1. 主体	已满16周岁的自然人。国家机关工作人员是本罪的量刑身份,利用职权犯本罪的,从重处罚
	2. 行为对象	有身体活动自由的自然人。熟睡者、严重醉酒者、植物人、瘫痪卧床的病人、婴儿等由于没有现实的活动自由,不是非法拘禁罪的对象

续表

项目	内容	
	3. 行为方式	非法拘禁他人,剥夺其人身自由
		拘禁的手段主要有两种:一是直接拘束他人的身体;二是间接拘束他人的身体。拘禁的手段既可以是有形的,也可以是无形(在女性洗澡时将其衣服拿走,使其基于羞耻心无法走出浴室)的。可以不作为(超期羁押)的方式实施
	4. 主观要件	主观上有拘禁他人的故意,过失拘禁不构成本罪。例如,甲因粗心将乙锁在房间内,不构成本罪;如果发现后不开门,是不作为的非法拘禁
从重处罚	具有殴打、侮辱情节的,从重处罚。 这是法定的从重处罚情节,对《刑法》第 238 条第 1 ~ 4 款全部适用。例如,甲非法拘禁乙,致其重伤,又公然用语言侮辱乙,对甲应以非法拘禁致人重伤从重处罚。如果侮辱行为构成强制猥亵、侮辱罪或者侮辱罪,应数罪并罚	
结果加重犯拘禁行为 + 重伤、死亡结果	1. 拘禁行为本身导致	这要求拘禁行为与重伤、死亡结果必须要有因果关系。注意:运用介入因素理论判断因果关系
		例 1:甲将乙拘禁在房间,乙跳楼自杀死亡。由于自杀是异常的介入因素,且独立导致死亡结果,拘禁行为与死亡结果无因果关系,故甲仅构成非法拘禁罪,不是非法拘禁致人死亡
		例 2:甲欲拘禁乙,用绳子将乙捆住,乙因血液流通不畅死亡。拘禁行为与死亡结果有因果关系,甲构成非法拘禁致人死亡
		例 3:甲拘禁乙后,乙的家属报警,警方正常的解救行为造成乙伤亡的,对甲应成立非法拘禁的结果加重犯
		例 4:甲拘禁乙后,乙的家属报警,警方判断失误,导致其解救行为造成乙伤亡的,甲对死亡结果不承担刑事责任,只定非法拘禁的基本犯
		【提示】警方在解救被拘禁人的时候,正常行为导致被害人重伤、死亡的,该结果归于行为人,成立结果加重犯。警方失误导致被害人重伤、死亡的,行为人不成立结果加重犯
	2. 对重伤、死亡结果只能是过失	根据《刑法》第 238 条第 2 款的规定,非法拘禁致人死亡的,处 10 年以上有期徒刑。非法拘禁故意致人死亡的,应构成故意杀人罪。因此,对重伤、死亡结果只能是过失
		例 1:甲欲拘禁乙,用绳子将其捆住,乙因呼吸不畅死亡。客观上,拘禁行为与死亡结果有因果关系;主观上,甲对死亡结果有过失,故甲构成非法拘禁致人死亡

续表

<table>
<tr><th>项　目</th><th colspan="2">内　容</th></tr>
<tr><td></td><td></td><td>例2:甲欲拘禁乙,用绳子将其捆住。甲明知捆绑过紧,可能致乙死亡,仍然放任,致乙窒息死亡。由于甲对乙的死亡是故意,故不是非法拘禁致人死亡。甲为了拘禁而捆绑乙,客观上只有一个行为,同时触犯非法拘禁罪和故意杀人罪,想象竞合,从一重罪处罚,定故意杀人罪</td></tr>
<tr><td></td><td rowspan="2">3. 拘禁以外的第二个行为导致重伤、死亡结果,应数罪并罚</td><td>例1:甲拘禁乙3天,乙辱骂甲,甲将乙捅死。这属另起犯意,对甲应以非法拘禁罪和故意杀人罪并罚</td></tr>
<tr><td></td><td>例2:甲拘禁乙3天,甲随手丢烟头引发火灾,致乙被烧死。对甲应以非法拘禁罪和过失致人死亡罪并罚</td></tr>
<tr><td rowspan="4">法律拟制</td><td colspan="2">1. 这是指《刑法》第238条第2款第2句:使用(拘禁需要的暴力范围之外更高的)暴力(过失)致人伤残、死亡的,依照《刑法》第234条(故意伤害罪)、第232条(故意杀人罪)的规定定罪处罚。该拟制规定适用已满14周岁不满16周岁的未成年人</td></tr>
<tr><td colspan="2">2. 适用条件为:非法拘禁罪+过失致人重伤、死亡=故意伤害罪(重伤)、故意杀人罪</td></tr>
<tr><td colspan="2">3. 拘禁范围外的暴力过失致人伤残、死亡的,才属于法律拟制。如果故意致人伤残、死亡原本就应定故意杀人罪或故意伤害罪,这不是法律拟制</td></tr>
<tr><td colspan="2">4. 法律后果:拟制后以故意伤害罪、故意杀人罪一罪处罚,不再与非法拘禁罪并罚。由于在拟制的时候已经用了非法拘禁罪,所以就不再单独与非法拘禁罪并罚了,否则重复评价</td></tr>
<tr><td rowspan="3">索债型非法拘禁</td><td colspan="2">为索取债务非法扣押、拘禁他人的,构成非法拘禁罪</td></tr>
<tr><td colspan="2">1. 债务的范围:既包括合法债务,也包括非法债务,但不包括单方面主张的债务。例如,甲谎称乙欠债不还,将乙拘禁,向其家属要钱,这是单方面主张的债务,甲主观上有勒索财物的目的,构成绑架罪</td></tr>
<tr><td colspan="2">2. 他人的范围:既包括债务人本人,也包括与债务人有共同财产关系,扶养、抚养关系的亲属,但不包括其他人</td></tr>
<tr><td rowspan="2">罪数问题</td><td colspan="2">1. 吸收犯:在绑架、抢劫、拐卖等犯罪中,非法拘禁他人的,拘禁行为被吸收,不再定非法拘禁罪</td></tr>
<tr><td colspan="2">2. 结合犯:在组织他人偷越国(边)境罪中,剥夺或者限制被组织人人身自由的,定组织他人偷越国(边)境罪,适用更重的法定刑。结构:组织罪+拘禁罪=组织罪+加重处罚</td></tr>
</table>

考点15 绑架罪

<table>
<tr><th>项　目</th><th colspan="3">内　容</th></tr>
<tr><td>行为模型</td><td colspan="3">绑架罪 = 非法拘禁小甲 + 敲诈勒索甲</td></tr>
<tr><td rowspan="5">构成要件</td><td>1. 主体</td><td colspan="2">已满 16 周岁的自然人。已满 14 周岁不满 16 周岁的人杀害、强奸人质的，构成故意杀人罪、强奸罪</td></tr>
<tr><td>2. 行为对象</td><td colspan="2">任何人。熟睡者、严重醉酒者、植物人、瘫痪卧床的病人、婴儿等虽无人身自由，但有人身安全法益。例如，挟持瘫痪患者，向其家属勒索赎金</td></tr>
<tr><td rowspan="3">3. 行为方式：实力控制人质</td><td colspan="2">(1) 以提出不法要求为目的。
第一，不法要求包括索要财物或者其他非法目的。例如，甲绑架乙，要求政府释放罪犯。
第二，如果提出合法要求，不构成绑架罪。例如，甲绑架乙，要求其家人偿还债务。由于甲没有勒索财物的目的，故应构成非法拘禁罪</td></tr>
<tr><td colspan="2">(2) 实力控制人质：非法拘禁小甲。
实力控制人质是指非法剥夺人质的身体自由，但必须具有强制性，包括以暴力、胁迫或者麻醉方法控制他人</td></tr>
<tr><td colspan="2">(3) 向第三人提出不法要求：敲诈勒索甲。
不要求小甲和甲是亲属或者朋友关系，只要甲有担忧小甲人身安全的可能性就可以。例如，外国人乙绑架中国劳工，向中国政府勒索赎金，构成绑架罪</td></tr>
<tr><td rowspan="4">犯罪形态</td><td rowspan="2">一般情形</td><td>着手</td><td>开始实施强力行为。例如，开始对他人实施暴力控制</td></tr>
<tr><td>既遂</td><td>实力控制了人质，具有实现非法目的的可能性。例如，甲绑架乙，控制乙后就既遂，不要求向第三人提出不法要求</td></tr>
<tr><td rowspan="2">特殊情形</td><td>着手</td><td>开始向第三人提出不法要求</td></tr>
<tr><td>既遂</td><td>勒索到赎金成立本罪既遂。例如，捡拾婴儿后产生勒索赎金的意思，开始提出勒索要求时是着手，拿到赎金时为既遂</td></tr>
<tr><td rowspan="3">结合犯</td><td colspan="3">绑架罪 + 故意杀人/故意伤害致人重伤、死亡 = 绑架罪</td></tr>
<tr><td colspan="3">1. 结合的时间：杀害被绑架人发生在着手绑架后、释放人质前</td></tr>
<tr><td colspan="3">2. 结合的方式：多数观点认为，杀害被绑架人是指杀人的既遂形态，如果人质未死亡，则应以绑架罪与故意杀人罪未遂实行数罪并罚</td></tr>
</table>

考点16 抢劫罪

(一)抢劫罪的类型

项　目	内　容
普通抢劫	以暴力、胁迫或者其他方法抢劫公私财物
准抢劫	携带凶器抢夺的,依照《刑法》第263条(抢劫罪)的规定定罪处罚
转化抢劫	犯盗窃、诈骗、抢夺罪,为窝藏赃物、抗拒抓捕或者毁灭罪证而当场使用暴力或者以暴力相威胁的,依照《刑法》第263条(抢劫罪)的规定定罪处罚
聚众“打砸抢”	聚众“打砸抢”,毁坏或者抢走公私财物的,除判令退赔外,对首要分子,依照《刑法》第263条(抢劫罪)的规定定罪处罚

(二)普通抢劫罪

<table>
<tr><th>项　目</th><th colspan="2">内　容</th></tr>
<tr><td>结构</td><td colspan="2">强制手段→压制对方反抗→对方无法反抗而放弃财物→行为人取得财物</td></tr>
<tr><td rowspan="3">行为</td><td>1.暴力</td><td>对被害人实施强制力,使其无法反抗的行为。例如,殴打、捆绑等。
(1)这里的被害人不限于财物的直接持有者。
(2)包括有一定看守能力的儿童。
(3)不包括无关的第三人</td></tr>
<tr><td>2.胁迫</td><td>以恶害相通告,使对方产生恐惧心理,足以压制对方反抗的行为。一般是以当场实施暴力相威胁,不要求有能力真正实现,只要有可能足以抑制对方反抗</td></tr>
<tr><td>3.其他</td><td>与暴力、胁迫方法具备相当性(同类解释):①使被害人不知反抗;②使被害人不能反抗</td></tr>
<tr><td rowspan="2">对象</td><td colspan="2">1.财物,包括财产性利益</td></tr>
<tr><td colspan="2">2.债权凭证</td></tr>
<tr><td>罪过</td><td colspan="2">故意,并且具有非法占有目的。在聚众“打砸抢”过程中,毁坏或者抢走公私财物的,即使没有非法占有目的,对首要分子也要定抢劫罪</td></tr>
</table>

(三)准抢劫

项目	内容	
携带	含义	这是指一种现实上的支配,行为人随时可以使用自己所携带的物品
	方式	1. 不要求本人随身携带,可以让第三人携带
		2. 不能使用、显示或暗示凶器,否则属于暴力胁迫手段,成立抢劫罪
凶器	包括性质上的凶器和用法上的凶器	
性质	本规定属于法律拟制,即将不符合抢劫罪的行为拟制为抢劫罪,如果没有该款的规定,携带凶器抢夺,只能定抢夺罪	
标准	携带凶器的认定标准:主观上有随时使用的意思+客观上有随时使用的可能性+没有对被害人显示凶器	

(四)转化型抢劫

项目	内容	
前提条件	实施了盗窃、诈骗、抢夺罪的着手行为。注意:在预备阶段不能转化为抢劫	
主体条件	年满16周岁的自然人	
	司法解释	已满14周岁不满16周岁的人盗窃、诈骗、抢夺他人财物,为窝藏赃物、抗拒抓捕或者毁灭罪证,当场使用暴力,故意伤害致人重伤或者死亡,或者故意杀人的,以故意伤害罪或者故意杀人罪定罪处罚
客观条件	含义	当场使用暴力或者以暴力相威胁
	当场	主要指的是时间概念,现场主要指的是空间概念
	暴力威胁	这里的暴力和以暴力相威胁,与普通抢劫罪中的暴力和以暴力相威胁应当作相同的解释
	提示	1. 性质:足以抑制被害人反抗的程度
		2. 对象:要求是特定的自然人。不限于被害人,包括其他可能妨碍的人,但不包括动物
目的条件	为窝藏赃物、抗拒抓捕或者毁灭罪证。注意:司法解释规定,行为人实施抢劫后,为灭口而故意杀人的,以抢劫罪和故意杀人罪定罪,实行数罪并罚	
提示	准抢劫与转化型抢劫。例如,甲携带匕首抢夺乙的手机,为抗拒抓捕当场将乙捅成重伤,对甲有两个处理方案:(1)携带凶器抢夺定抢劫罪,再与故意伤害罪致人重伤并罚;(2)将携带凶器抢夺评价为抢夺罪,构成事后转化型抢劫,属于抢劫致人重伤。两个处理方案,想象竞合,从一重处罚	

(五)法定刑升格条件

项目	内容	
入户抢劫	标准	具备生活功能与隔离功能
	目的	具备非法性,即以实施抢劫等犯罪为目的。注意:合法入户,在户内抢劫的,不属于入户抢劫,而是在户抢劫
	时空	暴力、胁迫等强制行为必须发生在户内
	认识	必须认识到自己进入的是他人的"户"
在公共交通工具上抢劫	含义	这是指在公共交通工具上抢劫
	特征	具有公共性与运营性
	范围	公共汽车、大中型出租车,单位班车和接送师生的校车,等等。但不包含小型出租车
	状态	公共交通工具处于运营状态
抢劫银行或者其他金融机构	对象	银行或者其他金融机构的经营资金、有价证券和客户资金。不包括: (1)抢劫银行的办公用品; (2)抢劫银行大厅储户身上的现金
	扩大	抢劫正在使用中的金融机构的运钞车的,属于抢劫金融机构
多次抢劫或者抢劫数额巨大	多次	是指3次以上抢劫;基于一个犯意实施的抢劫,一般应认定为一次犯罪
	巨大	对抢劫博物馆、重要文物的,按照抢劫数额巨大处理
抢劫致人重伤、死亡	性质	本规定属于结果加重犯,要求抢劫行为与重伤、死亡之间具备直接的因果关系
	对象	"致人重伤、死亡":这里的"人"既包括被害人,也包括其他人
	认识	对加重结果既可以是故意,也可以是过失
冒充军警人员抢劫	这是指假冒军人或警察抢劫,包括军人冒充警察抢劫,也包括警察冒充军人抢劫。但不包括真正的军人或者警察抢劫	
持枪抢劫	枪支	这里的枪要求是真枪,不要求实弹
	显示	枪支必须向被害人显示
	提示	因携带枪支抢夺而成立抢劫罪的,不属于持枪抢劫
抢劫特殊物资	含义	这是指抢劫军用物资或者抢险、救灾、救济物资
	认识	明知抢劫的是军用物资或者抢险、救灾、救济物资

考点17 抢夺罪

项 目	内 容
行为模型	对物有暴力→对人有危险
对物有暴力	如果对人与对物都没有暴力,属于平和手段转移财物占有,构成盗窃罪。如果对人直接实施暴力,构成抢劫罪。对物的暴力有两种方式: (1)乘人不备。例如,甲躲在偏僻角落,等乙走过来时,甲突然冲过去将乙的包夺走。 (2)乘人有备。例如,甲发觉乙想抢自己的手包,便紧紧握住。乙冲上去还是将包夺走,虽然甲有所防备,乙依然构成抢夺罪
对人有危险	对物有暴力时,对人有无危险应根据主人对财物的占有状态来判断。一般地,只有抢夺他人紧密占有的财物,才可能对人有危险
	例1:甲的手机从公交车上落下,在公交车发动前,乙捡走手机逃离。甲对手机没有紧密占有,乙的行为对甲没有人身危险性,属于平和手段转移财物占有,乙构成盗窃罪
	例2:甲用绳子套住乙的自行车后轮,趁乙下车查看时,抢走车筐中的提包。提包是乙紧密占有的财物,甲的行为对乙有人身危险性,构成抢夺罪
	例3:甲看着乙戴的耳环,一把将耳环夺走,致乙鲜血直流。耳环是乙紧密占有的财物,甲的行为对乙有人身危险性,构成抢夺罪
多次抢夺	这是指2年以内有3次以上的抢夺行为,不要求每次抢夺行为都既遂
加重情节	1. 抢夺行为过失致人重伤,属于“其他严重情节”,定抢夺罪
	2. 抢夺行为过失致人死亡,属于“其他特别严重情节”,定抢夺罪

考点18 盗窃罪

项 目	内 容	
行为模型	将他人占有的财物→以平和手段→转移为自己或第三人占有	
构成要件	1. 盗窃公私财物,数额较大	财物价值在1000元以上3000元以下。有下列情形之一(第2~5种情形),数额较大的标准为500元以上1500元以下
	2. 多次盗窃	2年以内有3次以上的盗窃行为

续表

项　目		内　容
	3. 入户盗窃	非法进入供他人生活,与外界相对隔离的住所盗窃。这里的"户"与入户抢劫中的"户"含义相同。强调"入"的非法性,即入户目的具有非法性,但不限于盗窃目的。合法入户,在户内临时起意盗窃的,不属于入户盗窃
	4. 携带凶器盗窃	携带枪支、爆炸物、管制刀具等国家禁止个人携带的器械进行盗窃,或者为了实施犯罪而携带其他足以危害人身安全的器械进行盗窃。 (1)可以本人携带,也可以让第三人携带。 (2)不能明示或暗示使用凶器。如果对被害人明示或者暗示使用凶器,则属于以暴力相威胁,构成抢劫罪
	5. 扒窃	在公共场所或者公共交通工具上盗窃他人随身携带的财物。扒窃的财物不限于体积较小的财物,也不要求技术性
犯罪形态	1. 入罪	行为人具有盗窃数额较大财物的目的,并着手实行盗窃行为,如果有取得数额较大财物的可能性,就构成盗窃罪
	2. 既遂	取得数额较大的财物,构成盗窃罪既遂

考点19 诈骗罪

项　目	内　容
行为过程	行为人以非法占有为目的实施欺诈行为→对方产生或者继续维持错误认识→对方基于错误认识处分财物→行为人取得财物→被害人遭受损失
三角诈骗	财产处分人与受害人不是同一人的情况,但被骗人与财产处分人必须是同一人,称三角诈骗,最典型的就是甲找法院"告"乙还钱。 甲是行为人,法院是被骗人和财产处分人,乙是受害人,即只要是三角诈骗一定有"甲""法院""乙"三个模块,没有的话就不属于三角诈骗
赌博诈骗	行为人伪装,诱使对方参加赌博,从而不法取得对方财物的行为,参赌者识破骗局要求退还所输钱财,设赌者又使用暴力或者以暴力相威胁,拒绝退还的,应以赌博罪从重处罚,致参赌者重伤或者死亡的,应以赌博罪和故意伤害罪或故意杀人罪,依法实行数罪并罚
无钱饮食、住宿	原本没有支付饮食、住宿费用的意思,而伪装成具有支付费用的意思,欺骗对方,使对方提供饮食、住宿的,如果数额较大,成立诈骗罪

续表

项　目	内　容
二重买卖	行为人A将自己所有的物品出卖给B之后，又将该物出卖给C，并将此物登记到C的名下，在C善意的场合，由于C获得了财产，不存在财产损失，故A对C不可能成立诈骗罪，由于C并不具有处分B财产的权限，故不能认定A的行为构成C为受骗者、B为被害人的三角诈骗。但倘若A已经将财物登记到B名下，然后再卖给C，C将对价交付给A，则C存在财产损失，A的行为构成诈骗罪。在C恶意的场合，则C有可能与A构成侵占罪的共犯
诈骗罪与盗窃罪	1. 诈骗罪是指以非法占有为目的，使用欺骗方法，让受骗者产生错误认识，然后基于错误认识处分数额较大财物的行为
	2. 机器不会成为被骗者，所以使用游戏币在售货机上“购买”商品的行为不构成诈骗罪，只能成立盗窃罪
	3. 不具有处分能力的人也是不能成为被骗者的，题目中出现欺骗小孩或者精神病人的话，行为人只能成立盗窃罪
	4. 暗中调包、调虎离山均属于盗窃罪
诈骗罪与侵占罪	行为人出于非法占有目的，欺骗被害人，使其将财物交付给行为人“代为保管”，行为人进而非法占为己有的，应认定为诈骗罪

考点20 窝藏、包庇罪

项　目		内　容
主体	已满16周岁的自然人	
行为	窝藏	为犯罪人提供隐藏处所、财物以及其他帮助其逃匿的行为。以下情形属于窝藏： (1)为犯罪的人提供房屋或者其他可以用于隐藏的处所的； (2)为犯罪的人提供车辆、船只、航空器等交通工具，或者提供手机等通信工具的； (3)为犯罪的人提供金钱的； (4)其他为犯罪的人提供隐藏处所、财物，帮助其逃匿的情形。 窝藏的本质：直接使犯罪的人的逃离更容易，使犯罪的人难以被发现
		常见的还有： (1)向犯罪的人通报侦查或追捕动静； (2)向犯罪的人提供化装的用品； (3)向犯罪的人提供虚假的身份证件等。

续表

<table>
<tr><th>项 目</th><th colspan="2">内 容</th></tr>
<tr><td rowspan="3"></td><td></td><td>但是，以下情形不是窝藏行为：
(1)犯罪的人想自首而行为人劝诱其不自首；
(2)受逃匿的犯罪的人委托，向犯罪的人的妻子提供财物</td></tr>
<tr><td>包庇</td><td>向公安、司法机关提供虚假证明掩护犯罪的人的行为。以下属于包庇：
(1)故意顶替犯罪的人欺骗司法机关的；
(2)故意向司法机关作虚假陈述或者提供虚假证明，以证明犯罪的人没有实施犯罪行为或者犯罪的人所实施行为不构成犯罪的；
(3)故意向司法机关提供虚假证明，以证明犯罪的人具有法定从轻、减轻、免除处罚情节的；
(4)其他作假证明包庇的行为</td></tr>
<tr><td>提示</td><td>包庇行为只能以作为方式实施</td></tr>
<tr><td rowspan="3">对象</td><td colspan="2">本罪的对象是犯罪的人</td></tr>
<tr><td colspan="2">1. 认定窝藏、包庇罪，以被窝藏、包庇的人的行为构成犯罪为前提。
被窝藏、包庇的人实施的犯罪事实清楚，证据确实、充分，但尚未到案、尚未依法裁判或者因不具有刑事责任能力依法未予追究刑事责任的，不影响窝藏、包庇罪的认定</td></tr>
<tr><td colspan="2">2. 被窝藏、包庇的人归案后被宣告无罪的，应当依照法定程序宣告窝藏、包庇行为人无罪</td></tr>
<tr><td rowspan="2">罪过</td><td colspan="2">本罪的罪过为故意，要求明知是犯罪的人而予以窝藏、包庇</td></tr>
<tr><td colspan="2">注意：共犯人之间相互窝藏的，由于不具备期待可能性，不成立本罪</td></tr>
<tr><td>形态</td><td colspan="2">窝藏、包庇罪属于抽象的危险犯。
即使公安、司法机关知道犯罪的人被行为人隐藏在何处，即使公安、司法机关明知行为人提供的是虚假证明，也不妨碍窝藏、包庇罪的成立</td></tr>
<tr><td colspan="3">《刑法》第362条　旅馆业、饮食服务业、文化娱乐业、出租汽车业等单位的人员，在公安机关查处卖淫、嫖娼活动时，为违法犯罪分子通风报信，情节严重的，依照本法第三百一十条的规定定罪处罚</td></tr>
<tr><td>法律拟制</td><td colspan="2">如果行为人通风报信的是卖淫、嫖娼等违法行为，则该条是法律拟制。因为卖淫、嫖娼者是违法分子，不是犯罪分子，而窝藏罪要求的对象是犯罪分子</td></tr>
<tr><td>注意规定</td><td colspan="2">如果行为人为强迫卖淫、组织卖淫等犯罪分子通风报信，则该条是注意规定</td></tr>
</table>

考点21 掩饰、隐瞒犯罪所得、犯罪所得收益罪

项　目	内　容
定义	掩饰、隐瞒犯罪所得、犯罪所得收益罪是指明知是犯罪所得及其收益,而予以窝藏、转移、代为销售、收购或者以其他方法掩饰、隐瞒的行为
主体	仅限于本犯以外的人。这里的本犯包括上游犯罪的实行犯、教唆犯、帮助犯。本犯实施赃物犯罪,不构成本罪,因为缺乏期待可能性
犯罪所得的范围	1. 虚拟财产能够成为赃物。比如盗窃虚拟游戏币,帮助销赃的行为。 2. 违禁品能够成为赃物。比如盗窃大量的管制刀具,知道真相还予以收购的行为。 3. 人的身体不是赃物。比如收买被拐卖妇女后,得知警察要来解救,帮忙窝藏、照办的行为,不成立本罪,成立非法拘禁罪。 4. 犯罪工具不是赃物。比如行为人骑摩托车抢劫乙的项链,把真相告知丙以后,丙把摩托车给藏起来了,丙的行为不成立本罪,而是帮助毁灭证据罪
参与时间	必须上游犯罪既遂以后,如果上游犯罪没有既遂,行为人参与进来,则构成上游犯罪的承继的共犯

考点22 贪污罪

项　目	内　容
主体	本罪是真正的身份犯,行为主体是国家工作人员
行为	利用职务上的便利+侵吞、窃取、骗取或者以其他手段非法占有公共财物的行为
	1. 利用职务便利。贪污罪的本质是监守自取,这里的“监”就是职务便利,是指利用职务上主管、管理、经营、经手公共财物的权力。 有两种情形: (1)利用本人主管、管理公共财物的职务便利。 (2)利用职务上有隶属关系的其他国家工作人员的职务便利
	2. 取得型财产犯罪:侵吞、窃取、骗取或者其他手段
对象	贪污罪的对象是公共财物,公共财物不仅包括国有财物,也包括其他公共财产

续表

项　目	内　容
提示	贪污罪＝国家工作人员＋利用职务便利＋取得型财产犯罪＋公共财物。四个环节缺一不可，否则构成普通的财产犯罪
特别从宽	贪污数额较大或者有其他较重情节，在提起公诉前如实供述自己罪行、真诚悔罪、积极退赃，避免、减少损害结果的发生，可以从轻、减轻或者免除处罚。对于贪污数额巨大或者特别巨大的，可以从轻处罚
终身监禁	贪污数额特别巨大或者有其他特别严重情节被判处死刑缓期执行的，人民法院根据犯罪情节等情况可以同时决定在其死刑缓期执行2年期满依法减为无期徒刑后，终身监禁，不得减刑、假释。注意：对怀孕或正在哺乳自己婴儿的妇女，可适用暂予监外执行

考点23 受贿罪

（一）普通受贿罪

项　目		内　容
行为模型		利用职务便利→将职务行为与财物进行交换→侵犯职务行为的不可收买性
主体		本罪是真正的身份犯，行为主体是国家工作人员
行为	含义	利用职务上的便利，索取他人财物或者非法收受他人财物，为他人谋取利益
	类型	1. 索取他人财物（索取型）
		2. 非法收受他人财物为他人谋取利益（收受型）。注意：这里的财物就是贿赂
	职务	索取或收受的财物与其职务行为有关，就属于利用职务上的便利
	提示	索取贿赂只需要利用职务上的便利就成立受贿罪，不要求为他人谋取利益
	考点	为他人谋取利益，这里的"利益"既包括正当利益，也包括不正当利益；只要求许诺为他人谋取利益，不要求为他人实现利益

（二）斡旋受贿

项　目	内　容
主体	国家工作人员，不包括单位
行为	行为人利用本人职权或者地位形成的便利条件，通过其他国家工作人员职务上的行为，为请托人谋取不正当利益
提示	1. 不要求行为人积极地利用其职权或地位，只要求基于国家工作人员的立场实施斡旋
	2. 不要求其他国家工作人员许诺、答应行为人的请求，更不要求其他国家工作人员为请托人谋取了不正当利益

（三）利用影响力受贿

项　目	内　容
主体	国家工作人员的近亲属及其关系密切的人
行为	1. 通过国家工作人员职务上的行为，为请托人谋取不正当利益，索取、收受贿赂
	2. 利用国家工作人员职权或者地位形成的便利条件，通过其他国家工作人员职务上的行为，为请托人谋取不正当利益，索取、收受贿赂
提示	成立本罪要求国家工作人员许诺为请托人谋取不正当利益

考点24 滥用职权罪；玩忽职守罪

（一）滥用职权罪

项　目	内　容	
主体	国家机关工作人员	
行为	越权	擅自决定没有具体决定权限的事项
	擅权	随心所欲地对事项作出决定或者处理
	弃权	故意不履行应当履行的职责
	谋私	以权谋私、假公济私，不正确地履行职责
结果	致使公共财产、国家和人民利益遭受重大损失	
罪数	具体的滥用职权犯罪（如徇私枉法罪）与滥用职权罪是特殊法条与一般法条的关系，一个行为同时构成两罪，优先适用特殊法条	

(二)玩忽职守罪

项　目	内　容
主体	国家机关工作人员
行为	严重不负责任,不履行职责或者不正确履行职责
结果	致使公共财产、国家和人民利益遭受重大损失
罪数	本章具体的玩忽职守犯罪(如失职致使在押人员脱逃罪)与玩忽职守罪是特殊法条与一般法条的关系,一个行为同时构成两罪,优先适用特殊法条

考点25 徇私枉法罪

<table>
<tr><th>项　目</th><th colspan="2">内　容</th></tr>
<tr><td>主体</td><td colspan="2">司法工作人员。这是指有侦查、检察、审判、监管职责的工作人员</td></tr>
<tr><td rowspan="5">行为</td><td>含义</td><td>无罪定有罪、有罪判无罪;重罪轻判、轻罪重判</td></tr>
<tr><td rowspan="3">类型</td><td>1. 明知是无罪的人而使他受追诉</td></tr>
<tr><td>2. 明知是有罪的人而故意包庇不使他受追诉</td></tr>
<tr><td>3. 在刑事审判活动中故意违背事实和法律,作出枉法判决、裁定</td></tr>
<tr><td>提示</td><td>这里的“刑事审判活动”包括刑事附带民事诉讼中的民事部分</td></tr>
<tr><td>处罚</td><td colspan="2">司法工作人员收受贿赂,有上述三种行为的,同时又构成受贿罪的,依照处罚较重的规定定罪处罚,不需要数罪并罚</td></tr>
</table>

刑事诉讼法

考点26 认罪认罚从宽制度

项目	内容	
基本原则	犯罪嫌疑人、被告人自愿如实供述自己的罪行,承认指控的犯罪事实,愿意接受处罚的,可以依法从宽处理	
	认罪:犯罪嫌疑人、被告人自愿如实供述自己的罪行,对指控的犯罪事实没有异议	
	认罚:犯罪嫌疑人、被告人真诚悔罪,愿意接受处罚。认罚,在侦查阶段表现为表示愿意接受处罚;在审查起诉阶段表现为接受人民检察院拟作出的起诉或不起诉决定,认可人民检察院的量刑建议,签署认罪认罚具结书;在审判阶段表现为当庭确认自愿签署具结书,愿意接受刑罚处罚	
	从宽:既包括实体法上的从宽,也包括程序上的从宽	
不同阶段认罪认罚的处理	1. 侦查阶段	(1)对移送审查起诉的案件,公安机关应当在起诉意见书中写明犯罪嫌疑人自愿认罪认罚情况。认为案件符合速裁程序适用条件的,可以在起诉意见书中建议人民检察院适用速裁程序办理,并简要说明理由
		(2)犯罪嫌疑人自愿如实供述涉嫌犯罪的事实,有重大立功或者案件涉及国家重大利益的,经最高人民检察院核准,公安机关可以撤销案件
	2. 审查起诉阶段	(1)起诉: ①犯罪嫌疑人认罪认罚的,人民检察院应当就主刑、附加刑、是否适用缓刑等提出量刑建议。量刑建议一般应当为确定刑。对新类型、不常见犯罪案件,量刑情节复杂的重罪案件等,也可以提出幅度刑量刑建议 ②犯罪嫌疑人认罪认罚,人民检察院经审查,认为符合速裁程序适用条件的,提起公诉时,可以建议人民法院适用速裁程序审理
		(2)不起诉: ①自愿认罪认罚,且符合酌定不起诉条件的,可以作出不起诉决定 ②犯罪嫌疑人自愿如实供述涉嫌犯罪的事实,有重大立功或者案件涉及国家重大利益的,经最高人民检察院核准,人民检察院可以作出不起诉决定,也可以对涉嫌数罪中的一项或者多项不起诉
	3. 审判阶段	人民法院一般应当对被告人从轻处罚;符合非监禁刑适用条件的,应当适用非监禁刑;具有法定减轻处罚情节的,可以减轻处罚

续表

项　目	内　容
被害方异议	1. 听取意见：办理认罪认罚案件，应当听取被害人及其诉讼代理人的意见，并将被追诉人是否与被害方达成和解协议、调解协议或赔偿被害方损失、取得被害方谅解，作为从宽处罚的重要考虑因素。公安机关、检察院听取意见情况应当记录在案并随案移送。 2. 被害方异议的处理： (1)被害人及其诉讼代理人不同意对认罪认罚的被追诉人从宽处理的，不影响认罪认罚从宽制度的适用。 (2)被追诉人认罪认罚，但没有退赃退赔、赔偿损失，未能与被害方达成调解或和解协议的，从宽时应当予以酌减。 (3)被追诉人自愿认罪并且愿意积极赔偿损失，但由于被害方赔偿请求明显不合理，未能达成调解或和解协议的，一般不影响对犯罪嫌疑人、被告人从宽处理
反悔认罪认罚的处理	1. 不起诉后反悔：因犯罪嫌疑人认罪认罚，检察院作出酌定不起诉决定后，犯罪嫌疑人否认指控的犯罪事实或不积极履行赔礼道歉、退赃退赔、赔偿损失等义务，检察院应当进行审查，区分下列情形依法作出处理： (1)发现犯罪嫌疑人没有犯罪事实，或符合《刑事诉讼法》第 16 条规定的情形之一的，应当撤销原不起诉决定，重新作出不起诉决定。 (2)认为犯罪嫌疑人仍属于犯罪情节轻微，依照《刑法》规定不需要判处刑罚或免除刑罚的，可以维持原不起诉决定。 (3)排除认罪认罚因素后，符合起诉条件的，应当根据案件具体情况撤销原不起诉决定，提起公诉。 2. 起诉前反悔：犯罪嫌疑人认罪认罚，签署认罪认罚具结书，在检察院提起公诉前反悔的，具结书失效，检察院应当在全面审查事实证据的基础上，依法提起公诉。 3. 审判阶段反悔。案件审理过程中，被告人反悔，不再认罪认罚的，法院应当根据审理查明的事实作出裁判

考点27 管辖

（一）检察院立案管辖

项　目	内　容
立案范围	1. 司法工作人员利用职权实施
	2. 14类罪名： （1）非法拘禁罪；（2）非法搜查罪；（3）刑讯逼供罪；（4）暴力取证罪；（5）虐待被监管人罪；（6）滥用职权罪；（7）玩忽职守罪；（8）徇私枉法罪；（9）民事、行政枉法裁判罪；（10）执行判决、裁定失职罪；（11）执行判决、裁定滥用职权罪；（12）私放在押人员罪；（13）失职致使在押人员脱逃罪；（14）徇私舞弊减刑、假释、暂予监外执行罪
经批准才可管辖的情形	1. 对于公安机关管辖的国家机关工作人员利用职权实施的重大犯罪案件，需要由人民检察院直接受理的时候，经省级以上人民检察院决定，可以由人民检察院立案侦查
	2. 省级人民检察院可以决定由设区的市级人民检察院立案侦查，也可以自行立案侦查

（二）管辖权竞合

项　目	内　容
全案由监察委管辖	全案由监察委员会管辖更为适宜的，检察院应当撤销案件，将案件和相应职务犯罪线索一并移送监察委员会
分别管辖	由监察委员会和检察院分别管辖更为适宜的，检察院应当将监察委员会管辖的相应职务犯罪线索移送监察委员会，对依法由检察院管辖的犯罪案件继续侦查
注意： （1）检察院应当及时将沟通情况报告上一级检察院，沟通期间，检察院不得停止对案件的侦查； （2）监察委员会和检察院分别管辖的案件，调查（侦查）终结前，检察院应当就移送审查起诉有关事宜与监察委员会加强沟通，协调一致，由检察院依法对全案审查起诉	

（三）级别管辖

项　目	内　容
最高人民法院	全国性的重大刑事案件
高级人民法院	全省(自治区、直辖市)性的重大刑事案件
中级人民法院	1. 危害国家安全、恐怖活动案件
	2. 可能判处无期徒刑、死刑的案件
	3. 犯罪嫌疑人、被告人逃匿、死亡案件违法所得的没收程序
	4. 缺席审判案件
基层人民法院	除上级人民法院管辖的以外的案件

考点 28　法律援助辩护

<table>
<tr><th>项　目</th><th colspan="2">内　容</th></tr>
<tr><td>援助主体</td><td colspan="2">律师</td></tr>
<tr><td>法律援助阶段</td><td colspan="2">侦查、审查起诉、审判</td></tr>
<tr><td rowspan="7">通知法律援助</td><td rowspan="6">1. 应当通知的法定情形</td><td>(1)视力、听力、言语残疾人</td></tr>
<tr><td>(2)未成年人</td></tr>
<tr><td>(3)不能完全辨认自己行为的成年人</td></tr>
<tr><td>(4)申请法律援助的死刑复核案件被告人</td></tr>
<tr><td>(5)可能被判处无期徒刑、死刑的人</td></tr>
<tr><td>(6)缺席审判案件的被告人</td></tr>
<tr><td>2. 法援机构指派</td><td>法援机构收到通知后 3 日以内应当指派律师，并将律师的姓名、单位、联系方式书面通知法院、检察院、公安机关</td></tr>
<tr><td>指派辩护与委托辩护并存的处理</td><td colspan="2">对法律援助机构指派律师为被告人提供辩护，被告人的监护人、近亲属又代为委托辩护人的，应当听取被告人的意见，由其确定辩护人人选</td></tr>
</table>

考点29 辩护人的诉讼权利

比较项目	辩护律师	非律师辩护人
阅卷权	(1)自人民检察院对案件审查起诉之日起,可以查阅、摘抄、复制本案的案卷材料。案卷材料包括案件的诉讼文书和证据材料	需经许可
	(2)合议庭、审委会的讨论记录以及其他依法不公开的材料不得查阅、摘抄、复制	
会见通信权	(1)辩护律师凭"三证"即可要求会见:律师执业证书、律师事务所证明和委托书或者法律援助公函	需经许可
	(2)看守所应当在48小时内安排会见	
	(3)以下两类案件,在侦查阶段会见在押或被监视居住的犯罪嫌疑人,仍须经侦查机关的许可:危害国家安全犯罪、恐怖活动犯罪。 公安机关对危害国家安全犯罪案件、恐怖活动犯罪案件,除有碍侦查或者可能泄露国家秘密的情形外,应当作出许可的决定	
	(4)自案件移送审查起诉之日起,可以向犯罪嫌疑人、被告人核实有关证据	
	(5)辩护律师会见犯罪嫌疑人、被告人时不被监听	
调查取证权	(1)向证人或者有关单位和个人取证,须经证人或者单位及个人同意	无此权利
	(2)向被害人、被害人近亲属及其提供的证人取证:须经检察院、法院许可,且经被害人、被害人近亲属及其提供的证人本人同意(《刑事诉讼法》第43条)	
	(3)申请检察院、法院调取证据材料。法院认为确有收集、调取必要,且不宜或者不能由辩护律师收集、调取的,应当同意。法院收集、调取证据材料时,辩护律师可以在场(不得向律师签发准许调查决定书,应当自己取证)	
	(4)辩护人认为在侦查、审查起诉期间公安机关、检察院收集的证明犯罪嫌疑人、被告人无罪或者罪轻的证据材料未提交的,有权申请检察院、法院调取有关证据	
律师担任辩护人、诉讼代理人,经法院准许,可以带一名助理参加庭审。律师助理参加庭审的,可以从事辅助工作,但不得发表辩护、代理意见		

考点30 证据的种类及排除规则

种类	如何排除	排除规则
物证、书证	应当排除	1. 原物的照片、录像或者复制品，不能反映原物的外形和特征的，不能作为定案的根据
		2. 书证有更改或者更改迹象不能作出合理解释的，书证的副本、复制件不能反映书证原件及其内容的，不能作为定案的根据
		3. 经勘验、检查、搜查提取、扣押的物证、书证，未附有勘验、检查笔录，搜查笔录，提取笔录，扣押清单，不能证明物证、书证来源的，不能作为定案的根据
证人证言	应当排除	1. 以暴力、威胁、非法限制人身自由等非法手段取得的证人证言，不能作为定案的根据
		2. 处于明显醉酒、麻醉品中毒或者精神药物麻醉状态，以致不能正确表达的证人所提供的证言，不能作为定案的根据
		3. 证人的猜测性、评论性、推断性的证言，不能作为证据使用，但根据一般生活经验判断符合事实的除外
		4. 询问证人没有个别进行而取得的证言
		5. 没有经证人核对确认的书面证言
		6. 询问聋、哑人或者不通晓当地通用语言、文字的证人，应当提供通晓聋、哑手势的人员或者翻译人员而未提供的
犯罪嫌疑人、被告人供述	直接排除	1. 采用刑讯逼供等非法方法收集的犯罪嫌疑人、被告人供述
		2. 采用冻、饿、晒、烤、疲劳审讯等非法方法收集的被告人供述，应当排除
		3. 除情况紧急必须现场讯问以外，在规定的办案场所外讯问取得的供述，应当排除
		4. 未依法对讯问进行全程录音录像取得的供述（应当全程录音录像的案件：无期、死刑及职务犯罪案件）
		5. 采用暴力或者严重损害本人及其近亲属合法权益等进行威胁的方法，使犯罪嫌疑人、被告人遭受难以忍受的痛苦而违背意愿作出的供述
		6. 采用非法拘禁等非法限制人身自由的方法收集的犯罪嫌疑人、被告人供述

续表

种　类	如何排除	排除规则
		7. 采用刑讯逼供方法使犯罪嫌疑人、被告人作出供述，之后犯罪嫌疑人、被告人受该刑讯逼供行为影响而作出的与该供述相同的重复性供述，应当一并排除，但下列情形除外： (1)侦查期间，根据控告、举报或者自己发现等，侦查机关确认或者不能排除以非法方法收集证据而更换侦查人员，其他侦查人员再次讯问时告知有关权利和认罪的法律后果，犯罪嫌疑人自愿供述的；(换人) (2)审查逮捕、审查起诉和审判期间，检察人员、审判人员讯问时告知诉讼权利和认罪的法律后果，犯罪嫌疑人、被告人自愿供述的(换阶段)
		8. 讯问笔录没有经被告人核对确认并签名(盖章)、捺指印的
		9. 讯问聋、哑人或者不通晓当地通用语言、文字的人员时，应当提供通晓聋、哑手势的人员或者翻译人员而未提供的
鉴定意见	直接排除	1. 有违法之处就排除
		2. 经法院通知，鉴定人拒不出庭作证的，其鉴定意见不得作为定案根据
辨认笔录	直接排除	1. 辨认不是在侦查人员主持下进行的
		2. 辨认前使辨认人见到辨认对象的
		3. 辨认人的辨认活动没有个别进行的
		4. 辨认对象没有混杂在具有类似特征的其他对象中，或者供辨认的对象数量不符合规定的；尸体、场所等特定辨认对象除外
		5. 辨认中给辨认人明显暗示或者明显有指认嫌疑的
侦查实验笔录	直接排除	侦查实验的条件与事件发生时的条件有明显差异，或者存在影响实验结论科学性的其他情形的
视听资料、电子数据	直接排除	1. 电子数据系篡改、伪造或者无法确定真伪的
		2. 电子数据有增加、删除、修改等情形，影响电子数据真实性的
		3. 其他无法保证电子数据真实性的情形

考点31 非法证据排除程序

项 目		内 容	
启动	1. 依申请	(1)申请的主体	当事人及其辩护人、诉讼代理人
		(2)申请人提出证据	申请排除以非法方法收集的证据的，应当提供相关线索或者材料（指涉嫌非法取证的人员、时间、地点、方式、内容等）
		(3)申请时间	应当在开庭审理前提出，但在庭审期间才发现相关线索或者材料的除外
	2. 依职权	法庭审理过程中，审判人员认为可能存在以非法方法收集证据情形的，应当对证据收集的合法性进行法庭调查	
调查	1. 调查时间	庭审期间，法庭决定对证据收集的合法性进行调查的，应当先行当庭调查。但为防止庭审过分迟延，也可以在法庭调查结束前进行调查	
	2. 举证责任	检察院应当对证据收集的合法性加以证明，辩方不承担举证责任	
	3. 证明方式	公诉人对证据收集的合法性加以证明，可以出示讯问笔录、提讯登记、体检记录、采取强制措施或者侦查措施的法律文书、侦查终结前对讯问合法性的核查材料等证据材料，有针对性地播放讯问录音录像，提请法庭通知侦查人员或者其他人员出庭说明情况	
结果	经审理，确认或不能排除存在以非法方法收集证据情形的，对有关证据应当予以排除		

考点32 不起诉总结

类 型	内 容
法定不起诉	《刑事诉讼法》第177条第1款　犯罪嫌疑人没有犯罪事实，或者有本法第十六条规定的情形之一的，人民检察院应当作出不起诉决定。 《刑事诉讼法》第16条　有下列情形之一的，不追究刑事责任，已经追究的，应当撤销案件，或者不起诉，或者终止审理，或者宣告无罪：

续表

类　型	内　容
	(1)情节显著轻微、危害不大,不认为是犯罪的; (2)犯罪已过追诉时效期限的; (3)经特赦令免除刑罚的; (4)依照刑法告诉才处理的犯罪,没有告诉或者撤回告诉的; (5)犯罪嫌疑人、被告人死亡的; (6)其他法律规定免予追究刑事责任的
酌定不起诉	《人民检察院刑事诉讼规则》第 370 条　人民检察院对于犯罪情节轻微,依照刑法规定不需要判处刑罚或者免除刑罚的,经检察长批准,可以作出不起诉决定
证据不足不起诉/存疑不起诉	《人民检察院刑事诉讼规则》第 346 条　退回监察机关补充调查、退回公安机关补充侦查的案件,均应当在 1 个月以内补充调查、补充侦查完毕。 补充调查、补充侦查以 2 次为限。 补充调查、补充侦查完毕移送起诉后,人民检察院重新计算审查起诉期限。 人民检察院负责捕诉的部门退回本院负责侦查的部门补充侦查的期限、次数按照本条第 1 款至第 3 款的规定执行
	《人民检察院刑事诉讼规则》第 367 条　人民检察院对于 2 次退回补充调查或者补充侦查的案件,仍然认为证据不足,不符合起诉条件的,经检察长批准,依法作出不起诉决定。 人民检察院对于经过一次退回补充调查或者补充侦查的案件,认为证据不足,不符合起诉条件,且没有再次退回补充调查或者补充侦查必要的,经检察长批准,可以作出不起诉决定
附条件不起诉	《刑事诉讼法》第 282 条第 1 款　对于未成年人涉嫌刑法分则第四章、第五章、第六章规定的犯罪,可能判处 1 年有期徒刑以下刑罚,符合起诉条件,但有悔罪表现的,人民检察院可以作出附条件不起诉的决定。人民检察院在作出附条件不起诉的决定以前,应当听取公安机关、被害人的意见
认罪认罚不起诉	《刑事诉讼法》第 182 条　犯罪嫌疑人自愿如实供述涉嫌犯罪的事实,有重大立功或者案件涉及国家重大利益的,经最高人民检察院核准,公安机关可以撤销案件,人民检察院可以作出不起诉决定,也可以对涉嫌数罪中的一项或者多项不起诉。 根据前款规定不起诉或者撤销案件的,人民检察院、公安机关应当及时对查封、扣押、冻结的财物及其孳息作出处理

考点33 上诉不加刑原则

项 目	内 容
适用情形	1. 原判认定的罪数不当的,可以改变罪数,并调整刑罚,但不得加重决定执行的刑罚或者对刑罚执行产生不利影响
	2. 原判对被告人宣告缓刑的,不得撤销缓刑或者延长缓刑考验期
	3. 原判没有宣告职业禁止、禁止令的,不得增加宣告;原判宣告职业禁止、禁止令的,不得增加内容、延长期限
	4. 原判对被告人判处死刑缓期执行没有限制减刑、决定终身监禁的,不得限制减刑、决定终身监禁
	5. 原判事实清楚,证据确实、充分,只是认定罪名不当的,可以改变罪名,但不得加重刑罚或者对刑罚执行产生不利影响
	6. 同案审理的案件,只有部分被告人上诉的,既不得加重上诉人的刑罚,也不得加重其他同案被告人的刑罚
发回重审中的不加刑	1. 被告人或者其法定代理人、辩护人、近亲属提出上诉,检察院未提出抗诉的案件,第二审法院发回重新审判后,除有新的犯罪事实且检察院补充起诉的以外,原审法院不得加重被告人的刑罚
	2. 对上述规定的案件,原审法院对上诉发回重新审判的案件依法作出判决后,检察院抗诉的,第二审法院不得改判为重于原审法院第一次判处的刑罚
刑罚不当的处理	原判判处的刑罚不当、应当适用附加刑而没有适用的,不得直接加重刑罚、适用附加刑。原判判处的刑罚畸轻,必须依法改判的,应当在第二审判决、裁定生效后,依照审判监督程序重新审判

考点34 二审审理的结果

项 目	内 容
维持原判裁定	1. 一审裁判没有错误,二审维持原判
	2. 一审量刑过轻,但受上诉不加刑原则的限制,维持原判

续表

项目	内容	
改判判决	1. 应当改判	原判决认定事实没有错误，但适用法律有错误或者量刑不当的，应当改判
	2. 可以改判	原判决事实不清楚或者证据不足的，可以在查清事实后改判
发回重审裁定	1. 可以发回	原判决事实不清楚或者证据不足的，可以裁定撤销原判，发回原审人民法院重新审判（只能发回一次）
	2. 应当发回	《刑事诉讼法》第238条　第二审人民法院发现第一审人民法院的审理有下列违反法律规定的诉讼程序的情形之一的，应当裁定撤销原判，发回原审人民法院重新审判： （1）违反本法有关公开审判的规定的； （2）违反回避制度的； （3）剥夺或者限制了当事人的法定诉讼权利，可能影响公正审判的； （4）审判组织的组成不合法的； （5）其他违反法律规定的诉讼程序，可能影响公正审判的

考点35　死刑立即执行案件的复核程序

项目	内容	
核准权	最高法核准	
报请复核的程序	1. 一审案件	中院：在上诉、抗诉期满后10日内报请高院复核。高院同意的，应在作出裁定后10日内报请最高院核准；不同意的，应依第二审程序提审或发回重新审判
		高院：应当在上诉、抗诉期满后10日内报请最高院核准
	2. 二审案件	中级法院判处死刑的第一审案件，高院裁定维持的，应在作出裁定后10日内报请最高院核准
复核程序	1. 应当讯问被告人	
	2. 辩护律师提出要求的，应当听取辩护律师的意见	
	3. 向最高人民检察院通报死刑复核结果	

续表

项　目	内　容	
复核结果	1. 核准	都正确。存在瑕疵纠正后核准
	2. 裁定不予核准,并撤销原判,发回重审	原则上任何一个环节出问题全都适用撤销原判、发回重审: (1)原判事实不清、证据不足的。 (2)复核期间出现新的影响定罪量刑的事实、证据的。 (3)原判认定事实正确、证据充分,但依法不应当判处死刑的。 (4)原审违反法定诉讼程序,可能影响公正审判的
	3. 改判	原判认定事实正确、证据充分,但依法不应当判处死刑的,必要时,也可以依法改判
发回重审的处理程序	1. 最高院直接发回	(1)最高院裁定不予核准的,根据案件情况,可以发回第二审法院或第一审法院重新审判
		(2)第一审法院重新审判的,应当开庭审理
		(3)第二审法院重新审判的,可以直接改判;必须通过开庭查清事实、核实证据或纠正原审程序违法的,应当开庭审理
	2. 高院二次发回	高院依复核程序审理后报请最高院核准,最高院裁定不予核准,发回高院重审的,高院可依照第二审程序提审或发回重审
	3. 另组合议庭例外	复核期间出现新事实、证据,发回重审的
		原判认定事实正确、证据充分,但依法不应当判处死刑,发回重审的

考点36 审判监督程序启动

主　体	内　容	
法院	1. 本院院长+审判委员会	各级人民法院院长对本院已经发生法律效力的判决和裁定,如果发现在认定事实上或在适用法律上确有错误,必须提交审判委员会处理——决定本院来审
	2. 最高院、上级法院	最高人民法院对各级法院已经发生法律效力的判决和裁定,上级法院对下级法院已经发生法律效力的判决和裁定,如果发现确有错误,有权提审或者指令下级法院再审
		注意:上级法院指令下级法院再审的,一般应当指令原审法院以外的下级法院审理;由原审法院审理更有利于查明案件事实、纠正裁判错误的,可以指令原审法院审理

续表

主　体	内　容
检察院	最高人民检察院对各级人民法院已经发生法律效力的判决和裁定，上级人民检察院对下级法院已经发生法律效力的判决和裁定，如果发现确有错误，有权按照审判监督程序向同级人民法院提起抗诉

考点37　未成年人刑事案件诉讼程序

<table>
<tr><th>项　目</th><th colspan="2">内　容</th></tr>
<tr><td rowspan="4">特有原则和制度</td><td colspan="2">1. 对犯罪的未成年人实行教育、感化、挽救的方针，坚持教育为主、惩罚为辅的原则</td></tr>
<tr><td colspan="2">2.《刑事诉讼法》第280条第2款　对被拘留、逮捕和执行刑罚的未成年人与成年人应当分别关押、分别管理、分别教育</td></tr>
<tr><td colspan="2">3. 审判的时候被告人不满18周岁的案件，不公开审理（不是犯罪时不满18周岁）</td></tr>
<tr><td colspan="2">4.《刑事诉讼法》第286条第1款　犯罪的时候不满18周岁，被判处5年有期徒刑以下刑罚的，应当对相关犯罪记录予以封存</td></tr>
<tr><td rowspan="2">程序特点</td><td>1. 特殊讯问规则</td><td>《刑事诉讼法》第281条　对于未成年人刑事案件，在讯问和审判的时候，应当通知未成年犯罪嫌疑人、被告人的法定代理人到场。无法通知、法定代理人不能到场或者法定代理人是共犯的，也可以通知未成年犯罪嫌疑人、被告人的其他成年亲属，所在学校、单位、居住地基层组织或者未成年人保护组织的代表到场，并将有关情况记录在案。到场的法定代理人可以代为行使未成年犯罪嫌疑人、被告人的诉讼权利。
到场的法定代理人或者其他人员认为办案人员在讯问、审判中侵犯未成年人合法权益的，可以提出意见。讯问笔录、法庭笔录应当交给到场的法定代理人或者其他人员阅读或者向他宣读。
讯问女性未成年犯罪嫌疑人，应当有女工作人员在场。
审判未成年人刑事案件，未成年被告人最后陈述后，其法定代理人可以进行补充陈述。
询问未成年被害人、证人，适用第1款、第2款、第3款的规定</td></tr>
<tr><td>2. 逮捕程序</td><td>《刑事诉讼法》第280条第1款　对未成年犯罪嫌疑人、被告人应当严格限制适用逮捕措施。人民检察院审查批准逮捕和人民法院决定逮捕，应当讯问未成年犯罪嫌疑人、被告人，听取辩护律师的意见</td></tr>
</table>

续表

项　目	内　容	
附条件不起诉	1. 适用情形	未成年人涉嫌《刑法》分则第四章、第五章、第六章规定的犯罪,可能判1年有期徒刑以下刑罚,符合起诉条件,但有悔罪表现的,检察院可以作出附条件不起诉的决定 (检察院在作出附条件不起诉的决定以前,应当听取公安机关、被害人的意见,并制作笔录附卷)
	2. 对附条件不起诉的制约	(1)对附条件不起诉的决定,公安机关可以提出复议和复核
		(2)被害人对检察院对未成年犯罪嫌疑人作出的附条件不起诉的决定和考验期满的不起诉的决定,可以向上一级检察院申诉,不可以向法院起诉
		(3)未成年犯罪嫌疑人及其法定代理人对检察院决定附条件不起诉有异议的,检察院应当作出起诉的决定
犯罪记录封存	检察院封存	(1)人民检察院对未成年犯罪嫌疑人作出不起诉决定后,应当对相关记录予以封存。此处的不起诉不包含附条件不起诉。 (2)上下级检察院都应封存记录。生效判决、裁定由第二审人民法院作出的,同级人民检察院依照规定封存犯罪记录时,应当通知下级人民检察院对相关犯罪记录予以封存
	法院封存	(1)封存条件:犯罪时不满18周岁,被判处5年有期徒刑以下刑罚以及免予刑事处罚的未成年人的犯罪记录,应当封存。 (2)应当保密:犯罪记录被封存的,不得向任何单位和个人提供,但司法机关为办案需要或者有关单位根据国家规定进行查询的除外。依法进行查询的单位,应当对被封存的犯罪记录的情况予以保密。 (3)不得旁听:对依法公开审理,但可能需要封存犯罪记录的案件,不得组织人员旁听;有旁听人员的,应当告知其不得传播案件信息

考点38 缺席审判程序

项目	内容
适用范围	1.《刑事诉讼法》第291条第1款　对于贪污贿赂犯罪案件,以及需要及时进行审判,经最高人民检察院核准的严重危害国家安全犯罪、恐怖活动犯罪案件,犯罪嫌疑人、被告人在境外,监察机关、公安机关移送起诉,人民检察院认为犯罪事实已经查清,证据确实、充分,依法应当追究刑事责任的,可以向人民法院提起公诉。人民法院进行审查后,对于起诉书中有明确的指控犯罪事实,符合缺席审判程序适用条件的,应当决定开庭审判
	2. 因被告人患有严重疾病无法出庭,中止审理超过6个月,被告人仍无法出庭,被告人及其法定代理人、近亲属申请或者同意恢复审理的,人民法院可以在被告人不出庭的情况下缺席审理,依法作出判决
	3. 被告人死亡的,人民法院应当裁定终止审理,但有证据证明被告人无罪,人民法院经缺席审理确认无罪的,应当依法作出判决
	4. 人民法院按照审判监督程序重新审判的案件,被告人死亡的,人民法院可以缺席审理,依法作出判决
管辖法院	由犯罪地、被告人离境前居住地或者最高人民法院指定的中级人民法院组成合议庭进行审理
上诉权	人民法院应当将判决书送达被告人及其近亲属、辩护人。被告人或者其近亲属不服判决的,有权向上一级人民法院上诉。辩护人经被告人或者其近亲属同意,可以提出上诉
	注意:人民检察院也有救济权,即人民检察院认为人民法院的判决确有错误的,应当向上一级人民法院提出抗诉
重新审判	在审理过程中,被告人自动投案或者被抓获的,人民法院应当重新审理
	罪犯在判决、裁定发生法律效力后到案的,人民法院应当将罪犯交付执行刑罚。交付执行刑罚前,人民法院应当告知罪犯有权对判决、裁定提出异议。罪犯对判决、裁定提出异议的,人民法院应当重新审理

考点 39　当事人和解的公诉案件诉讼程序

项　目	内　容
适用案件范围	《刑事诉讼法》第 288 条　下列公诉案件,犯罪嫌疑人、被告人真诚悔罪,通过向被害人赔偿损失、赔礼道歉等方式获得被害人谅解,被害人自愿和解的,双方当事人可以和解: (一)因民间纠纷引起,涉嫌刑法分则第四章、第五章规定的犯罪案件,可能判处三年有期徒刑以下刑罚的; (二)除渎职犯罪以外的可能判处七年有期徒刑以下刑罚的过失犯罪案件。 犯罪嫌疑人、被告人在五年以内曾经故意犯罪的,不适用本章规定的程序
和解主体	最高人民法院《关于适用〈中华人民共和国刑事诉讼法〉的解释》(以下简称《刑诉解释》)第 588 条　符合刑事诉讼法第二百八十八条规定的公诉案件,被害人死亡的,其近亲属可以与被告人和解。近亲属有多人的,达成和解协议,应当经处于最先继承顺序的所有近亲属同意。 被害人系无行为能力或者限制行为能力人的,其法定代理人、近亲属可以代为和解
	《刑诉解释》第 589 条　被告人的近亲属经被告人同意,可以代为和解。 被告人系限制行为能力人的,其法定代理人可以代为和解。 被告人的法定代理人、近亲属依照前两款规定代为和解的,和解协议约定的赔礼道歉等事项,应当由被告人本人履行
不同阶段达成和解协议的处理	1. 和解适用于侦查、起诉与审判三个阶段
	2. 达成和解协议的案件,公安、司法机关的处理方式不同。 《刑事诉讼法》第 290 条　对于达成和解协议的案件,公安机关可以向人民检察院提出从宽处理的建议。人民检察院可以向人民法院提出从宽处罚的建议;对于犯罪情节轻微,不需要判处刑罚的,可以作出不起诉的决定。人民法院可以依法对被告人从宽处罚。 《刑诉解释》第 596 条　对达成和解协议的案件,人民法院应当对被告人从轻处罚;符合非监禁刑适用条件的,应当适用非监禁刑;判处法定最低刑仍然过重的,可以减轻处罚;综合全案认为犯罪情节轻微不需要判处刑罚的,可以免予刑事处罚。 共同犯罪案件,部分被告人与被害人达成和解协议的,可以依法对该部分被告人从宽处罚,但应当注意全案的量刑平衡

考点40 犯罪嫌疑人、被告人逃匿、死亡案件违法所得的没收程序

<table>
<tr><th>项　目</th><th colspan="2">内　容</th></tr>
<tr><td>案件范围</td><td colspan="2">依照刑法规定应当追缴违法所得及其他涉案财产，且符合下列情形之一的，检察院可以向法院提出没收违法所得的申请：
（1）犯罪嫌疑人、被告人实施了贪污贿赂犯罪、恐怖活动犯罪等重大犯罪后逃匿，在通缉1年后不能到案的。
（2）犯罪嫌疑人、被告人死亡的</td></tr>
<tr><td>申请程序</td><td colspan="2">公安机关认为有上述规定情形的，应当写出没收违法所得意见书，移送人民检察院。人民检察院可以向人民法院提出没收违法所得的申请</td></tr>
<tr><td rowspan="3">法院的受理程序</td><td colspan="2">1. 管辖法院：由犯罪地或者犯罪嫌疑人、被告人居住地的中级人民法院组成合议庭进行审理</td></tr>
<tr><td colspan="2">2. 法院的公告：法院应当发出公告。公告期间为6个月</td></tr>
<tr><td colspan="2">3. 利害关系人申请参加诉讼：犯罪嫌疑人、被告人的近亲属和其他利害关系人有权申请参加诉讼，也可以委托诉讼代理人参加诉讼。利害关系人申请参加诉讼的，应当在公告期间内提出</td></tr>
<tr><td>救济</td><td colspan="2">对于法院作出的裁定，犯罪嫌疑人、被告人的近亲属和其他利害关系人或者检察院可以在5日内提出上诉、抗诉</td></tr>
<tr><td rowspan="3">犯罪嫌疑人、被告人到案的处理</td><td>1. 审理过程中到案的</td><td>在审理过程中，在逃的犯罪嫌疑人、被告人自动投案或者被抓获的，人民法院应当终止审理。人民检察院向原受理申请的人民法院提起公诉的，可以由同一审判组织审理</td></tr>
<tr><td>2. 裁定生效后到案的</td><td>没收违法所得裁定生效后，犯罪嫌疑人、被告人到案并对没收裁定提出异议，人民检察院向原作出裁定的人民法院提起公诉的，可以由同一审判组织审理。法院经审理，应当按照下列情形分别处理：
（1）原裁定正确的，予以维持，不再对涉案财产作出判决；
（2）原裁定确有错误的，应当撤销原裁定，并在判决中对有关涉案财产一并作出处理</td></tr>
<tr><td colspan="2">注意：法院生效的没收裁定确有错误的，除前种情形外，应当依照审判监督程序予以纠正</td></tr>
</table>

民　　法

考点41 意思表示

项　目	内　容	
生效时间	有相对人	以对话方式作出的意思表示，相对人知道其内容时生效
		以非对话方式作出的意思表示，到达相对人时生效
	无相对人	表示完成时生效，如抛弃权利的行为
	公告方式作出	公告发布时生效
解释规则	有相对人的意思表示的解释：外观主义，即按照所使用的词句，结合相关条款、行为的性质和目的、习惯以及诚信原则，确定意思表示的含义	
	无相对人的意思表示的解释：意思主义，即不能完全拘泥于所使用的词句，而应当结合相关条款、行为的性质和目的、习惯以及诚信原则，确定行为人的真实意思	

考点42 效力待定的民事法律行为

项　目	内　容	
限制民事行为能力人	1. 法定代理人追认权	追认权为形成权，可单方决定是追认还是拒绝 (1)追认的意思表示自到达相对人时生效，合同自订立时生效； (2)代理人已经开始履行合同义务的，视为对合同的追认
	2. 相对人催告权和撤销权	(1)催告权：无论相对人恶意还是善意，均可催告法定代理人自收到通知之日起30日内予以追认。法定代理人未作表示的，视为拒绝追认； (2)撤销权：民事法律行为被追认前，善意相对人可通知撤销
狭义无权代理	无权代理实施的民事法律行为效力待定；表见代理有效	
无权处分	无权处分不影响合同效力	

考点43 可撤销的民事法律行为

项目	内容
类型	欺诈、胁迫、重大误解、显失公平
效力	可撤销的民事法律行为，撤销前有效；但一经撤销，自始无效
欺诈	1. 一方或第三人（基于欺诈的双重故意）故意告知虚假情况、故意隐瞒真实事实，其中双重故意指使被欺诈方陷入错误判断的故意 + 使被欺诈方基于错误判断而为意思表示的故意
	2. 对方因此陷入或维持错误认识，即欺诈与错误认识之间存在因果关系
	3. 对方因错误认识作出不真实的意思表示，即错误认识与作出不真实的意思表示之间存在因果关系
	4. 欺骗具有不正当性　注意：不要求发生被骗人损害的结果
胁迫	1. 一方或第三人（基于胁迫的双重故意）故意预告实施危害，即胁迫可能来自相对人或第三人，只要符合构成要件，均可撤销
	2. 受胁迫方因此陷入恐惧，即胁迫与恐惧之间存在因果关系
	3. 受胁迫方因恐惧作出意思表示，即恐惧与意思表示的作出之间具有因果关系
显失公平	1. 乘人之危，显失公平：主、客观双重要件
	2. 显失公平发生在民事法律行为成立时，区别于情势变更（合同履行中）

考点44 狭义无权代理与表见代理

项目	内容	
狭义无权代理	1. 被代理人有追认权，追认权为形成权，可单方决定是追认还是拒绝	（1）被代理人追认权的行使可向交易相对方提出，也可向无权代理人提出
		（2）追认的意思表示自到达相对人时生效，合同自订立时生效，即追认的表示具有溯及力，追认后，无权代理的行为自始有效
		（3）被代理人已经开始履行合同义务或者接受相对人履行的，视为对合同的追认

续表

<table>
<tr><th>项目</th><th colspan="2">内容</th></tr>
<tr><td rowspan="4"></td><td rowspan="2">2. 相对人有</td><td>(1)催告权:无论相对人恶意还是善意,均可催告被代理人自收到通知之日起30日内予以追认。被代理人未作表示的,视为拒绝追认</td></tr>
<tr><td>(2)撤销权:民事法律行为被追认前,善意相对人可通知撤销</td></tr>
<tr><td colspan="2">3. 被代理人不追认,善意相对人可请求无权代理人自负其责,赔偿范围不超过被代理人追认时相对人所能获得的利益;恶意相对人,则由相对人和行为人按照各自过错承担责任</td></tr>
<tr><td colspan="2"></td></tr>
<tr><td>表见代理</td><td colspan="2">构成要件:无权代理+代理权外观+相对人善意且无过失地相信</td></tr>
</table>

考点45 物权的保护

<table>
<tr><th>类型</th><th colspan="2">内容</th></tr>
<tr><td rowspan="2">请求确认物权</td><td colspan="2">因物权的归属、内容发生争议的,利害关系人可以请求确认权利</td></tr>
<tr><td colspan="2">不动产物权归属的确认依据是不动产登记簿,具有推定效力。有相反证据予以佐证的情形下,还应当根据案件的具体情况予以认定不动产的权属</td></tr>
<tr><td rowspan="5">请求返还原物</td><td colspan="2">被请求人无权占有不动产或者动产的,权利人可以请求返还原物</td></tr>
<tr><td rowspan="4">适用条件</td><td>原物必须存在,若原物已灭失,仅能请求赔偿损失</td></tr>
<tr><td>权利人必须是具有占有权能的物权人,不包括担保物权人</td></tr>
<tr><td>被请求人必须是现时的无权占有人,可以是直接占有,也可以是间接占有,但不能是占有辅助人</td></tr>
<tr><td>被请求人是非法占有人,即占有财产没有法律上的依据,不考虑善恶</td></tr>
<tr><td rowspan="5">请求排除妨害</td><td colspan="2">妨害物权或者可能妨害物权的,权利人可以请求排除妨害或者消除危险</td></tr>
<tr><td rowspan="4">适用条件</td><td>请求权人必须是物权人,包括抵押权人</td></tr>
<tr><td>被请求人系对妨害的除去具有支配力的人</td></tr>
<tr><td>妨害具有不法性或者超越了正常的容忍限度</td></tr>
<tr><td>提出请求之时,妨害仍在持续中</td></tr>
<tr><td rowspan="4">请求消除危险</td><td rowspan="4">适用条件</td><td>请求权人必须是物权人,包括抵押权人</td></tr>
<tr><td>被请求人为对危险的除去具有支配力的人</td></tr>
<tr><td>物权的行使具有受到妨害的现实危险</td></tr>
<tr><td>提出请求之时,危险仍现实存在</td></tr>
</table>

续表

类　型	内　容
总结	1. 请求确认物权、返还原物、排除妨害、消除危险均属于物权的保护方法，赔偿损失属于债权的保护方法
	2. 除未登记动产物权的原物返还请求权以外，物权请求权不适用诉讼时效

考点46 不动产物权变动

（一）基本原则

<table>
<tr><th>项　目</th><th colspan="2">内　容</th></tr>
<tr><td>不动产物权变动</td><td colspan="2">法律行为有效＋有权处分＋登记</td></tr>
<tr><td rowspan="2">房地一体</td><td colspan="2">1. 建筑物转让、互换、出资或者赠与的，占用范围内的建设用地使用权一并处分</td></tr>
<tr><td colspan="2">2. 建设用地使用权转让、互换、出资或者赠与的，附着的建筑物一并处分</td></tr>
<tr><td rowspan="3">例外</td><td>土地承包经营权设立＝法律行为有效＋处分权</td><td>无须设立登记，仍可对抗第三人</td></tr>
<tr><td>土地承包经营权互换、转让＝有效法律行为＋处分权</td><td rowspan="2">未经登记不得对抗善意第三人</td></tr>
<tr><td>地役权设立＝有效法律行为＋处分权</td></tr>
</table>

（二）登记类型

类　型	内　容
异议登记	1. 利害关系人可申请异议登记，无须登记人同意
	2. 异议登记期间不动产登记簿记载的权利人并未丧失处分权，让与他人的合同有效，办理登记的，发生物权变动的效力
	3. 异议成立时的效力：阻却第三人善意取得
	4. 失效：(1)登记机构予以异议登记的，申请人自异议登记之日起15日内不起诉的，异议登记失效；(2)异议登记失效后不影响真实权利人针对物权归属的起诉权和胜诉权

续表

类　型	内　容
预告登记	当事人签订买卖房屋的协议或者签订其他不动产物权的协议时,为保障将来实现物权,按照约定可以向登记机构申请预告登记。预告登记后,未经预告登记的权利人同意,处分该不动产的,不发生物权效力。 预告登记后,债权消灭或者自能够进行不动产登记之日起90日内未申请登记的,预告登记失效

(三)登记效力

项　目	内　容
登记对抗	1. 以动产抵押的,抵押权自抵押合同生效时设立;未经登记,不得对抗善意第三人
	2. 船舶、航空器和机动车等的物权的设立、变更、转让和消灭,未经登记,不得对抗善意第三人
	3. 地役权自地役权合同生效时设立;未经登记,不得对抗善意第三人
	4. 土地承包经营权互换或转让未经登记的,不得对抗善意第三人
	5. 流转期限为5年以上的土地经营权,自流转合同生效时设立。当事人可以向登记机构申请土地经营权登记;未经登记,不得对抗善意第三人
	6. 出卖人对标的物保留的所有权,未经登记,不得对抗善意第三人
登记生效	1. 不动产所有权变动
	2. 不动产抵押权、建设用地使用权抵押权变动
	3. 有价证券、基金份额、股权、知识产权中的财产权出质,现有的以及将有的应收账款出质
登记处分	非基于法律行为取得的物权,未经登记,处分不发生物权效力

考点47 特殊动产物权变动

项　目	内　容
善意第三人	船舶、航空器和机动车等的物权的设立、变更、转让和消灭,未经登记,不得对抗善意第三人
三要件	1. 交通工具买卖合同生效,产生债权债务关系

续表

项目	内容
	2. 交付完成,交通工具所有权发生转移,即物权变动 注意:物权自交付时发生变动,是否办理过户登记仅是发生对抗效力的要件。当事人只办理登记而未交付的,无法取得特殊动产所有权
	3. 交通工具登记,则赋予变动的物权对抗第三人的效力
最高人民法院《关于适用〈中华人民共和国民法典〉物权编的解释(一)》第6条　转让人转让船舶、航空器和机动车等所有权,受让人已经支付合理价款并取得占有,虽未经登记,但转让人的债权人主张其为民法典第二百二十五条所称的"善意第三人"的,不予支持,法律另有规定的除外	

考点48 非基于法律行为的物权变动

项目	内容
因生效文书发生物权变动	规则:自法律文书或者人民政府的征收决定等生效时发生效力
	导致物权变动的"文书"包括: 1. 人民法院、仲裁机构的法律文书或者人民政府的征收决定等。 2. 人民法院在执行程序中作出的拍卖成交裁定书、以物抵债裁定书。 注意:拍卖机构作出的拍卖成交裁定或当事人自行达成的以物抵债协议不能直接发生物权变动。 3. 行使离婚请求权形成的分割财产的生效判决。 甲、乙离婚,法院判房子归老婆,但仍登记在老公名下,则老公卖房是无权处分,老婆卖房是有权处分。 4. 依据可撤销合同中的撤销权产生的生效判决
因继承取得物权	规则:适用于法定继承、遗嘱继承,被继承人死亡时,继承人取得所有权或他物权,无须登记、交付
	1. 自然人的死亡时间,以死亡证明记载的时间为准。没有死亡证明的,以户籍登记或其他有效身份登记记载的时间为准。 2. 被宣告死亡的人,人民法院宣告死亡的判决作出之日视为其死亡的日期;因意外事件下落不明宣告死亡的,意外事件发生之日视为其死亡的日期。 3. 法定继承中,若继承人2个及以上,则在继承开始后遗产分割前,共同共有。 4. 遗嘱继承取得房屋为继受取得,非原始取得。甲通过遗嘱继承其兄1间房屋,为继受取得
特别规定	1. 因上述情形发生物权变动,当事人物权受到侵害时,有权行使物权请求权
	2. 当事人办理登记之前处分不动产物权的,不发生物权效力

考点49 善意取得

<table>
<tr><th>类型</th><th colspan="4">内容</th></tr>
<tr><td rowspan="12">不动产</td><td rowspan="5">1. 不动产登记簿出现权属登记错误(权利外观)</td><td rowspan="3">按份共有或共同共有的不动产登记在一个或者部分共有人的名下</td><td>登记人以自己的名义</td><td>可能适用善意取得</td></tr>
<tr><td>登记人以自己和共有人的名义</td><td>无权代理,不适用善意取得</td></tr>
<tr><td>非登记人以自己的名义</td><td>无权利外观,不适用善意取得</td></tr>
<tr><td colspan="3">因履行无效合同产生的登记错误</td></tr>
<tr><td colspan="3">已经通过《民法典》第229~231条取得不动产所有权,但尚未办理宣示登记,登记名义人以自己的名义无权处分的</td></tr>
<tr><td colspan="4">2. 不动产的登记名义人以自己的名义对该不动产无权处分</td></tr>
<tr><td rowspan="4">3. 受让人受让时善意</td><td colspan="3">善意判断:不知道转让人无处分权;无重大过失</td></tr>
<tr><td colspan="3">注意:不动产登记中存在有效的“异议登记或预告登记”等信息的,即可认定受让人不构成善意</td></tr>
<tr><td colspan="3">善意时间节点:依法完成不动产物权转移登记时</td></tr>
<tr><td colspan="3">善意的证明规则:真实权利人举证证明第三人不善意</td></tr>
<tr><td colspan="4">4. 转让人须以合理的价格转让</td></tr>
<tr><td colspan="4">5. 须已经为受让人办理完毕不动产过户登记</td></tr>
<tr><td rowspan="7">动产</td><td colspan="4">1. 占有委托物,排除:脱离物;货币、无记名有价证券;禁止流通物</td></tr>
<tr><td colspan="4">2. 动产(直接或者间接)占有人以自己的名义对该动产无权处分</td></tr>
<tr><td rowspan="3">3. 受让人受让时善意</td><td colspan="3">善意判断:不知道转让人无处分权;无重大过失</td></tr>
<tr><td colspan="3">善意时间节点:交付动产时</td></tr>
<tr><td colspan="3">善意的证明规则:真实权利人举证证明第三人不善意</td></tr>
<tr><td colspan="4">4. 转让人须以合理的价格转让(同不动产)</td></tr>
<tr><td colspan="4">5. 转让人与受让人完成动产交付,包括现实交付、指示交易、简易交付,不含占有改定</td></tr>
</table>

续表

类型	内容	
担保物权善意取得	抵押权	构成要件:占有委托物、动产占有人以自己的名义对该动产实施无权处分、受让人受让时为善意
		注意: 1. 抵押权的善意取得不以“转让人须以合理的价格转让”为构成要件; 2. 动产抵押权的善意取得不以“转让人与受让人完成动产交付”为构成要件→价值判断:动产抵押中,抵押合同成立生效时抵押权设立; 3. 不动产抵押的善意取得仍以完成抵押登记为构成要件
	质权	构成要件:占有委托物、动产占有人以自己的名义对该动产实施无权处分、受让人受让时为善意、转让人与受让人完成动产交付(包括现实交付、指示交易、简易交付,不含占有改定)
		注意:质权的善意取得不以“转让人须以合理的价格转让”为构成要件

考点50 担保物权

项目	内容	
定义	担保物权人在债务人不履行到期债务或者发生当事人约定的实现担保物权的情形,依法享有就担保财产优先受偿的权利,但法律另有规定的除外	
特征	从属性	成立上的从属性:以债权存在为前提
		内容和范围上的从属性:担保范围≤主债权
		效力上的从属性:主合同无效,担保合同无效。 担保人对主合同无效没有过错的,不承担缔约过失责任;担保人对主合同无效有过错的,承担缔约过失责任,而非担保责任,但不应超过债务人不能清偿部分的1/3。 思考:主合同解除的,对担保合同有何效果?
		转移上的从属性:担保物权随同债权转让给受让人
		消灭上的从属性:主债权消灭的,担保物权随之消灭
	优先受偿性	优于普通债权受偿
	物上代位性	担保期间,担保财产毁损、灭失或者被征收等,担保物权人可以就获得的保险金、赔偿金或者补偿金等优先受偿。被担保债权的履行期限未届满的,也可以提存该保险金、赔偿金或者补偿金等

续表

项目	内容	
	不可分性	债权的部分变化和担保物的部分变化均不影响担保物权的整体性，即使担保物被分割或转让，或被担保的债权得到部分清偿或被转让，担保物权人仍可对担保物的全部行使权利以担保全部债权的受偿
消灭	1. 主债权消灭	
	2. 担保物权实现	
	3. 债权人放弃担保物权	
	4. 法律规定担保物权消灭的其他情形	

考点 51 抵押权的设立、登记与效力

项目	内容	
设立	合同有效 + 有权处分 + 登记/交付	
登记生效	1. 建筑物和其他土地附着物	
	2. 建设用地使用权	
	3. 正在建造的建筑物、船舶、航空器	
登记对抗	1. 以动产抵押的，抵押权自抵押合同生效时设立；未经登记，不得对抗善意第三人	
	2. 以动产抵押的，不得对抗正常经营活动中已经支付合理价款并取得抵押财产的买受人	
效力范围	所担保的债权范围，包括主债权及其利息、违约金、损害赔偿金、实现抵押权的费用	
	建筑物、建设用地使用权	1. 以建筑物抵押的，该建筑物占用范围内的建设用地使用权一并抵押
		2. 以建设用地使用权抵押的，该土地上的建筑物一并抵押

续表

项 目	内 容	
		3. 前述一并抵押的,同时办理抵押登记
		4. 前述未一并抵押的,未抵押的财产视为一并抵押
		5. 建设用地使用权抵押后,该土地上新增的建筑物不属于抵押财产。该建设用地使用权实现抵押权时,应当将该土地上新增的建筑物与建设用地使用权一并处分,但新增建筑物所得的价款,抵押权人无权优先受偿
抵押权人的主要权利	优先受偿权	为担保债务的履行,债务人或者第三人不转移财产的占有,将该财产抵押给债权人的,债务人不履行到期债务或者发生当事人约定的实现抵押权的情形,抵押权人可以与抵押人协议以抵押财产折价或者以拍卖、变卖该抵押财产所得的价款优先受偿
	物上代位权	担保期间,担保财产毁损、灭失或者被征收等,担保物权人可以就获得的保险金、赔偿金或者补偿金等优先受偿
抵押人的主要权利	抵押人以自己的财产进行抵押的,具有占有、使用、收益的权利	
	处分权	《民法典》第406条　抵押期间,抵押人可以转让抵押财产。当事人另有约定的,按照其约定。抵押财产转让的,抵押权不受影响。 抵押人转让抵押财产的,应当及时通知抵押权人。抵押权人能够证明抵押财产转让可能损害抵押权的,可以请求抵押人将转让所得的价款向抵押权人提前清偿债务或者提存。转让的价款超过债权数额的部分归抵押人所有,不足部分由债务人清偿
		最高人民法院《关于适用〈中华人民共和国民法典〉有关担保制度的解释》第43条　当事人约定禁止或者限制转让抵押财产但是未将约定登记,抵押人违反约定转让抵押财产,抵押权人请求确认转让合同无效的,人民法院不予支持;抵押财产已经交付或者登记,抵押权人请求确认转让不发生物权效力的,人民法院不予支持,但是抵押权人有证据证明受让人知道的除外;抵押权人请求抵押人承担违约责任的,人民法院依法予以支持。 当事人约定禁止或者限制转让抵押财产且已经将约定登记,抵押人违反约定转让抵押财产,抵押权人请求确认转让合同无效的,人民法院不予支持;抵押财产已经交付或者登记,抵押权人主张转让不发生物权效力的,人民法院应予支持,但是因受让人代替债务人清偿债务导致抵押权消灭的除外
注意	行使期间:主债权诉讼时效之内,未行使的,抵押权灭失	

考点52 动产浮动抵押权

项　目	内　容
主体	企业、个体工商户、农业生产经营者
客体	现有的以及将有的生产设备、原材料、半成品、产品
注意	1. 抵押权自抵押合同生效时设立
	2. 即使登记,不得对抗正常经营活动中已支付合理价款并取得抵押财产的买受人
	3. 抵押期间,抵押人处分抵押财产无须经过抵押权人同意

考点53 担保物权的行使

项　目	内　容
留置权、抵押权、质权并存	1. 留置权成立后,若动产的所有人以自己的名义再设立质权、抵押权,则先成立的留置权 > 后设立的质权、抵押权
	2. 留置权成立后,若留置权人以自己的名义设立质权、抵押权(经留置物所有人同意),则后设立的质权、抵押权 > 先成立的留置权
同一财产上并存数个抵押权	1. 均已登记的,按照登记的时间先后的顺序判断优先性
	2. 已登记的先于未登记的
	3. 均未登记,按照债权比例清偿
混合担保	清偿顺序:有约定的按约定,没有约定,有自物保的,自物保优先
动产超级优先权	动产抵押担保的主债权是抵押物的价款,标的物交付后10日内办理抵押登记的,该抵押权人优先于抵押物买受人的其他担保物权人受偿,但是留置权人除外

考点54 合同相对性

项目	内容	
定义	依法成立的合同，仅对当事人具有法律约束力，但是法律另有规定的除外	
典型类型	向第三人履行	当事人约定由债务人向第三人履行债务，债务人未向第三人履行债务或者履行债务不符合约定的，应当向债权人承担违约责任。 法律规定或者当事人约定第三人可以直接请求债务人向其履行债务，第三人未在合理期限内明确拒绝，债务人未向第三人履行债务或者履行债务不符合约定的，第三人可以请求债务人承担违约责任；债务人对债权人的抗辩，可以向第三人主张
	由第三人履行	当事人约定由第三人向债权人履行债务，第三人不履行债务或者履行债务不符合约定的，债务人应当向债权人承担违约责任
	第三人依法代债务人履行债务	债务人不履行债务，第三人对履行该债务具有合法利益的，第三人有权向债权人代为履行

考点55 双务合同中的履行抗辩权

项目	内容
同时履行抗辩权的成立要件	1. 当事人就同一双务合同互负对待给付义务
	2. 双方互负债务均已届清偿期且双方债务没有先后履行顺序
	3. 对方的对待给付是可能履行的
	4. 对方未履行债务或履行债务不符合约定（一方当事人不履行从给付义务或附随义务，另一方不得行使同时履行抗辩权。仅在从给付义务的履行影响合同目的的实现时，产生同时履行抗辩权）
先履行抗辩权的成立要件	1. 当事人就同一双务合同互负对待给付义务
	2. 双方债务有先后履行顺序
	3. 当事人之间的债务均已届清偿期
	4. 应先履行的一方未履行债务或履行债务不符合约定
	5. 对方的债务可能履行

续表

项　目	内　容
不安抗辩权的成立要件	1. 当事人就同一双务合同互负对待给付义务
	2. 双方明确约定或者法律规定债务有先后履行顺序
	3. 主张不安抗辩权的一方应先履行债务且其债务已届清偿期
	4. 应当先履行债务的当事人，有确切证据证明对方有下列情形之一的，可以中止履行：(1)经营状况严重恶化；(2)转移财产、抽逃资金，以逃避债务；(3)丧失商业信誉；(4)有丧失或者可能丧失履行债务能力的其他情形。 当事人没有确切证据中止履行的，应承担违约责任
不安抗辩权的行使及效力	1. 中止履行，应当及时通知对方
	2. 对方提供适当担保的，应当恢复履行。中止履行后，对方在合理期限内未恢复履行能力且未提供适当担保的，视为以自己的行为表明不履行主要债，中止履行的一方可以解除合同并可以请求对方承担违约责任

考点56 债权人代位权与债权人撤销权

项　目	内　容	
债权人代位权	规定	因债务人怠于行使其债权或者与该债权有关的从权利，影响债权人的到期债权实现的，债权人可以向人民法院请求以自己的名义代位行使债务人对相对人的权利
	构成要件	1. 债权：原则上债权人对债务人、债务人对相对人的权利均合法且到期
		2. 存在与该债权有关的从权利，如担保物权、主张保证人承担保证责任等
		3. 相对人包括次债务人、抵押人、质押人、保证人等
		4. 怠于：债务人未对次债务人起诉或申请仲裁
		5. 影响债权人的到期债权实现
		6. 若债务人与次债务人合同中有仲裁条款，亦不妨碍债权人以起诉方式行使代位权
		7. 代位权只能通过诉讼来行使，不能通过仲裁等方式来行使
	诉讼	1. 原告债权人，被告次债务人，可追加债务人为第三人
		2. 管辖：被告(次债务人)住所地法院
		3. 诉讼费用由败诉的次债务人承担；必要费用由债务人承担

续表

项目	内容	
债权人撤销权	构成要件	1. 债权人对债务人的债权合法有效(无须到期)
		2. 债务人实施的财产行为影响债权人债权的实现: (1)无偿行为:债务人放弃其债权、放弃债权担保、无偿转让财产、恶意延长其到期债权的履行期限等。 (2)有偿行为(要求债务人的相对人知道或应当知道该情形,但并未要求双方恶意串通损害债权人利益):债务人以明显不合理的低价转让财产、以明显不合理的高价受让他人财产或为他人的债务提供担保,即卖低于70%,买高于130%
		注意:债务人是在负担债务之后实施的财产行为,不包括之前
	期间	债权人知道或应当知道撤销事由之日起1年内,自债务人的行为发生之日起5年内
	诉讼	1. 原告是债权人、被告是债务人、可追加受益人或受让方为第三人
		2. 债务人影响债权人的债权实现的行为被撤销的,该行为自始没有法律约束力,第三人需要返还不当处分财产的,向债务人返还
		3. 行使撤销权的必要费用如律师代理费、差旅费等,由债务人负担,第三人有过错的,应当适当分担

考点57 合同的法定解除权

类型		享有解除权主体
一般情形	不可抗力:因不可抗力致使不能实现合同目的	双方当事人
	以持续履行的债务为内容的不定期合同,当事人在合理期限之前通知对方后可以随时解除合同,如不定期租赁合同	
	预期违约:履行期限届满之前,当事人一方明确表示或以自己的行为表明不履行主要债务	非违约方
	迟延履行:当事人迟延履行主要债务,经催告后在合理期限内仍未履行	
	根本违约:当事人迟延履行债务或有其他违约行为致使不能实现合同目的	

续表

类型		享有解除权主体
其他情形	【非金钱债务实际履行责任及违约责任】《民法典》第580条　当事人一方不履行非金钱债务或者履行非金钱债务不符合约定的，对方可以请求履行，但是有下列情形之一的除外： （一）法律上或者事实上不能履行； （二）债务的标的不适于强制履行或者履行费用过高； （三）债权人在合理期限内未请求履行。 有前款规定的除外情形之一，致使不能实现合同目的的，人民法院或者仲裁机构可以根据当事人的请求终止合同权利义务关系，但是不影响违约责任的承担	双方当事人

考点58　合同解除的程序

<table>
<tr><th>项　目</th><th colspan="2">内　容</th></tr>
<tr><td rowspan="4">解除权的行使</td><td>行权方式</td><td>约定解除权或法定解除权产生后，并不当然解除合同，须经解除权人行权：
1. 当事人一方依法主张解除合同的，应当通知对方。合同自通知到达对方时解除；通知载明债务人在一定期限内不履行债务则合同自动解除，债务人在该期限内未履行债务的，合同自通知载明的期限届满时解除。
2. 当事人一方未通知对方，直接以提起诉讼或者申请仲裁的方式依法主张解除合同，人民法院或者仲裁机构确认该主张的，合同自起诉状副本或者仲裁申请书副本送达对方时解除</td></tr>
<tr><td>对方异议</td><td>对方对解除合同有异议的，任何一方当事人均可以请求人民法院或者仲裁机构确认解除行为的效力。当事人一方未通知对方，直接以提起诉讼或者申请仲裁的方式依法主张解除合同，人民法院或者仲裁机构确认该主张的，合同自起诉状副本或者仲裁申请书副本送达对方时解除</td></tr>
<tr><td rowspan="2">除斥期间</td><td>1. 法律规定或当事人约定解除权行使期限，期限届满当事人不行使的，该权利消灭</td></tr>
<tr><td>2. 法律没有规定或当事人没有约定解除权行使期限，自解除权人知道或应当知道解除事由之日起1年内不行使，或者经对方催告后在合理期限内不行使的，该权利消灭</td></tr>
</table>

续表

项目	内容
解除的效力	合同解除后，尚未履行的，终止履行；已经履行的，根据履行情况和合同性质，当事人可以请求恢复原状或采取其他补救措施，并有权请求赔偿损失。 两类条款效力不终止：(1)结算和清理条款；(2)解决争议的条款。 合同无效的法律效果：行为人返还因该行为取得的财产；无法返还的或者没有必要返还的，应当折价补偿；过错方赔偿对方因此受到的损失，各方都有过错的，应当承担相应的责任
	合同因违约解除的，解除权人可以请求违约方承担违约责任
	主合同解除后，担保人对债务人应当承担的民事责任仍应当承担担保责任

考点59 标的物风险负担

<table>
<tr><th>项目</th><th colspan="2">内容</th></tr>
<tr><td rowspan="3">一般规则</td><td colspan="2">1. 标的物毁损、灭失的风险，自交付之后由买受人承担</td></tr>
<tr><td colspan="2">2. 标的物交付是风险转移的依据，与所有权是否变动无关(无论动产、不动产)</td></tr>
<tr><td colspan="2">3. 有约定交付地点，依约定地点交付，风险在约定地点完成交付时转移。无约定交付地点，依运输方式推定：
(1)如果买受人上门取货，则在出卖人提供货物的地点转移；
(2)如果出卖人送货上门，则买受人指定的收货地点为风险转移的地点；
(3)如果约定由出卖人代办托运，则自货交第一承运人时风险转移</td></tr>
<tr><td rowspan="5">特殊情形</td><td>在途标的物买卖</td><td>风险自合同成立时起由买受人承担</td></tr>
<tr><td>无法确定交付地点且需要运输</td><td>标的物交付给第一承运人后，视为完成交付</td></tr>
<tr><td>买受人违约未受领交付</td><td>风险自买受人违反约定之日转移</td></tr>
<tr><td rowspan="2">出卖人交付标的不合格</td><td>买受人有权拒绝接受，风险不转移</td></tr>
<tr><td>买受人解除合同后，风险由出卖人承担</td></tr>
</table>

考点60 租赁合同

项目	内容	
租赁期限	最长期限	租赁期限最长不得超过20年,超过20年的,超过部分无效
	不定期租赁	1. 租赁期限6个月以上的,应采用书面形式。当事人未采用书面形式,无法确定租赁期限的,视为不定期租赁
		2. 租赁期限届满,承租人继续使用租赁物,出租人未提出异议的,原租赁合同继续有效,但租赁期限为不定期
		法律效果:不定期租赁当事人可随时解除合同,但应在合理期限之前通知对方
转租	合法转租(经出租人同意)	1. 两个租赁合同原则上均有效
		2. 第三人对租赁物造成损失的,承租人应当向出租人赔偿损失
		3. 转租期限超过承租人剩余租赁期限的,超过部分的约定对出租人不具有法律约束力,但出租人与承租人另有约定的除外
		4. 出租人知道或应当知道承租人转租,但是在6个月内未提出异议的,视为出租人同意转租
	非法转租(未经出租人同意)	1. 解约:承租人非法转租的,构成根本违约,出租人可以解除合同
		2. 追认:出租人知道或者应当知道6个月内明确追认转租合同,或者对此保持沉默。
	次承租人的代为清偿	承租人拖欠租金的,次承租人可以代承租人支付其欠付的租金和违约金,但转租合同对出租人不具有法律约束力的除外

考点61 侵权责任一般规定

项目	内容		
归责原则	过错责任	一般过错	一般构成要件:违法行为、损害后果、因果关系、主观过错
		过错推定	《民法典》第1199条校方对于无行为能力人的校园侵害责任;《民法典》第1222条医疗机构在一些法定情形下的医疗损害责任;《民法典》第1248条动物园对于其养的动物的责任规定。第十章建筑物和物件损害责任的大部分规定,即第1252~1258条,共计7个条文,唯一例外是第1252条的"建筑物、构筑物或者其他设施倒塌"采无过错责任

续表

项目			内容
	无过错责任		根据法律明文规定,不考虑加害人是否具有过错,只要有行为、损害结果及因果关系,就应承担侵权责任
数人侵权	共同侵权行为		1. 二人以上共同实施侵权行为,造成他人损害的,应当承担连带责任
			2. 共同侵权行为需要共同故意
	共同危险行为		1. 二人以上实施危及他人人身、财产安全的行为,其中一人或者数人的行为造成他人损害:(1)能够确定具体侵权人的,由侵权人承担责任;(2)不能确定具体侵权人的,行为人承担连带责任
			2. 免责事由:行为人只有证明谁是真正侵权人,才能主张免责
	教唆、帮助行为		教唆者和帮助者仅仅只是怂恿第三人或是为第三人提供工具,并没有直接实施侵权行为:应与行为人承担连带责任;承担侵权责任(教唆、帮助无民事行为能力人、限制民事行为能力人)
	分别侵权	共同因果	二人以上分别侵权共同造成同一损害:能确定责任大小的,各自承担相应的责任;难以确定责任大小的,平均承担责任。
		累积因果	二人以上分别侵权,每人的侵权行为都足以造成全部损害:连带责任

考点62 产品责任

项目	内容
含义	产品责任,指产品的生产者和销售者,因制造、销售的产品存在缺陷造成他人的人身或者财产损害而应当承担的侵权责任
责任规则	因产品缺陷造成损害的,被侵权人可向生产者请求赔偿,也可向销售者请求赔偿
责任方式	1. 停止侵害、排除妨碍、消除危险等
	2. 召回制度:产品投入流通后发现存在缺陷的,生产者、销售者应当及时采取停止销售、警示、召回等补救措施。未及时采取补救措施或者补救措施不力造成损害扩大的,对扩大的损害也应当承担侵权责任。采取上述召回措施的,生产者、销售者应当负担被侵权人因此支出的必要费用
	3. 损害赔偿

续表

项　目	内　容
	4. 惩罚性赔偿:同时满足 2 个条件: (1)生产者、销售者明知产品存在缺陷仍然生产、销售,或者没有采取召回措施进行补救。 注意:要求生产者、销售者具有主观过错(区别于一般产品侵权责任)。 (2)造成他人死亡或健康严重损害。 注意:须是人身伤亡的后果,若只是造成他人财产损害,不能请求惩罚性赔偿

考点63 机动车交通事故责任

<table>
<tr><th>项　目</th><th colspan="2">内　容</th></tr>
<tr><td rowspan="3">归责原则</td><td colspan="2">1. 机动车之间发生事故:过错责任</td></tr>
<tr><td colspan="2">2. 机动车与非机动车驾驶人、行人之间发生交通事故适用无过错责任原则,非机动车驾驶人或行人有过错的,根据过错程度适当减轻机动车一方的赔偿责任。机动车一方没有过错的,承担不超过 10% 的赔偿责任</td></tr>
<tr><td colspan="2">3. 免责事由:非机动车驾驶、行人故意碰撞机动车发生事故</td></tr>
<tr><td>承担责任主体</td><td colspan="2">(1)交强险的保险公司;(2)商业三者险的保险公司;(3)侵权人</td></tr>
<tr><td rowspan="2">侵权责任人</td><td rowspan="2">所有人、管理人与使用人不是同一人</td><td>1. 机动车使用人承担赔偿责任</td></tr>
<tr><td>2. 机动车所有人、管理人对损害发生有过错的:承担相应的责任</td></tr>
</table>

商　法

考点64 公司的特征

特　征	内　容
独立性	1. 独立名义:公司以自己的名义进行各种民事活动以及诉讼等
	2. 独立财产:公司是企业法人,有独立的法人财产,享有法人财产权
	3. 独立责任:公司以其全部财产对公司的债务承担责任
社团性	公司是社团组织,具有社团性。依法人内部组织基础的不同,可将法人分为社团法人和财团法人,公司属于社团法人。公司的社团性表现为它通常由两个或两个以上的股东出资组成
营利性	公司以营利为目的,具有营利性。营利法人的宗旨是获取利润并将利润分配给成员(出资人或股东);而非营利法人的宗旨是发展公益、慈善、宗教、学术事业,它们即使从事商业活动、赚取利润,也只是以营利为手段,旨在实现与营利无关的目的,而且其营利所得不能直接分配给成员

考点65 法人人格否认制度

项　目	内　容
公司法的规定	公司股东不得滥用股东权利损害公司或其他股东的利益,不得滥用公司法人独立地位和股东有限责任损害公司债权人的利益。公司股东滥用股东权利给公司或者其他股东造成损失的,应当依法承担赔偿责任
	公司股东滥用公司法人独立地位和股东有限责任,逃避债务,严重损害公司债权人利益的,应当对公司债务承担连带责任

续表

项　目	内　容
适用情形	1. 一般公司，公司股东滥用公司法人独立地位和股东有限责任，逃避债务，严重损害公司债权人利益的
	2. 一人有限责任公司，股东不能举证证明公司财产独立于自己的财产的
否认的效力	公司法人人格否认后，股东不能再主张其对公司的有限责任，而要对公司的债务承担连带责任
	1. "揭开法人的面纱"限制股东的有限责任，也即股东与公司一并承担连带责任。法人人格否认/刺破法人面纱不是法人人格消灭，法人人格消灭的标志是注销登记
	2. 法人人格否定不搞连坐制，无辜的其他股东不与当事人股东承担连带责任；不搞终身否定和全盘否定，当事人股东只是就该笔/单笔交易（个案认定）与公司承担连带责任

考点66 抽逃出资的认定与责任

项　目	内　容
情形	以下情形属于抽逃出资： （1）制作虚假财务会计报表虚增利润进行分配； （2）通过虚构债权债务关系将其出资转出； （3）利用关联交易将出资转出； （4）其他未经法定程序将出资抽回的行为
责任	1. 股东抽逃出资，公司或者其他股东请求其向公司返还出资本息、协助抽逃出资的其他股东、董事、高级管理人员或者实际控制人对此承担连带责任的，人民法院应予支持
	2. 公司债权人请求抽逃出资的股东在抽逃出资本息范围内对公司债务不能清偿的部分承担补充赔偿责任、协助抽逃出资的其他股东、董事、高级管理人员或者实际控制人对此承担连带责任的，人民法院应予支持；抽逃出资的股东已经承担上述责任，其他债权人提出相同请求的，人民法院不予支持
	3. 有限责任公司的股东抽逃全部出资，经公司催告在合理期限内没有返还，公司以股东会决议解除该有限责任公司股东的股东资格

考点67 股东代表诉讼

项 目	内 容
主体	1. 有限责任公司：股东
	2. 股份有限公司：连续180日以上单独或合计持有公司1%以上股份的股东（持股时间+持股比例）
前提	董监高、其他人侵害公司利益
程序	1. 董、高或者第三人侵害公司利益的，股东可以书面请求监事会或者不设监事会的有限责任公司的监事向人民法院提起诉讼；监事以外的人侵害公司利益的，均应向监事书面请求（监事专职）
	2. 监事侵害公司利益的，股东可以书面请求董事会或者不设董事会的有限责任公司的执行董事向人民法院提起诉讼
	3.《全国法院民商事审判工作会议纪要》第25条明确，"书面请求"的前置程序以存在公司有关机关提起诉讼的可能性为审查要素，也即若是"书面请求"后公司内部有关机关（董事会、监事会等）会去起诉则应提"书面请求"；但若是"书面请求"可能给公司带来难以弥补的损失，那么"书面请求"的前置程序可以不履行
	领导不管的，股东自己代表公司去诉讼。 上述相关人员收到股东书面请求后有下列情形的，股东有权为了公司的利益以自己的名义直接向法院提起诉讼： （1）拒绝提起诉讼； （2）怠于起诉（自收到请求之日起30日内未提起诉讼）； （3）情况紧急，不立即提起诉讼将会使公司利益受到难以弥补的损害
当事人	1. 起诉的股东为原告；侵权人为被告（既可以是内部的高级管理人员也可以是外部的客户）；公司为第三人
	2. 符合条件的其他股东，一审法庭辩论终结前以相同的诉讼请求申请参加诉讼的，为共同原告
后果	1. 股东代表诉讼的后果由公司承担，归于公司
	2. 胜诉后（注意以部分胜诉或全部胜诉为前提，败诉的不给予报销），股东可请求公司承担其为诉讼支出的律师费、调查费、评估费、公证费等合理费用
	3. 股东代表诉讼的反诉。 股东依据《公司法》第151条第3款的规定提起股东代表诉讼后，被告以原告股东恶意起诉侵犯其合法权益为由提起反诉的，人民法院应予受理。被告以公司在案涉纠纷中应当承担侵权或者违约等责任为由对公司提出的反诉，因不符合反诉的要件，人民法院应当裁定不予受理；已经受理的，裁定驳回起诉

续表

项 目	内 容
	4. 股东代表诉讼的调解。 公司是股东代表诉讼的最终受益人,为避免因原告股东与被告通过调解损害公司利益,人民法院应当审查调解协议是否为公司的意思。只有在调解协议经公司股东(大)会、董事会决议通过后,人民法院才能出具调解书予以确认。至于具体决议机关,取决于公司章程的规定。公司章程没有规定的,人民法院应当认定公司股东(大)会为决议机关

考点68 代持股协议

项 目	内 容
名义股东	没有向公司出资,但登记于股东名册及办理公司登记机关登记的主体。根据股东资格确认规则(名册+登记)名义股东才是公司的股东
实际出资人	实际出资,但其姓名或名称并未记载于公司股东名册及办理公司登记机关登记的人,也即公司的实际出资人
法律关系	1. 代持协议的双方(对内):承认代持股协议的效力(有效);投资权益按协议约定最终属于实际出资人
	2. 对公司:实际出资人请求公司改变股东名册,应当经其他股东半数以上同意。具体参照对外转让程序,但同意人数上是“半数以上”,要求低于“过半数”
	3. 对债权人:债权人有权请求名义股东承担相应责任,名义股东承担责任后,可以向实际出资人追偿
	4. 对善意第三人:名义股东处分股权,属于有权处分,但符合善意取得的条件时,受让人才能取得股权(参照适用善意取得制度)

考点69 转投资和对外担保

项 目	内 容
情形	公司可以向其他企业投资;可以投资到合伙企业,但国有独资公司、国有企业、上市公司不能成为普通合伙人

续表

项　目	内　容
对外担保	公司向其他企业投资或者为他人提供担保，依照公司章程的规定，由董事会或者股东会、股东大会决议
	公司章程对投资或者担保的总额及单项投资或者担保的数额有限额规定的，不得超过规定的限额
对内担保	公司为公司股东或者实际控制人提供担保的，必须经股东会或者股东大会决议
注意	1. 该股东或者该实际控制人支配的股东，不得参加上述事项的表决（利害关系人回避原则）
	2. 该项表决由出席会议的其他股东所持表决权的过半数通过
	3. 实际控制人是指虽不是公司股东，但是通过投资关系、协议或者其他安排，能够实际支配公司行为的人

考点70 发起人责任

<table>
<tr><th>责任类型</th><th colspan="4">内　容</th></tr>
<tr><td rowspan="7">对外责任</td><td rowspan="5">设立成功</td><td rowspan="3">合同之债</td><td>一般情形</td><td>合同相对性：谁的名义谁的责任</td></tr>
<tr><td rowspan="2">特殊情况</td><td>发起人名义但公司承担责任：成立后合同相对人可以选择发起人或者公司承担责任</td></tr>
<tr><td>公司名义但发起人承担责任：发起人恶意与第三人串通的，发起人承担责任</td></tr>
<tr><td rowspan="2">侵权之债</td><td colspan="2">1. 属于职务行为的，由公司承担责任，公司或无过错的发起人可以追偿</td></tr>
<tr><td colspan="2">2. 属于个人行为的，由该个人承担责任</td></tr>
<tr><td rowspan="2">设立失败</td><td colspan="3">1. 设立行为所产生的债务和费用，由全体发起人承担连带责任（对外责任）</td></tr>
<tr><td colspan="3">2. 对认股人已缴纳的股款，负返还股款并加算银行同期存款利息的连带责任（把钱退给其他参与募集资金的主体）</td></tr>
<tr><td rowspan="2">对内责任</td><td colspan="4">1. 过错发起人责任：发起人因自己的过失使公司利益受到损害的，应当对公司承担赔偿责任</td></tr>
<tr><td colspan="4">2. 发起人内部按照“约定的责任承担比例→约定的出资比例→均等份额”的顺序承担责任（注意前后次序）</td></tr>
</table>

考点71 “一股二卖”处理规则

项目	内容
第一次处分股权行为	有效
第二次处分股权行为	1. 无权处分
	2. 第二次股权转让合同有效
	3. 第三人符合善意取得即可获得股权
	4. 第三人取得股权后，则第一次受让股东可获得相应赔偿

考点72 股东会(董事会)决议的效力

类别	内容
有效决议	决议内容、程序均无瑕疵
无效决议(内容违法)	1. 决议内容违反法律、行政法规
	2. 诉讼中，股东、董事、监事为原告，公司为被告
	3. 决议被人民法院判决确认无效或者撤销的，公司依据该决议与善意相对人形成的民事法律关系不受影响
未成立决议	1. 含义： (1)公司未召开会议的;(2)会议未对决议事项进行表决的;(3)出席会议的人数或者股东所持表决权不符合公司法或公司章程规定的;(4)会议的表决结果未达到公司法或公司章程规定的通过比例的
	2. 诉讼中，股东、董事、监事为原告，公司为被告
可撤销决议(程序违法、违章，内容违章)	1. (1)作出决议的程序违法;(2)作出决议的程序违反法人章程;(3)决议的内容违反法人章程。但会议召集程序或者表决方式仅有轻微瑕疵，且对决议未产生实质影响的，人民法院不予支持股东请求撤销该决议
	2. 诉讼中： (1)原告需要在起诉时具有公司股东资格。一审法庭辩论终结前，其他有原告资格的人以相同的诉讼请求申请参加上述诉讼的，可以列为共同原告。 (2)公司为被告。 (3)对决议涉及的其他利害关系人，可列为第三人

续表

类　别	内　容
	3. 股东可以自决议作出之日起 60 日内，请求人民法院撤销。人民法院可以应公司的请求，要求股东提供相应担保

考点73 有限责任公司股权转让

项　目	内　容	
股权对内转让	自由转，其他股东无优先购买权	
股权对外转让（公司章程规定优先）	一般规则	1. 其他股东过半数同意（人数决）
		2. 就股权转让事项以书面或其他能够确认收悉的方式通知其他股东征求同意
		3. 其他股东 30 日未答复的，视为同意转让
		4. 其他股东半数以上不同意转让的，不同意的股东应当购买该转让的股权；不购买的视为同意转让
	优先购买权的行使规则	1. 经股东同意转让的股权，在同等条件（转让股权的数量、价格、支付方式及期限等）下，其他股东可主张优先购买
		2. 行使时间：公司章程规定→通知≤30 日→30 日
		3. 转让股东可反悔（公司章程另有规定或全体股东另有约定除外），但应赔偿其他股东损失
		4. 自然人股东因继承发生变化时，其他股东不可主张优先购买权
		5. 两个以上股东均主张优先购买权的，协商确定各自的购买比例；协商不成的，则按照转让时各自的出资比例行使优先购买权
	损害优先购买权的处理	1. 未就其股权转让事项征求其他股东意见或以欺诈、恶意串通等手段，损害其他股东优先购买权，其他股东可主张按照同等条件购买该转让股权
		2. 其他股东自知道或者应当知道行使优先购买权的同等条件之日起 30 日内没有主张，或者自股权变更登记之日起超过 1 年的，不再享有优先购买权
		3. 其他股东仅提出确认股权转让合同及股权变动效力等请求，未同时主张按照同等条件购买转让股权的，人民法院不予支持。但其他股东非因自身原因导致无法行使优先购买权，请求损害赔偿的除外
		4. 股东以外的股权受让人，因股东行使优先购买权而不能实现合同目的的，可以依法请求转让股东承担相应民事责任

考点74 股权让与担保

项目	内容
概念	让与担保,是指债务人或者第三人通过将动产、不动产或者股权等财产转让至债权人名下的方式,为主合同项下的债务提供担保
担保关系的认定	当事人之间通过合同设定的具有担保功能的权利义务关系,不存在《民法典》规定的合同无效情形的,应当认定合同有效
是否可优先受偿	如果作为担保财产的股权等已经进行变更登记,可以参照股权质押的相关规定确定当事人间的权利义务关系(享有优先受偿权)
禁止流质条款	在债务人不履行到期债务或者出现约定的事由时,债权人主张享有股权的,人民法院不予支持,但其与债务人事后就股权达成折价或者回购协议的除外。债务人可请求人民法院参照《民事诉讼法》"实现担保物权案件"的相关规定,拍卖、变卖股权

考点75 清算

项目	内容
指定清算	有下列情形之一,债权人、公司股东、董事或其他利害关系人可以申请人民法院指定清算组进行清算: (1)公司解散逾期不成立清算组进行清算的; (2)虽成立清算组但故意拖延清算的; (3)违法清算可能严重损害债权人或者股东利益的
清算组成员	1. 股东、董监高(有限责任公司的清算组由股东组成;股份有限公司的清算组由董事或者股东大会确定的人员组成)
	2. 社会中介机构(如律所、会计师事务所)
	3. 社会机构中具备相关专业知识并取得执业资格的人员(如律师)
诉讼	1. 企业法人解散,依法清算并注销前,以该企业法人为当事人
	2. 未依法清算即被注销,以该企业法人的股东、发起人或者出资人为当事人
	3. 公司成立清算组的,由清算组负责人代表公司参加诉讼
	4. 尚未成立清算组的,由原法定代表人代表公司参加诉讼

续表

项　目	内　容
清算方案生效	1. 自行清算的,清算方案报股东(大)会决议确认
	2. 法院组织清算的,清算方案报法院确认
	3. 未经确认的清算方案,清算组不得执行
禁止行为	1. 在申报债权期间,清算组不得对债权人进行清偿
	2. 清算期间,公司存续,但不得开展与清算无关的经营活动
	3. 禁止违反顺序分配:公司财产在未清偿公司债务前,不得分配给股东
清算顺序	清算费用→职工工资→社会保险费用→法定补偿金→税款→债→股东分配剩余财产
清算:《公司法》第183～189条; 清算中股东的责任:最高人民法院《关于适用〈中华人民共和国公司法〉若干问题的规定(二)》第18～23条	

考点76 票据的特征

项　目	内　容
流通性	票据的基本功能就是流通,票据法的立法宗旨就是保证票据流通的安全
无因性	票据权利人在行使票据权利时,无须证明给付原因,票据债务人也不得以原因关系对抗善意第三人。(1)指票据上的法律关系是一种单纯的金钱支付关系,权利人享有票据权利只以持有符合票据法规定的有效票据为必要。至于票据赖以发生的原因则在所不问。(2)票据的无因性仍有例外情况,不能将“无因性”绝对化(参见票据抗辩)
文义性	票据上权利义务的内容必须以票据上记载的事项为准
独立性	同一票据所涉及的若干票据行为互不牵连,都分别依各行为人在票据上记载的内容,独立地发生效力。该性质说明,在先票据行为无效,不影响后续票据行为的效力;某一票据行为无效,不影响其他票据行为的效力
设权性	无票据无权利,行使票据权利必须出示票据(与股票进行区分,股票是证权证券)
要式性	票据的制作格式和记载事项,必须严格遵守法律的规定,才能产生正常的票据效力,否则,票据效力受到一定程度的影响

考点77 背书转让

项目	内容
背书转让的法律效力	1. 背书转让无须经票据债务人同意。行为人无须向票据债务人发出通知或经其承诺。只要持票人完成背书行为，就构成有效的票据权利转让
	2. 背书转让的转让人不退出票据关系。背书转让后，转让人并不退出票据关系，而是由先前的票据权利人转变为票据义务人，并承担担保承兑和担保付款的责任
	3. 背书转让具有更强的转让效力
背书转让的限制	1. 出票人的限制背书：汇票的出票人在票据上记载“不得转让”字样，汇票不得转让。如果持票人背书转让，背书行为无效
	2. 背书人的限制背书：背书人在汇票上记载“不得转让”字样，其后手再背书转让的，原背书人对后手的被背书人不承担保证责任
	3. 回头背书及其效力：被背书人是出票人的，事实上是不能行使追索权的，只有在汇票已经承兑的情况下，才可以向承兑人行使追索权。 回头背书的被背书人是先前的背书人的，他既是票据的债务人，又是票据的权利人，他要对其后手承担担保责任，且不能向他们行使追索权
	4. 附条件背书及其效力：背书不得附有条件，背书时附有条件的，所附条件不具有汇票上的效力
	5. 分别背书和部分背书及其效力：将汇票金额的一部分转让的背书或将汇票金额分别转让给2人以上的背书无效
	6. 期后背书及其效力：汇票被拒绝承兑、被拒绝付款或者超过付款提示期限的，不得背书转让；背书转让的，背书人应当承担汇票责任。 注意：期后背书应当属于无效背书，不能发生一般背书的效力，而只具有通常的债权转让的效力
	7. 委托收款背书及其效力：委托收款背书不是实质上的票据权利转让，而是以背书形式进行的委托。 背书人是委托人，被背书人是受托人。背书记载“委托收款”字样的，被背书人有权代背书人行使被委托的汇票权利。但是，被背书人不得再以背书转让汇票权利

考点78 保险费缴纳与退保的处理

项　目	内　容
缴费	投保人可以按照合同约定向保险人一次支付全部保险费或者分期支付保险费
	(其他人付费)被保险人、受益人或者他人可以代为支付保险费
违约	保险人对人寿保险的保险费,不得用诉讼方式要求投保人支付
退费	投保人解除合同的,保险人应当自收到解除合同通知之日起30日内,按照合同约定退还保险单的现金价值
退费规则	1. 合同解除时,投保人与被保险人、受益人为不同主体,被保险人或者受益人要求退还保险单的现金价值的,人民法院不予支持,但保险合同另有约定的除外(谁交的钱就退给谁)
	2. 投保人解除保险合同,当事人以其解除合同未经被保险人或者受益人同意为由主张解除行为无效的,人民法院不予支持,但被保险人或者受益人已向投保人支付相当于保险单现金价值的款项并通知保险人的除外

民事诉讼法与仲裁制度

提示:本部分内容根据2023年9月1日修正的《民事诉讼法》进行修订,考生可放心使用。

考点79 合同纠纷的管辖

类别	内容
未实际履行	合同没有实际履行,当事人双方住所地都不在合同约定的履行地的,不再以合同履行地作为连接点,而应由被告住所地人民法院管辖
实际履行	合同履行地的确定: 1. 合同约定履行地点的,以约定的履行地点为合同履行地。合同实际履行地与约定履行地不一致的,以约定的履行地为准。 2. 合同对履行地点没有约定或者约定不明确的,则: (1)争议标的为给付货币的,接收货币一方所在地为合同履行地; (2)交付不动产的,不动产所在地为合同履行地; (3)其他标的,履行义务一方所在地为合同履行地; (4)即时结清的合同,交易行为地为合同履行地; (5)财产租赁合同、融资租赁合同以租赁物使用地为合同履行地; (6)以信息网络方式订立的买卖合同,通过信息网络交付标的的,以买受人住所地为合同履行地;通过其他方式交付标的的,收货地为合同履行地
涉外民事纠纷管辖	因涉外民事纠纷,对在中华人民共和国领域内没有住所的被告提起除身份关系以外的诉讼,如果合同签订地、合同履行地、诉讼标的物所在地、可供扣押财产所在地、侵权行为地、代表机构住所地位于中华人民共和国领域内的,可以由合同签订地、合同履行地、诉讼标的物所在地、可供扣押财产所在地、侵权行为地、代表机构住所地人民法院管辖。 除前款规定外,涉外民事纠纷与中华人民共和国存在其他适当联系的,可以由人民法院管辖
涉外民事纠纷协商管辖	涉外民事纠纷的当事人书面协议选择人民法院管辖的,可以由人民法院管辖

考点80 专属管辖权

<table>
<tr><th>类 别</th><th>内 容</th></tr>
<tr><td>不动产纠纷</td><td>不动产所在地人民法院管辖</td></tr>
<tr><td>港口作业纠纷</td><td>港口所在地人民法院管辖</td></tr>
<tr><td>继承遗产纠纷</td><td>被继承人死亡时住所地或者主要遗产所在地人民法院管辖</td></tr>
<tr><td>在中华人民共和国领域内设立的法人或者其他组织的设立、解散、清算以及该法人或者其他组织作出的决议的效力纠纷</td><td rowspan="3">由人民法院专属管辖</td></tr>
<tr><td>与在中华人民共和国领域内审查授予的知识产权的有效性的纠纷</td></tr>
<tr><td>在中华人民共和国领域内履行中外合资经营企业合同、中外合作经营企业合同、中外合作勘探开发自然资源合同发生的纠纷</td></tr>
<tr><td rowspan="4">理解与适用</td><td>1. 不动产纠纷包括：一个物权纠纷＋四个合同纠纷。
(1)前者是指因不动产的权利确认、分割、相邻关系等引起的物权纠纷。
(2)后者是指农村土地承包经营合同纠纷、房屋租赁合同纠纷、建设工程施工合同纠纷、政策性房屋买卖合同纠纷</td></tr>
<tr><td>2. 不动产所在地的确定：
(1)不动产已登记的，以不动产登记簿记载的所在地为不动产所在地；
(2)不动产未登记的，以不动产实际所在地为不动产所在地</td></tr>
<tr><td>3. 不动产纠纷与继承纠纷竞合时，按继承案件专属管辖的规定确定管辖法院</td></tr>
<tr><td>4. 专属管辖排斥管辖协议，但不得对抗仲裁协议（涉外专属管辖的案件也可以到外国仲裁机构申请仲裁）</td></tr>
</table>

考点81 管辖权异议与应诉管辖

项 目	内 容
主体	当事人,常为被告;有独三和无独三均不能提管辖权异议
对象	一审案件管辖权,包括级别管辖和地域管辖
时间	提交答辩状期间
处理	1. 异议成立的:裁定移送有管辖权的法院
	2. 异议不成立:裁定驳回异议
	3. 在管辖权异议裁定作出前,原告申请撤回起诉,受诉人民法院作出准予撤回起诉裁定的,对管辖权异议不再审查,并在裁定书中一并写明
救济	对管辖权异议的裁定,当事人可以自裁定送达之日起10日内上诉
应诉管辖	当事人未提出管辖异议,并应诉答辩或者提出反诉的,视为受诉人民法院有管辖权,但违反级别管辖和专属管辖的除外
特殊规定	1. 提交答辩状期间届满后,原告增加诉讼请求金额致使案件标的额超过受诉人民法院级别管辖标准,被告提出管辖权异议,请求由上级人民法院管辖的,人民法院应审查并作出裁定。异议不成立的,裁定驳回;异议成立的,裁定移送有管辖权的人民法院
	2. 被告以受诉人民法院同时违反级别管辖与地域管辖规定为由提出管辖权异议的,受诉人民法院应当一并作出裁定
理解与适用	1. 提交答辩状期间,被告有选择权: (1)认可法院管辖权的,应诉答辩; (2)不认可法院管辖权的,提管辖权异议
	2. 基于应诉管辖,对于人民法院发回重审或者按照一审程序再审的案件,当事人提出管辖权异议的,不予审查
	3.《民事诉讼法》中有三个裁定可以上诉:管辖权异议裁定、不予受理裁定、驳回起诉裁定

考点82 必要共同诉讼情形

项目	内容
挂靠关系	该挂靠人和被挂靠人为共同诉讼人
劳务派遣	当事人主张的,接受劳务派遣的用工单位和劳务派遣单位为共同诉讼人(类似)
个体工商户	营业执照上登记的经营者与实际经营者不一致的,二者为共同诉讼人
个人合伙	未依法登记领取营业执照的个人合伙的全体合伙人为共同诉讼人
法人分立	因分立前的民事活动发生的纠纷,以分立后的企业为共同诉讼人
借用关系	借用业务介绍信、合同专用章、盖章的空白合同书或者银行账户的,出借单位和借用人为共同诉讼人(类似)
遗产继承关系	在继承遗产诉讼中,部分继承人起诉的,人民法院应通知其他继承人作为共同原告参加诉讼
	被通知的继承人不愿意参加诉讼又未明确表示放弃实体权利的,人民法院仍应把其列为共同原告
无限人侵权	无民事行为能力人、限制民事行为能力人造成他人损害的,无民事行为能力人、限制民事行为能力人和其监护人为共同被告
代理关系	原告起诉被代理人和代理人,主张承担连带责任的,被代理人和代理人为共同被告
共有财产关系	共有财产权受到他人侵害,部分共有权人起诉的,其他共有权人应当列为共同诉讼人

考点83 重复起诉

项　目	内　容
一事不再理	指案件已经经过法院的实体处理,原告再次起诉的,不予受理
重复起诉构成要件	当事人就已经提起诉讼的事项在诉讼中或裁判生效后再次起诉,同时符合下列条件的,构成重复起诉: (1)后诉与前诉的当事人相同,不受在前诉与后诉中当事人诉讼地位的影响; (2)后诉与前诉的诉讼标的相同; (3)后诉与前诉的诉讼请求相同,或者后诉的诉讼请求实质上否定前诉裁判结果。 当事人重复起诉的,裁定不予受理;已经受理的,裁定驳回起诉,但法律、司法解释另有规定的除外
一事不再理的例外	1. 裁定不予受理、驳回起诉,当事人再次起诉符合条件的,应予受理
	2. 原告撤诉或人民法院按撤诉处理后,原告以同一诉讼请求再次起诉的,应予受理
	3. 原告撤诉或按撤诉处理的离婚案件;判决不准离婚和调解和好的离婚案件;判决、调解维持收养关系的案件,没有新情况、新理由,原告在6个月内又起诉的,不予受理
	4. 赡养费、扶养费、抚养费案件,裁判生效后,因新情况、新理由,一方当事人再行起诉要求增加或减少费用的,应作为新案受理

考点84 第三人撤销之诉

项　目	内　容
概念	第三人因不能归责于本人的事由未参加诉讼,但有证据证明发生法律效力的判决、裁定、调解书的部分或者全部内容错误,损害其民事权益的,可以自知道或者应当知道其民事权益受到损害之日起6个月内,向作出该判决、裁定、调解书的人民法院提起诉讼
起诉受理	1. 起诉主体:有独三、无独三
	2. 起诉依据:(1)因不能归责于本人的事由未参加诉讼;(2)有证据证明发生法律效力的判决、裁定、调解书的部分或者全部内容错误,损害其民事权益的
	3. 起诉时间:自知道或者应当知道其民事权益受到损害之日起6个月内

续表

项 目	内 容
	4. 管辖法院：作出生效判决、裁定、调解书的人民法院
	5. 受理时间：法院自收到起诉状之日起30日内[①]立案或裁定不予受理
对下列情形提起第三人撤销之诉的，人民法院不予受理	1. 适用特别程序、督促程序、公示催告程序等非讼程序处理的案件
	2. 婚姻无效、撤销或解除婚姻关系等裁判、裁定、调解书中涉及身份关系的内容
	3. 未登记的权利人对代表人诉讼案件的生效裁判
	4. 损害社会公共利益行为的受害人对公益诉讼案件的生效裁判
当事人	1. 三撤的原告：起诉的第三人
	2. 三撤的被告：生效判决、裁定、调解书中的当事人
	3. 三撤第三人：生效判决、裁定、调解书中没有承担责任的无独三
中止执行	受理第三人撤销之诉案件后： (1)原告提供相应担保，请求中止执行的，人民法院可以准许。 (2)以案外人身份再提执行标的异议，异议成立的，法院裁定中止执行
审理	应当组成合议庭开庭审理。 理解：三撤本质上是一个全新的诉讼，是一个形成之诉，相当于第一审民事案件，且案情复杂，因此法院应当：(1)适用普通程序；(2)组成合议庭；(3)开庭审理

考点85 先予执行

项 目	内 容
适用案件	1. 追索赡养费、扶养费、抚养费、抚恤金、医疗费用的案件
	2. 追索劳动报酬的案件
	3. 因情况紧急需要先予执行的案件：需要立即停止侵害、排除妨碍的；需要立即制止某项行为的；追索恢复生产、经营急需的保险理赔费的；需要立即返还社会保险金、社会救助资金的；不立即返还款项，将严重影响权利人生活和生产经营的

① 普通程序的审查期限是7日，但第三人撤销之诉的审查比较复杂，涉及第三人起诉权与原审当事人权利义务及原生效文书的稳定性，因此审查期限为30日。

续表

项　目	内　容
条件	1. 当事人之间权利义务关系明确
	2. 申请人有需要
	3. 被申请人有履行能力
	4. 只能依当事人的申请适用
	5. 可以要求申请人提供担保
文书	裁定,可申请复议(5 日内申请,人民法院 10 日内审查)一次或由人民法院主动决定再审
程序	1. 担保非必须:人民法院可以责令申请人提供担保,申请人不提供的,驳回申请
	2. 范围:限于当事人诉讼请求的范围,且以当事人的生活、生产经营的急需为限
	3. 处理与救济:法院对于先予执行的申请应当进行审查,并作出裁定,对该裁定不服的,当事人可以申请复议一次(同级复议),复议期间不停止原裁定的执行

考点 86 证明责任

项　目	内　容
概念	1. 行为责任:当事人对自己提出的诉讼请求所依据的事实或者反驳对方诉讼请求所依据的事实,应当提供证据加以证明,但法律另有规定的除外
	2. 结果责任:在作出判决前,当事人未能提供证据或者证据不足以证明其事实主张的,由负有举证证明责任的当事人承担不利的后果
内涵	1. 当事人是证明责任的主体,法院不承担证明责任
	2. 同一事实,只能由一方当事人承担证明责任
	3. 证明责任是由法律和司法解释预先确定的,在诉讼中不存在证明责任转移问题
	4. 不承担证明责任的一方当事人也可以积极行使举证权利(反证)
	5. 待证事实真伪不明是证明责任发生的前提
	6. 证明责任是一种拟制或假定,可能与客观事实不符
一般分配原则	1. 主张法律关系存在的当事人,应当对产生该法律关系的基本事实承担举证证明责任(基础主张)
	2. 主张法律关系变更、消灭或者权利受到妨害的当事人,应当对该法律关系变更、消灭或者权利受到妨害的基本事实承担举证证明责任(抗辩主张)

考点87 上诉的提起、二审当事人确定

项目	内容
上诉主体	1. 本案当事人:原告、被告、有独三
	2. 无独三:承担责任的有权上诉;不承担责任的无权上诉,但可以作为被上诉人
	3. 委托代理人:须经特别授权
上诉对象	1. 判决:但特别程序、公示催告程序的判决不可上诉
	2. 裁定:不予受理、驳回起诉、管辖权异议
	3. 调解书:不得上诉
	4. 六类一审终审情形不得上诉(尤其注意小额、婚姻效力判决)
上诉期限	1. 自送达之日起
	2. 判决:15 日
	3. 裁定:10 日
上诉理由	不服即可
上诉形式	1. 必须书面:口头上诉无效
	2. 上诉法院:只能向一审法院的上一级法院提
	3. 递交上诉状的法院:原则向原审法院提,也可以向二审法院提,由二审法院在 5 日内将上诉状移交原审法院
	4. 二审答辩期:15 日
二审中当事人诉讼地位	1. 通常: (1)提起上诉者为上诉人,未提上诉者为被上诉人; (2)双方当事人及第三人均上诉,均列为上诉人,此时无被上诉人
	2. 特殊:必要共同诉讼案件。 (1)仅不服与对方当事人之间的权利义务分担:对方当事人为被上诉人,未上诉的同一方当事人依原审诉讼地位列明; (2)仅不服与共同诉讼人之间的权利义务分担:未上诉的同一方当事人为被上诉人,对方当事人依原审诉讼地位列明; (3)对双方当事人之间以及共同诉讼人之间权利义务承担有意见的:未提起上诉的其他当事人均为被上诉人
	【破题关键】把上诉请求与原审判决内容一一对比,上诉请求对谁不满,谁就是被上诉人,其他人按原审地位列明即可

考点88 二审结案方式

项 目	内 容
撤回上诉	1. 时间:判决宣告前
	2. 二审法院裁定是否准许
	3. 不予准许的情形:(1)一审判决确有错误;(2)当事人之间恶意串通损害国家利益、社会公共利益、他人合法权益
	4. 效力:一审判决生效
撤回起诉	1. 其他当事人同意,且不损害国家利益、社会公共利益、他人合法权益的,人民法院可以准许
	2. 效力:(1)一并裁定撤销一审裁判;(2)不得重复起诉
二审和解	二审中达成和解协议的,有三种结案方式: (1)制作调解书送达当事人,可以强制执行; (2)申请撤回起诉,不得重复起诉; (3)申请撤回上诉,一审判决生效
二审调解	二审达成调解协议的: (1)应当制作调解书; (2)调解书送达后,原判决视为撤销(当然功能,不能再有"撤销原判"的表述)
二审裁判	1. 适用文书:针对判决上诉的,适用裁定或判决处理;针对裁定上诉的,一律适用裁定处理
	2. 情形及处理: (1)原判决、裁定认定事实清楚且适用法律正确:驳回上诉,维持原判决、裁定; (2)原判决、裁定认定事实错误或适用法律错误:依法改判、撤销或变更; (3)原判决认定基本事实不清:依法改判或裁定发回重审; (4)原判决严重违反法定程序①:裁定撤销原判,发回重审
	3. 特殊情形。 (1)不应由人民法院受理:裁定撤销原判,驳回起诉; (2)违反专属管辖:裁定撤销原判并移送有管辖权的法院; (3)不予受理裁定错误的:撤销原裁定,指令一审法院立案受理; (4)驳回起诉裁定错误的:撤销原裁定,指令一审法院依法审理

① "严重违反法定程序":(1)审判组织的组成不合法的;(2)应当回避的审判人员未回避的;(3)无诉讼行为能力人未经法定代理人代为诉讼的;(4)违法剥夺当事人辩论权利的。

考点89 再审对象

类　别	内　容
判决书（已生效）	一般都能再审，但有例外： 1. 特别程序、非讼程序不适用再审。 2. 解除婚姻关系的判决、调解书，不得再审。 （1）不等于离婚判决不能再审。 （2）当事人就离婚判决中的财产分割问题可以申请再审： ①已经分割：符合条件的可以立案再审； ②尚未处理：告知另行起诉
裁定书（已生效）	不予受理裁定、驳回起诉裁定
调解书（已生效）	符合法定情形可以再审： （1）法院启动再审——调解书确有错误； （2）当事人申请再审——调解书违背自愿原则或者合法原则； （3）检察院抗诉或者提出检察建议——调解书损害国家、社会公共利益

考点90 再审程序与范围

项　目	内　容
再审程序	1. 裁定中止原判决、裁定、调解书的执行。 （1）法院决定再审后，需要中止执行的，应当在再审裁定中同时写明中止执行。 （2）例外：追索赡养费、扶养费、抚养费、抚恤金、医疗费用、劳动报酬等案件，可以不中止执行
	2. 另行组成合议庭
	3. 再审没有独立程序，而是适用第一审程序或者第二审程序重新审理： （1）原生效裁判是第一审法院作出，按第一审程序审理，所作裁判可以上诉； （2）原生效裁判是第二审法院作出，按第二审程序审理，所作裁判是发生法律效力的裁判； （3）上级法院按照审判监督程序提审的，按第二审程序审理，所作裁判是发生法律效力的裁判
	4. 有特殊情况或者双方当事人已经通过其他方式充分表达意见，且书面同意不开庭审理的，可以不开庭审理

续表

项　目	内　容
再审范围	1. 人民法院审理再审案件应当围绕再审请求进行
	2. 当事人的再审请求超出原审诉讼请求的，不予审理；符合另案诉讼条件的，告知当事人可以另行起诉
	3. 人民法院经再审，发现已经发生法律效力的判决、裁定损害国家利益、社会公共利益、他人合法权益的，应当一并审理。 判断：再审中，当事人超出原审范围增加诉讼请求或者提出反诉的，再审法院可以调解，调解不成的，撤销原判发回重审①

考点91 执行和解

项　目	内　容
要求	1. 主体：当事人
	2. 时间：执行中
	3. 方式：（1）自行达成；（2）委托代理人代为执行和解的，须有特别授权
	4. 形式：书面、口头皆可。 （1）当事人共同向法院提交书面和解协议； （2）一方当事人向法院提交书面和解协议，其他当事人认可； （3）各方当事人达成口头和解协议，由执行人员记入笔录，并由各方签名或者盖章
	5. 当事人协商一致可以变更执行和解协议内容
效力	1. 程序法效力：法院可以裁定中止执行。但和解协议本身不具有强制执行力，当事人达成以物抵债和解协议的，法院不得据此作出以物抵债裁定
	2. 实体法效力：相当于合同，实质是依法变更生效文书确定的权利义务主体、履行标的、期限、地点和方式等内容
	3. 不具有撤销原生效法律文书的效力
	4. 后续处理之一：履行完毕执行和解协议的，法院作执行结案处理
	5. 后续处理之二：被执行人不履行执行和解协议的，救济途径有二，恢复执行原生效法律文书或起诉。 （1）可以申请恢复执行原生效法律文书，也可以就执行和解协议起诉； （2）恢复执行后，又就执行和解协议起诉的，不予受理； （3）选择就和解协议起诉，执行法院受理后，裁定终结原文书的执行。执行中的查扣冻自动转为诉中保全措施

① 错误，这是第二审程序中的规定，基于再审范围有限原则，再审法院不予受理即可，不能进行调解。

续表

项　目	内　容
恢复执行	1. 形式：只能依申请，不可依职权
	2. 原因：(1)受欺诈、胁迫；(2)当事人不履行和解协议
	3. 对象：原生效法律文书
	4. 时间：(1)两年申请执行时效规定；(2)申请执行期间因达成执行和解而中断，自和解协议约定履行期间的最后一日起重新计算
	5. 裁定恢复执行的，和解协议中已经履行的部分应当扣除
	6. 裁定不予恢复执行的情形： (1)被执行人正在按和解协议履行义务； (2)执行和解协议已经履行完毕； (3)和解协议约定的履行期限尚未届至或履行条件尚未成就
	7. 执行行为异议：当事人、利害关系人不服恢复或不予恢复执行违反法律规定的，可以提出书面异议，法院对此作出裁定后还不服的，向上一级人民法院申请复议
提起诉讼	执行中和解共有三种类型的诉讼： 1. 被执行人不履行和解协议的，申请执行人起诉。 2. 和解协议履行完毕但有瑕疵(因被执行人迟延履行、瑕疵履行)而致损，申请执行人起诉。 3. 当事人、利害关系人认为执行和解协议无效或应予撤销的，可以起诉。 (1)执行和解协议被撤销或确认无效后，申请执行人可以据此申请恢复执行(一路不通换另一路)； (2)当事人、利害关系人以此为由起诉的，不影响申请执行人申请恢复执行(选择走另一条路，这条路通不通没关系)

考点92 执行担保

项　目	内　容
适用条件	依申请启动＋申请执行人同意＋法院准许
	担保方式：被执行人自己提供担保(财产保)或者第三人为被执行人提供担保(财产保或人保)

续表

项 目	内 容
担保书	1. 应当载明担保人的基本信息、暂缓执行期限、担保期间等内容
	2. 暂缓执行的期限：应当由担保书载明 (1)暂缓执行的期限应当与担保书约定一致； (2)但最长不得超过1年
	3. 担保期间： (1)自暂缓执行期限届满之日起计算。 (2)担保书中没有记载担保期间或者记载不明的，担保期间为1年。 (3)暂缓执行期间届满后被执行人仍不履行义务，或者暂缓执行期间担保人有转移、隐藏、变卖、毁损担保财产等行为的，法院可以依申请执行人的申请恢复执行，并直接裁定执行担保财产或者保证人的财产，不得将担保人变更、追加为被执行人
	4. 担保书内容与事实不符，且对申请执行人合法权益产生实质影响的，人民法院可以依申请执行人的申请恢复执行
申请恢复执行	1. 申请恢复执行的原因： (1)暂缓执行期间担保人有转移、隐藏、变卖、毁损担保财产等行为； (2)暂缓执行期限届满后被执行人仍不履行义务
	2. 法院可以依申请执行人的申请恢复执行，并直接裁定执行担保财产或者保证人的财产，不得将担保人变更、追加为被执行人

考点93 参与分配

项 目	内 容
概念	被执行人为公民或者其他组织，在执行程序开始后，被执行人的其他已经取得执行依据的债权人发现被执行人的财产不能清偿所有债权的，可以向人民法院申请参与分配(注：法人走破产程序)
适用条件	1. 被执行人为公民或者其他组织(与法人破产区别之一)
	2. 有多个申请人对被执行人享有到期债权，并且已经取得执行依据
	3. 债权人的债权必须是金钱债权或已经转换为金钱请求权的债权
	4. 被执行人的财产不能清偿所有债权
	5. 参与分配申请应当在执行程序开始后，被执行人的财产执行终结前提出
担保物权优先受偿	对人民法院查封、扣押、冻结的财产有优先权、担保物权的债权人，可以直接申请参与分配，主张优先受偿权

续表

项　目	内　容
参与分配申请	申请参与分配,申请人应当提交申请书。申请书应当写明参与分配和被执行人不能清偿所有债权的事实、理由,并附有执行依据
分配方式	参与分配执行中,执行所得价款扣除执行费用,并清偿应当优先受偿的债权后,对于普通债权,原则上按照其占全部申请参与分配债权数额的比例受偿
	清偿后的剩余债务,被执行人应当继续清偿。债权人发现被执行人有其他财产的,可以随时请求人民法院执行(与法人破产区别之二)
分配方案	多个债权人对执行财产申请参与分配的,执行法院应当制作财产分配方案,并送达各债权人和被执行人(法院制作财产分配方案)
分配方案的异议	1. 债权人与被执行人对分配方案无异议的:按原分配方案进行分配
	2. 债权人或被执行人对分配方案有异议的: (1)应当自收到分配方案之日起 15 日内向执行法院提出书面异议。 (2)执行法院应当通知未提出异议的债权人、被执行人。 (3)未提出异议的债权人、被执行人自收到通知之日起 15 日内: ①未提出反对意见的,执行法院依异议人意见对分配方案审查修正后进行分配。 ②提出反对意见的,应当通知异议人。异议人可以自收到通知之日起 15 日内,以提出反对意见的债权人、被执行人为被告,向执行法院提起诉讼;异议人逾期未提起诉讼的,执行法院按照原分配方案进行分配
总结	1. 分配方案由法院制作并送达债权人与被执行人
	2. 债权人与被执行人对分配方案均无异议,按法院的方案分配即可
	3. 有异议的,分情况: (1)未提异议的人不反对该异议,则按该异议对分配方案进行修正。 (2)未提异议的人反对该异议的,由异议人起诉反对该异议的人,此为分配方案异议之诉;逾期未起诉的,异议不成立,仍按原方案进行分配

行政法与行政诉讼法

考点94 抽象行政行为

<table>
<tr><th>项 目</th><th colspan="2">内 容</th></tr>
<tr><td>定义</td><td colspan="2">抽象行政行为是指国家行政机关制定行政法规、规章和有普遍约束力的决定、命令等行政规则的行为。抽象行政行为具体分为行政法规、规章和其他规范性文件</td></tr>
<tr><td rowspan="2">特征</td><td colspan="2">1. 同时针对不特定的人和事,即具有普遍约束力</td></tr>
<tr><td colspan="2">2. 效力能够反复适用</td></tr>
<tr><td rowspan="8">附带审查</td><td rowspan="4">条件</td><td>1. 只能一并审查其他规范性文件(排除行政法规、规章和国务院的其他规范性文件)</td></tr>
<tr><td>2. 只能附带性地提出审查要求(当事人在对具体行政行为提起诉讼的同时,可以一并请求对抽象行政行为进行审查)</td></tr>
<tr><td>3. 附带性审查的抽象行政行为必须与被诉的具体行政行为之间具有关联性</td></tr>
<tr><td>4. 一并审查请求应当在一审开庭前提出;有正当理由的,也可以在法庭调查中提出</td></tr>
<tr><td rowspan="3">审查程序</td><td>1. 法院在对规范性文件审查过程中,发现规范性文件可能不合法的,应当听取规范性文件制定机关的意见</td></tr>
<tr><td>2. 制定机关申请出庭陈述意见的,法院应当准许</td></tr>
<tr><td>3. 行政机关未陈述意见或者未提供相关证明材料的,不能阻止法院对规范性文件进行审查</td></tr>
<tr><td>审查内容</td><td>法院可以从规范性文件制定机关是否超越权限或者违反法定程序、作出行政行为所依据的条款以及相关条款等方面进行。有下列情形之一的,属于规范性文件不合法:
(1)超越制定机关的法定职权或者超越法律、法规、规章的授权范围的;
(2)与法律、法规、规章等上位法的规定相抵触的;
(3)没有法律、法规、规章依据,违法增加公民、法人和其他组织义务或者减损公民、法人和其他组织合法权益的;
(4)未履行法定批准程序、公开发布程序,严重违反制定程序的</td></tr>
</table>

续表

项　目	内　容	
	审查结果	规范性文件不合法的，不作为法院认定行政行为合法的依据，并在裁判理由中予以阐明。作出生效裁判的法院应当向规范性文件的制定机关提出处理建议和司法建议，并可以抄送制定机关的同级政府、上一级行政机关、监察机关以及规范性文件的备案机关

考点95 具体行政行为

项　目	内　容
概念	具体行政行为是指行政主体依法行使行政权力，对特定的公民、法人和其他组织作出的有关其权利义务的单方行政职权行为。其目的在于产生一定的法律后果，使行政法上的权利义务得以建立、变更或者消灭。由此可知，具体行政行为不同于行政事实行为、行政协议行为、内部行政行为、行政立法与行政规范性文件以及刑事司法行为
判断标准	【行政性】行政行为是行政主体运用行政职权作出的行为 （区别于国家行为、仲裁行为、行政协助执行行为、刑事司法行为）
	【处分性】行政行为是按照行政主体主观上的意思表示对行政相对人法律上的权利义务客观上进行的安排 （区别于事实行为：暴力侵权行为、行政指导行为、调解、重复处理行为、过程性行政行为）
	【特定性】行政行为是行政主体针对特定对象作出的行为 （区别于抽象行政行为）
	【外部性】行政行为是行政主体针对外部对象、外部事务作出的行为 （区别于内部行为）
分类	1. 以行为受法律约束的程度：羁束行政行为/裁量行政行为
	2. 以行为对当事人权益的影响：授益性行政行为/负担性行政行为
	3. 以行为是否需要当事人申请：依申请行政行为/依职权行政行为
	4. 以行为是否需要法定的形式：要式行政行为/非要式行政行为
	5. 以行为是否需要双方意思表示一致：单方行政行为/双方行政行为

考点 96 行政许可

项　目	内　容	
申请	方式	1. 书面(信函、电报、电传、传真、电子数据交换和电子邮件等)
		2. 自己或者委托代理人,但应亲自到场的除外
		3. 需要格式文本的,行政机关应当提供(不收费)
受理	补正材料	1. 当场可以更正的——应当允许当场更正
		2. 申请材料不齐全的,应当当场或者在 5 日内一次性告知需要补正的全部内容 注意:过了 5 天还不告知的,自收到申请材料之日起即为受理,但是受理≠许可
	形式	书面凭证(受理或者不受理,都应出具加盖本行政机关专用印章和注明日期的书面凭证)
审查	审查材料	实质审查——2 名以上工作人员
	跨级审查	1. 下级机关要在法定期限内将初步审查意见和全部申请材料直接报送上级机关
		2. 上级机关不得要求申请人重复提供申请材料
听证启动	主动(职权)	1. 法律、法规、规章规定
		2. 涉及社会公共利益的重大行政许可事项
	被动(申请)	申请人与他人之间有重大利益关系的,应当告知申请人与利害关系人有申请听证的权利,申请人、利害关系人提出申请的,行政机关应当举行听证会
听证期限	申请	5 日内申请
	组织	20 日内组织
	告知	7 日前告知
颁发许可证、加盖印章、加贴标签	时间	作出许可决定之日起 10 日内颁发、送达许可证,或者加贴标签,加盖印章(证、签、章)
决定	当场作出	申请人的申请符合法定条件、标准的,行政机关应当依法作出准予行政许可的书面决定

续表

<table>
<tr><th>项 目</th><th colspan="2">内 容</th></tr>
<tr><td rowspan="2">决定的期限</td><td>自受理之日起20日内作出决定</td><td>经本行政机关负责人批准,可以延长10日。依法应当先经下级行政机关审查后报上级行政机关决定的行政许可,下级行政机关应当自其受理行政许可申请之日起20日内审查完毕。但法律、法规另有规定的,依照其规定。这里特别要注意“特别法优于一般法”的原则决定了例外规定</td></tr>
<tr><td>采取统一办理或者联合办理、集中办理的</td><td>决定期限为45日;经本级人民政府负责人批准,可以延长15日</td></tr>
<tr><td rowspan="3">变更和延续</td><td>变更</td><td>变更是对行政许可事项的范围、组织、条件等具体规定的改变。变更也必须是依申请进行的行为</td></tr>
<tr><td rowspan="2">延续</td><td>1. 有效期届满30日前提出申请</td></tr>
<tr><td>2. 如果在该许可有效期届满前没有作出是否准予延续的决定,就视为行政机关准予延续</td></tr>
<tr><td colspan="3">提示:
(1)行政许可中的听证免费(所有听证均免费),并且听证笔录具有案卷排他效力;
(2)事先参与许可事项的或有直接利害关系的工作人员不得担任主持人;
(3)除了涉及国家秘密、商业秘密、个人隐私的,听证应当公开举行</td></tr>
</table>

考点97 行政处罚的实施程序

<table>
<tr><th>项 目</th><th colspan="2">内 容</th></tr>
<tr><td rowspan="5">简易程序</td><td rowspan="3">条件</td><td>违法事实确凿并有法定依据</td></tr>
<tr><td>【一般罚】对公民处以200元以下、对法人或者其他组织处以3000元以下罚款或者警告</td></tr>
<tr><td>【治安罚】对公民作出200元以下的罚款或警告</td></tr>
<tr><td rowspan="2">程序</td><td>1. 当场处罚。当场作出的行政处罚决定,必须报所属行政机关备案</td></tr>
<tr><td>2. 当场送达。当事人拒签的,应当在处罚决定书上注明</td></tr>
<tr><td></td><td>立案</td><td>行政机关发现公民、法人或者其他组织有依法应当给予行政处罚的行为的,必须全面、客观、公正地调查,收集有关证据;必要时,依照法律、法规的规定,可以进行检查。符合立案标准的,行政机关应当及时立案</td></tr>
</table>

续表

<table>
<tr><th>项目</th><th colspan="3">内容</th></tr>
<tr><td rowspan="11">普通程序</td><td rowspan="6"></td><td>出示证件</td><td>出示执法证件。执法人员不出示执法证件的，当事人或者有关人员有权拒绝接受调查或者检查</td></tr>
<tr><td>陈述申辩</td><td>未经陈述申辩的，不得作出处罚决定。当事人明确放弃的除外</td></tr>
<tr><td>接受询问</td><td>当事人或者有关人员应当如实回答询问，并协助调查或者检查，不得拒绝或者阻挠。询问或者检查应当制作笔录</td></tr>
<tr><td rowspan="3">保存证据</td><td>1. 条件：在证据可能灭失或者以后难以取得的情况下</td></tr>
<tr><td>2. 程序：经行政机关负责人批准</td></tr>
<tr><td>3. 期限：7 日</td></tr>
<tr><td>审核</td><td colspan="2">有下列情形之一，在行政机关负责人作出行政处罚的决定之前，应当由从事行政处罚决定法制审核的人员进行法制审核；未经法制审核或者审核未通过的，不得作出决定：
(1)涉及重大公共利益的；
(2)直接关系当事人或者第三人重大权益，经过听证程序的；
(3)案件情况疑难复杂、涉及多个法律关系的；
(4)法律、法规规定应当进行法制审核的其他情形。
行政机关中初次从事行政处罚决定法制审核的人员，应当通过国家统一法律职业资格考试取得法律职业资格</td></tr>
<tr><td rowspan="3">决定</td><td rowspan="2">决定主体</td><td>1. 原则：行政机关负责人决定</td></tr>
<tr><td>2. 例外：对情节复杂或者重大违法行为给予行政处罚，行政机关负责人应当集体讨论决定</td></tr>
<tr><td>决定期限</td><td>行政机关应当自行政处罚案件立案之日起 90 日内作出行政处罚决定。法律、法规、规章另有规定的，从其规定</td></tr>
<tr><td>送达</td><td colspan="2">(1)当事人在场的，当场送达；(2)当事人不在场的，应当在 7 日内送达；(3)当事人同意并签订确认书的，行政机关可以采用传真、电子邮件等方式，将行政处罚决定书等送达当事人</td></tr>
<tr><td>听证程序</td><td>范围</td><td colspan="2">行政机关拟作出下列行政处罚决定，应当告知当事人有要求听证的权利，当事人要求听证的，行政机关应当组织听证：
(1)较大数额罚款；
(2)没收较大数额违法所得、没收较大价值非法财物；
(3)降低资质等级、吊销许可证件；
(4)责令停产停业、责令关闭、限制从业；
(5)其他较重的行政处罚；
(6)法律、法规、规章规定的其他情形</td></tr>
</table>

续表

<table>
<tr><th colspan="3">项　目</th><th>内　容</th></tr>
<tr><td rowspan="10"></td><td rowspan="10">程序</td><td rowspan="2">期限</td><td>1. 当事人要求听证的，应当在行政机关告知后5日内提出</td></tr>
<tr><td>2. 行政机关应当在举行听证的7日前，通知当事人及有关人员听证的时间、地点</td></tr>
<tr><td>回避</td><td>听证由行政机关指定的非本案调查人员主持；当事人认为主持人与本案有直接利害关系的，有权申请回避</td></tr>
<tr><td>费用</td><td>行政机关承担听证费用</td></tr>
<tr><td>代理</td><td>当事人可以亲自参加听证，也可以委托1～2人代理</td></tr>
<tr><td>公开</td><td>除涉及国家秘密、商业秘密或者个人隐私依法予以保密外，听证公开举行</td></tr>
<tr><td>终止</td><td>当事人及其代理人无正当理由拒不出席听证或者未经许可中途退出听证的，视为放弃听证权利，行政机关终止听证</td></tr>
<tr><td>质证</td><td>举行听证时，调查人员提出当事人违法的事实、证据和行政处罚建议，当事人进行申辩和质证</td></tr>
<tr><td rowspan="2">笔录</td><td>1. 听证应当制作笔录，笔录应当交当事人或者其代理人核对无误后签字或者盖章</td></tr>
<tr><td>2. 行政机关应当根据听证笔录，依照相关法律的规定，作出决定（案卷排他效力）</td></tr>
</table>

考点98 治安管理处罚法

<table>
<tr><th colspan="3">项　目</th><th>内　容</th></tr>
<tr><td colspan="3" rowspan="2">处罚主体</td><td>1. 一般主体：县级以上公安机关</td></tr>
<tr><td>2. 授权主体：派出所（职权范围——警告、500元以下罚款）</td></tr>
<tr><td colspan="3">处罚种类</td><td>警告、罚款、行政拘留、吊销公安机关发放的许可证、对外国人可以附加适用限期出境或者驱逐出境</td></tr>
<tr><td rowspan="4">一般程序</td><td rowspan="4">调查</td><td rowspan="4">传唤</td><td>1. 对象：违反治安管理行为人（证人、受害人不可传唤）</td></tr>
<tr><td>2. 办案部门负责人批准，使用传唤证传唤（书面）</td></tr>
<tr><td>3. 现场发现的，出示工作证件可口头传唤，但应在询问笔录中注明</td></tr>
<tr><td>4. 告知义务：应当将传唤的原因和依据告知被传唤人。对无正当理由不接受传唤或者逃避传唤的人，可以强制传唤</td></tr>
</table>

续表

<table>
<tr><th>项　目</th><th colspan="3">内　容</th></tr>
<tr><td rowspan="14"></td><td rowspan="12"></td><td rowspan="5">询问</td><td>1. 对象:违反治安管理行为人、证人和受害人</td></tr>
<tr><td>2. 对违反治安管理行为人,询问查证的时间不得超过 8 个小时;情况复杂可能适用行政拘留的,不得超过 24 小时</td></tr>
<tr><td>3. 询问不满 16 周岁的违反治安管理行为人,应当通知其父母或者其他监护人到场</td></tr>
<tr><td>4. 询问受害人或者证人的,可以到其所在单位或住处进行;必要时,也可以通知其到公安机关提供证言</td></tr>
<tr><td>5. 询问笔录(确认无误后,被询问人应当签名或盖章,询问人也应当在笔录上签名)</td></tr>
<tr><td rowspan="5">检查</td><td>1. 对象:与违反治安管理行为有关的场所、物品、人身</td></tr>
<tr><td>2. 警察不得少于 2 人,并应当出示工作证件和县级以上人民政府公安机关开具的检查证明文件</td></tr>
<tr><td>3. 情况紧急,确有必要立即进行的,警察经出示工作证件,可以当场检查,但检查公民住所,应当出示县级以上人民政府公安机关开具的检查证明文件</td></tr>
<tr><td>4. 检查妇女身体,应当由女性工作人员进行</td></tr>
<tr><td>5. 应当制作检查笔录,由检查人、被检查人和见证人签名或者盖章;被检查人拒绝签名的,警察应当在笔录中注明</td></tr>
<tr><td rowspan="2">扣押</td><td>1. 不得扣押善意第三人合法占有的财产,不得扣押受害人合法占有的财产</td></tr>
<tr><td>2. 不得扣押与违法活动无关的财物</td></tr>
<tr><td>决定</td><td>期限</td><td>自受理之日起不超过 30 日,案情重大、复杂的,经上一级公安机关批准,可以延长 30 日</td></tr>
<tr><td>送达</td><td>期限</td><td>当场决定,当场送达;无法当场,2 日内送达</td></tr>
<tr><td rowspan="2">调解</td><td colspan="3">1. 对于因民间纠纷引起的打架斗殴或者损毁他人财物等违反治安管理行为,情节较轻的(前提),公安机关可以调解处理。经公安机关调解,当事人达成协议的,不予处罚</td></tr>
<tr><td colspan="3">2. 经调解未达成协议或者达成协议后不履行的,公安机关应当依照《治安管理处罚法》的规定对违反治安管理行为人给予处罚,并告知当事人可以就民事争议依法向人民法院提起民事诉讼</td></tr>
<tr><td rowspan="2">简易程序</td><td colspan="3">1. 仅限于警告,200 元以下罚款</td></tr>
<tr><td colspan="3">2. 出示工作证件,填写处罚决定书,交被处罚人,如有被侵害人的,并将决定书副本抄送被侵害人</td></tr>
<tr><td>听证</td><td colspan="3">条件:吊销许可证 +2000 元以上罚款</td></tr>
</table>

续表

项　目	内　容
执行	1. 当场收缴罚款： (1)被处50元以下罚款且被处罚人无异议的； (2)在边远、水上、交通不便地区作出处罚后，被处罚人向指定银行缴纳罚款确有困难并自愿当场缴纳的； (3)被处罚人在当地没有固定住所，不当场收缴事后难以执行的
	2. 拘留：由作出决定的公安机关送达拘留所执行；有多种违法行为的应当分别决定，合并执行的行政拘留不得超过20日
	3. 行政拘留暂缓执行的条件：不服 + 复议或诉讼中 + 提出申请 + 不致发生社会危险 + 保证人或保证金(200元/天)
时效	治安管理处罚：6个月内未被公安机关发现的，不再处罚

考点99 行政强制措施的实施程序

项　目		内　容
实施主体	法律、法规规定的行政机关在法定职权范围内实施	
	授权机关：法律、行政法规授权无行政权能的组织	
	委托机关：禁止委托	
一般程序	内部程序	【事先报批】实施行政强制措施之前必须向行政机关负责人报告并经批准
		【紧急情况】可以先不经过批准当场实施，24小时内向负责人报告并补办批准手续。但人身类的强制措施立即向负责人报告并补办手续
	外部程序	1. 表明身份(出示执法证件)
		2. 通知当事人到场
		3. 当场告知理由、依据和当事人依法享有的权利、救济途径
		4. 听取陈述申辩
		5. 制作现场笔录(如实记录)
查封、扣押的程序	要求	1. 查封、扣押限于涉案的场所、设施或者财物，与违法行为无关的不得查封、扣押
		2. 已经被其他国家机关查封的，不得重复查封
		3. 公民个人及其扶养家属的生活必需品不得查封、扣押

项目		内容
	程序	1. 制作并当场交付查封、扣押决定书及清单。清单一式两份，由当事人和行政机关分别保存
		2. 期限不得超过30日；经本机关负责人批准，可以延长，但延长期限不得超过30日，即最长期限为60日。其他法律、行政法规另有规定的，从其例外。扣除期限：检测、检验、检疫或者技术鉴定的期间不计算在内
		3. 财物的妥善保管：行政机关不得擅自使用或者损毁。可以委托第三人保管，费用由行政机关承担；因第三人的原因造成的损失，行政机关先行赔付后，有权向第三人追偿
	后续处置	1. 违法事实清楚对财物进行没收、销毁
		2. 解除查封扣押的适用情形： (1)当事人没有违法行为； (2)查封、扣押的场所、设施或者财物与违法行为无关； (3)行政机关对违法行为已经作出处理决定，不再需要查封、扣押； (4)查封、扣押期限已经届满 (5)其他不再需要采取查封、扣押措施的情形
冻结的程序	要求	1. 对象是与违法行为涉及的金额相当的存款、汇款
		2. 不得重复冻结
	程序	1. 负责人批准——2人以上实施表明身份——制作笔录——向金融机构交付冻结通知书
		2. 金融机构收到通知书后立即冻结
		3. 3日内送达冻结决定书
		4. 期限不得超过30天，若复杂，经批准可延长30天
	后续处置	解除冻结

考点100 行政强制执行的实施程序

执行类型	内容		
间接强制执行	主体	所有的行政机关(普遍授权)	
	程序	执行罚	1. 执行前提。当事人逾期不履行金钱给付义务
			2. 标准告知。行政机关加处罚款或者滞纳金，应当将收取标准告知当事人
			3. “罚不超本”原则。加处罚款或者滞纳金的数额不得超出金钱给付义务的数额

续表

<table>
<tr><th>执行类型</th><th colspan="3">内　容</th></tr>
<tr><td rowspan="7"></td><td rowspan="7"></td><td rowspan="2"></td><td>4. 催告。自行政机关作出加处罚款或者滞纳金决定之日起，当事人超过 30 日仍不履行的，行政机关需要对当事人作出催告。催告不仅要求当事人履行原行政决定所确定的金钱给付义务，而且要求当事人履行执行罚所确定的新的金钱给付义务</td></tr>
<tr><td>5. 强制执行。经催告当事人仍不履行的，具有行政强制执行权的行政机关可以强制执行。无强制执行权的行政机关应当申请法院强制执行（原行政行为确定的给付义务 + 执行罚所确定的新的金钱给付义务）</td></tr>
<tr><td rowspan="3">代履行</td><td>1. 条件。
当事人不履行 + 经催告还不履行 + 后果已经或者将危害交通安全、造成环境污染、破坏自然资源→行政机关自己或者委托第三人代为履行</td></tr>
<tr><td>2. 程序。
送达代履行决定书—代履行 3 日前催告当事人—派员监督—签章确认—收费（当事人支付）</td></tr>
<tr><td>3. 立即代履行。
当事人在场的，行政机关责令当事人予以清除，当事人不能清除的，行政机关可以决定立即实施代履行；当事人不在场的，行政机关事后立即通知当事人，并依法作出处理</td></tr>
<tr style="display:none"><td></td></tr>
<tr style="display:none"><td></td></tr>
<tr><td rowspan="12">直接强制执行</td><td rowspan="5">主体</td><td rowspan="3">有权机关</td><td>公安局、国家安全局：将被处罚人送达拘留所执行</td></tr>
<tr><td>税务局：扣缴存款抵扣税款或罚款（划拨）</td></tr>
<tr><td>海关：扣缴存款抵扣税款或罚款（划拨）</td></tr>
<tr><td>无权机关</td><td>申请法院执行</td></tr>
<tr><td>有权机关</td><td>过了履行期—催告—当事人陈述申辩—强制执行</td></tr>
<tr><td rowspan="7">程序</td><td rowspan="7">无权机关
非诉执行</td><td>1. 当事人不复议、不诉讼、不履行，期满后 3 个月内申请法院强制执行</td></tr>
<tr><td>2. 申请前先催告当事人，催告后 10 日，可申请</td></tr>
<tr><td>3. 申请机关所在地法院，不动产例外</td></tr>
<tr><td>4. 法院 5 日内受理；法院不受理的，行政机关可在 15 日内申请上一级法院复议</td></tr>
<tr><td>5. 法院行政庭书面审查，7 日内裁定；实质审查，30 日内裁定</td></tr>
<tr><td>6. 紧急情况，经法院院长批准，裁定后 5 日内执行</td></tr>
<tr><td>7. 被执行人承担合理费用</td></tr>
<tr><td colspan="4">考点点拨：海关、税务既可以自己强制执行，也可以申请法院非诉执行</td></tr>
</table>

考点101 政府信息公开

项目		内容
公开主体		1. 谁制作,谁公开;谁保存,谁公开
		2. 行政机关获取的其他行政机关的政府信息,由制作或最初获取该政府信息的行政机关公开(首次接触原则)
		3. 共同行为:牵头机关公开(可以征求其他机关意见,被征求者在 15 个工作日内回复,不回复,视为同意)
是否公开		1. 国家秘密,一律不公开
		2. 商业秘密、个人隐私原则上不公开。例外:权利人同意;不公开可能对公共利益造成重大影响
		3. 内部信息可以不公开(人事管理、后勤管理、内部工作流程等)
		4. 过程性信息及行政执法案卷信息可以不公开(法律、法规、规章另有规定的除外)
		注意:不能确定是否可以公开的,应当依照法律、法规和国家有关规定报有关主管部门或保密行政管理部门确定
主动公开		期限:信息形成或变更之日起 20 个工作日内公开;法律、法规另有规定的除外
		场所:应当在国家档案馆、公共图书馆、政府服务场所公开
申请公开		取消了申请者生产、生活、科研等特殊需要的要求
	方式	书面(信件、数据电文)或者口头申请
	内容	1. 申请人的姓名或者名称、身份证明、联系方式
		2. 申请公开的政府信息的名称、文号或者便于行政机关查询的其他特征性描述
		3. 申请公开的政府信息的形式要求,包括获取信息的方式、途径
	公开期限	能当场答复的当场答复;不能的,在 20 个工作日内予以答复,可延长 20 日,但是征求第三方和其他机关意见的时间不计算在内

续表

项目	内容	
	答复方式	1. 公开。 (1)根据申请人的要求及行政机关保存政府信息的实际情况,确定提供政府信息的具体形式;按照申请人要求的形式提供政府信息,可能危及政府信息载体安全或者公开成本过高的,可以通过电子数据以及其他适当形式提供,或者安排申请人查阅、抄录相关政府信息。 (2)申请公开的信息中含有不应当公开或者不属于政府信息的内容,但是能够作区分处理的,行政机关应当向申请人提供可以公开的政府信息内容,并对不予公开的内容说明理由。 (3)不收取费用。但是,申请数量、频次明显超过合理范围的,可收取信息处理费
		2. 不公开。 (1)行政机关依据《政府信息公开条例》的规定决定不予公开的,告知申请人不予公开并说明理由。 (2)经检索没有所申请的公开信息的,告知申请人该政府信息不存在。 (3)所申请公开信息不属于本行政机关负责公开的,告知申请人并说明理由;能够确定负责公开该政府信息的行政机关的,告知申请人该行政机关的名称、联系方式
		3. 材料补正。 政府信息公开申请内容不明确的,行政机关应当给予指导和释明,并自收到申请之日起 7 个工作日内一次性告知申请人作出补正,说明需要补正的事项和合理的补正期限。答复期限自行政机关收到补正的申请之日起计算。申请人无正当理由逾期不补正的,视为放弃申请,行政机关不再处理该政府信息公开申请

考点102 行政复议和行政诉讼的衔接关系

项　目	内　容
自由选择	除非法律法规规定必须先申请行政复议的,当事人可以自由选择申请复议还是提起诉讼。 1. 不能同时进行,已经诉讼,不得复议;已经申请复议,暂缓诉讼; 2. 已经申请行政复议,在法定复议期限内又提起诉讼的,法院裁定不予受理。 如下所示: 具体行政行为 → 复议 → 诉讼 具体行政行为 → 诉讼
复议前置	有下列情形之一的,申请人应当先向行政复议机关申请行政复议,对行政复议决定不服的,可以再依法向人民法院提起行政诉讼: 1. 对当场作出的行政处罚决定不服; 2. 对行政机关作出的侵犯其已经依法取得的自然资源的所有权或者使用权的决定不服; 3. 认为行政机关存在《行政复议法》第11条规定的未履行法定职责情形; 4. 申请政府信息公开,行政机关不予公开; 5. 法律、行政法规规定应当先向行政复议机关申请行政复议的其他情形。 对上述规定的情形,行政机关在作出行政行为时应当告知公民、法人或者其他组织先向行政复议机关申请行政复议。 具体行政行为 → 行政复议 → 行政诉讼
选择但终局	被申请人是省部级单位,复议后可选择诉讼或者国务院裁决。但国务院裁决为终局裁决,不能再诉。 如下所示: 省部级具体行政行为 → 省部级复议 → 国务院裁决(终局) 省部级复议 → 行政诉讼
复议前置且终局	依据《出境入境管理法》的规定,针对外国人和其他境外人员的继续盘问、拘留审查,限制活动范围,遣送出境的行政复议决定

考点103 行政诉讼的受案范围

项目	内容	
正面列举	1. 对行政处罚不服的	
	2. 对行政强制措施和行政强制执行不服的	
	3. 对行政许可类行为不服的	
	4. 对关于确认土地、矿藏等自然资源的所有权或者使用权的决定不服的	
	5. 对征收、征用决定及其补偿决定不服的	
	6. 认为行政机关不履行或不答复保护人身权、财产权等合法权益的法定职责的	
	7. 认为行政机关侵犯经营自主权或者农村土地承包经营权、农村土地经营权的	
	8. 认为行政机关滥用行政权力排除或者限制竞争的	
	9. 认为行政机关违法集资、摊派费用或者违法要求履行其他义务的	
	10. 认为行政机关未依法支付抚恤金、最低生活保障待遇或者社会保险待遇的	
	11. 认为行政机关不依法履行、未按照约定履行或者违法变更、解除政府特许经营协议、土地房屋征收补偿协议等协议的	
	12. 认为行政机关侵犯其他人身权、财产权等合法权益的	
反面排除	无行政性	1. 国家行为
		2. 刑事司法行为
		3. 行政协助司法行为
	无处分性	1. 暴力侵权行为
		2. 行政指导
		3. 行政调解和仲裁
		4. 重复处理行为
		5. 过程性行为
		6. 信访行为
	无特定性	抽象行政行为(不可以直接起诉)
	无外部性	1. 对行政机关工作人员的奖惩任免决定
		2. 行政机关之间的内部行为
		3. 上级对下级层级监督行为

续表

项　目		内　容
	法定最终裁决行为	1. 国务院的复议决定
		2. 针对外国人和其他境外人员的限制人身自由的复议决定
行政合同可受案	概念	行政合同是指行政机关为实现公共利益或行政管理目标，在法定职责范围内，与公民、法人或者其他组织协商订立的具有行政法上权利义务内容的协议
	主要种类	1. 政府特许经营协议
		2. 土地、房屋等征收征用补偿协议
		3. 国有资源使用权出让协议
	受案特点	民告官，不允许官告民
可附带审查的抽象行政行为	对象	除国务院规定外的其他规范性文件（不含规章）
	时间	一审开庭前，有正当理由的，也可在法庭调查中
	处理结果（不合法）	1. 不作为认定行政行为合法的依据
		2. 向制定机关提出处理意见；裁判生效 3 个月内，向制定机关提修改或废止的司法建议。规范性文件由多部门联合制定的，法院可以向主办机关或者共同的上一级机关发送司法建议
		3. 抄送制定机关的同级政府、上一级机关、监察机关、文件的备案机关
	处理结果执行	1. 接到司法建议的行政机关应在收到建议之日起 60 天内书面答复
		2. 紧急情况，法院可以建议制定机关或其上一级机关立即停止执行该规范性文件
	处理结果备案	1. 文件不合法的，裁判生效后，报上一级法院备案
		2. 国务院部门的文件层报最高人民法院；省级机关的文件，层报高级人民法院

考点104 行政诉讼被告

1. 常见情形

<table>
<tr><th>情　形</th><th colspan="2">被　告</th></tr>
<tr><td>作出行政行为的行政机关</td><td colspan="2">该行政机关(即使越权被告还是它自己)</td></tr>
<tr><td>法律、法规、规章授权的组织</td><td colspan="2">法律、法规、规章授权的组织</td></tr>
<tr><td>行政机关委托的组织</td><td colspan="2">委托的行政机关</td></tr>
<tr><td>被撤销的行政机关</td><td colspan="2">继续行使其职权的行政机关;无继续行使其职权的行政机关,以其所属的人民政府为被告;实行垂直领导的,以垂直领导的上一级机关为被告</td></tr>
<tr><td rowspan="2">内设机构、派出机构作出的行为</td><td>幅度越权</td><td>被告为派出机构,比如派出所罚款 5000 元,被告就是派出所</td></tr>
<tr><td>种类越权</td><td>被告为派出机构,比如派出所作出拘留决定,属于未经授权实施的行为,被告是公安局</td></tr>
<tr><td rowspan="3">开发区管理机构作出的行为</td><td>国务院、省级政府批准设立的(类似区政府)</td><td>开发区管理机构和其职能部门对各自行为均可独立做被告</td></tr>
<tr><td>非国务院、省级政府批准设立的,取得有效授权的</td><td>开发区管理机构为被告</td></tr>
<tr><td>非国务院、省级政府批准设立的,未取得有效授权的</td><td>设立该机构的人民政府为被告</td></tr>
<tr><td rowspan="2">共同行为</td><td colspan="2">共同作出一个行政行为,共同被告(错变驳,漏加转为第三人)</td></tr>
<tr><td colspan="2">注意:如果行政机关与企业等非行政主体联合执法,这属于“假共同行政行为”,应当以作出决定的行政机关为被告,非行政主体是第三人</td></tr>
<tr><td rowspan="3">经过复议的案件</td><td colspan="2">1. 复议不作为:原告不服谁,谁就是被告(选择告一个,不能同时起诉)</td></tr>
<tr><td colspan="2">2. 复议维持:原行政机关和复议机关为共同被告——漏加列为共同被告</td></tr>
<tr><td colspan="2">3. 复议改变:复议机关为被告——仅限于实体结果的改变</td></tr>
<tr><td rowspan="2">房屋征收补偿行为</td><td colspan="2">1. 市、县级人民政府确定的房屋征收部门组织实施房屋征收与补偿工作过程中作出行政行为,被征收人不服提起诉讼的,以房屋征收部门为被告</td></tr>
<tr><td colspan="2">2. 征收实施单位受房屋征收部门委托,在委托范围内从事的行为,被征收人不服提起诉讼的,应当以房屋征收部门为被告</td></tr>
</table>

续表

<table>
<tr><th>情　形</th><th>被　告</th></tr>
<tr><td rowspan="2">上级批准的案件</td><td>1. 复议看职权——找上级</td></tr>
<tr><td>2. 诉讼看名义——谁盖章,谁被告</td></tr>
<tr><td colspan="2">考点点拨:
1. 共同行为告漏了被告,通知原告追加,原告不同意追加的列为第三人;共同行为告错了,通知原告变更被告,原告拒绝变更的,法院裁定驳回起诉(想变就变,不变就驳回)。
2. 复议维持告漏了被告,法院通知追加,原告不同意追加的,列为共同被告。
3. 复议维持的判断:“审过且结果没变”,特别注意如果复议机关改变了法律依据和事实依据,只要行为结果没有变,就属于复议维持。只要沾边维持的行政机关都共同告</td></tr>
</table>

2. 最高人民法院《关于正确确定县级以上地方人民政府行政诉讼被告资格若干问题的规定》

(1)一般原则:谁行为,谁被告

情　形	被　告
法律、法规、规章规定属于县级以上地方人民政府职能部门的行政职权,县级以上地方人民政府通过听取报告、召开会议、组织研究、下发文件等方式进行指导,公民、法人或者其他组织不服县级以上地方人民政府的指导行为提起诉讼	法院应当释明,告知其以具体实施行政行为的职能部门为被告
公民、法人或者其他组织向县级以上地方人民政府申请履行法定职责或者给付义务,法律、法规、规章规定该职责或者义务属于下级人民政府或者相应职能部门的行政职权,县级以上地方人民政府已经转送下级人民政府或者相应职能部门处理并告知申请人	申请人起诉要求履行法定职责或者给付义务的,以下级人民政府或者相应职能部门为被告

(2)拆除房屋:先文书,后行为

<table>
<tr><td>县级以上地方人民政府根据《城乡规划法》的规定,责成有关职能部门对违法建筑实施强制拆除,公民、法人或者其他组织不服强制拆除行为提起诉讼</td><td rowspan="3">以作出强制拆除决定的行政机关为被告;
没有强制拆除决定书的,以具体实施强制拆除行为的职能部门为被告</td></tr>
<tr><td>公民、法人或者其他组织对集体土地征收中强制拆除房屋等行为不服提起诉讼的,除有证据证明系县级以上地方人民政府具体实施外</td></tr>
<tr><td>县级以上地方人民政府已经作出国有土地上房屋征收与补偿决定,公民、法人或者其他组织不服具体实施房屋征收与补偿工作中的强制拆除房屋等行为提起诉讼的</td></tr>
</table>

考点105 行政诉讼的管辖

类 型	内 容	
地域管辖	1. 一般管辖	原告就被告——被告所在地法院(最初作出行政行为的行政机关所在地)管辖
	2. 不动产案件	因行政行为导致不动产物权变动的案件,由不动产所在地的法院专属管辖
		点拨:不动产已登记的,以不动产登记簿记载的所在地为不动产所在地;不动产未登记的,以不动产实际所在地为不动产所在地
	3. 经过复议的案件	由原行政机关所在地或复议机关所在地法院管辖
	4. 限制人身自由的案件	对行政机关基于同一事实,既采取限制公民人身自由的行政强制措施,又采取其他行政强制措施或者行政处罚不服的,由被告所在地或者原告所在地的法院管辖
		点拨1:只有“被关了的人”起诉,才会有多重地域管辖,受害人起诉只能由被告所在地法院管辖
		点拨2:诉求中只有包括限制人身自由的行政强制措施,才会有多重地域管辖,拘留类的行政处罚(无论是单纯的拘留,还是拘留加罚款等财产类行为)只能由被告所在地法院管辖
		点拨3:原告所在地包括户籍所在地、经常居住地、被限制人身自由地
级别管辖	中院管辖	(1)【级别高】对国务院部门或县级以上政府(县政府、市政府、省政府;此处的政府不包括政府的工作部门)所作的行政行为提起诉讼的案件
		(2)【专业性强】海关处理的案件
		(3)【本辖区内重大、复杂的案件】①社会影响重大的共同诉讼案件;②涉外行政案件;③涉及我国香港特别行政区、澳门特别行政区、台湾地区的行政案件;④其他重大、复杂案件
		(4)其他法律规定由中级人民法院管辖的案件
	提示	复议维持后,原机关和复议机关为共同被告的,以作出原行为的行政机关确定案件的级别管辖(就低原则,仅指级别管辖,与地域管辖无关)

考点106 行政诉讼的起诉与审理

(一)行政诉讼的起诉

<table>
<tr><th>项　目</th><th colspan="2">内　容</th></tr>
<tr><td>一般条件</td><td colspan="2">1. 有原告资格;2. 有明确的被告;3. 有具体的诉讼请求和事实依据;4. 属于法院受案范围和受诉法院管辖</td></tr>
<tr><td rowspan="10">时间条件</td><td rowspan="3">诉作为</td><td>1. 全知道:自知道或者应当知道行政行为作出之日起 6 个月内,法律另有规定的除外</td></tr>
<tr><td>2. 知一半(知行为):知道或者应当知道起诉期限或诉权之日起 6 个月内,且在(应)知道内容之日起 1 年内(知道内容不知道诉权)</td></tr>
<tr><td>3. 全不知:从知道或者应当知道内容之日起 6 个月内,且自行为作出之日起 5 年内,不动产 20 年</td></tr>
<tr><td rowspan="4">诉不作为</td><td>1. 明确拒绝的:拒绝之日起 6 个月内起诉</td></tr>
<tr><td>2. 有履行期:履行期届满后 6 个月内起诉</td></tr>
<tr><td>3. 无履行期的:申请满 2 个月后起诉,期限为 6 个月</td></tr>
<tr><td>4. 紧急情况下,即时可以起诉,期限为 6 个月</td></tr>
<tr><td rowspan="2">经过复议</td><td>1. 复议作为的:收到复议决定书之日起 15 天内,法律另有规定的除外</td></tr>
<tr><td>2. 复议不作为:收到复议决定或者复议期满之日起 15 日内起诉,法律另有规定的除外</td></tr>
<tr><td colspan="2">点拨:民事诉讼法中超过了诉讼时效,当事人没有丧失起诉权,丧失的是胜诉权。
行政诉讼法中超过了起诉期,法院不予立案,已经受理的裁定驳回起诉</td></tr>
</table>

（二）行政诉讼的审理

<table>
<tr><th>审理程序类型</th><th colspan="2">内 容</th></tr>
<tr><td rowspan="7">一审普通程序</td><td rowspan="3">庭前程序</td><td>1. 审理前的准备：法院将起诉状副本 5 日内给被告→被告收到后 15 日内向法院交证据和答辩状→法院 5 日内将答辩状副本给原告</td></tr>
<tr><td>2. 开庭 3 日前，传票传唤当事人（其他人用通知书的方式）</td></tr>
<tr><td>3. 起诉状副本送达被告后，原告提出新的诉讼请求的，法院不予准许，但有正当理由的除外（行政赔偿案件可在一审庭审结束前提出）</td></tr>
<tr><td rowspan="2">审理对象</td><td>1. 审查被诉行为合法性</td></tr>
<tr><td>2. 复议维持的，审查原行政行为的合法性和复议决定的合法性</td></tr>
<tr><td>审理方式</td><td>行政诉讼第一审程序必须进行开庭审理。应遵循以下原则：
1. 必须采取言词审理的方式。
2. 以公开审理为原则；但是，涉及国家秘密、个人隐私的绝对不公开，涉及商业秘密的经申请可以不公开。
3. 法院审理政府信息公开行政案件，应当视情况采取适当的审理方式</td></tr>
<tr><td>审理期限</td><td>6 个月；需延长由高院批，高院审理的由最高院批</td></tr>
<tr><td rowspan="6">一审简易程序</td><td rowspan="3">范围</td><td>【法定简易】事实清楚、权利义务关系明确、争议不大的。
（1）当场作出的行政行为；
（2）2000 元以下的款额；
（3）政府信息公开</td></tr>
<tr><td>【约定简易】一审案件各方当事人同意适用简易程序的</td></tr>
<tr><td>【排除适用】二审案件、发回重审的案件、再审案件均不得适用简易程序</td></tr>
<tr><td rowspan="3">要求</td><td>1. 一人独任审理</td></tr>
<tr><td>2. 45 天内审结（民诉：3 个月内审结；应当当庭宣判）</td></tr>
<tr><td>3. 简易转普通的，期限自立案之日起算</td></tr>
<tr><td rowspan="5">二审程序</td><td colspan="2">1. 上诉主体：一审原告、被告、第三人</td></tr>
<tr><td colspan="2">2. 上诉期：判决 15 日内向上一级法院上诉；裁定 10 日</td></tr>
<tr><td colspan="2">3. 方式：开庭审理，没有新的证据事实的，也可以不开庭审理</td></tr>
<tr><td colspan="2">4. 对象：全面审理（原法院的判决、裁定和被诉行政行为的合法性）</td></tr>
<tr><td colspan="2">5. 期限：3 个月</td></tr>
</table>

考点107 行政诉讼裁判

<table>
<tr><th>项 目</th><th colspan="3">内 容</th></tr>
<tr><td rowspan="6">一审判决</td><td>合法</td><td colspan="2">判决驳回原告的诉讼情求</td></tr>
<tr><td rowspan="5">违法</td><td rowspan="3">作为</td><td>1. 能撤销就撤销</td></tr>
<tr><td>2. 不能撤销就确认违法。
(1)撤销会给国家利益、公共利益造成重大损害；
(2)诉讼中被诉行政行为已经被撤销、改变；
(3)不具有可撤销的内容；
(4)程序轻微违法，但对原告权利不产生实际影响；
(5)无效行政行为</td></tr>
<tr><td>3. 处罚显失公正、其他行为涉及款额有误可撤可变</td></tr>
<tr><td rowspan="2">不作为</td><td>1. 能作为的就作为；履行判决(行为)、给付判决(给钱)</td></tr>
<tr><td>2. 不能作为则确认违法</td></tr>
<tr><td rowspan="3">特别说明</td><td colspan="3">1. 撤销判决和确认无效的转换：
(1)原告请求撤销行政行为的，法院经审查认为行政行为无效的，应当作出确认无效的判决(直接无效判决，不需要原告同意)。
(2)原告请求确认行政行为无效的，但经法院审查认为属于可撤销的：
①经释明，原告请求撤销行政行为的，应当继续审理并作出相应判决。
②经释明，原告拒绝变更诉讼请求的，判决驳回其诉讼请求“就高不就低，就低要同意，如果不同意，哪儿来回哪儿去”。
点拨：原告起诉请求确认行政行为无效的，但法院经审查认为属于可撤销的，如果撤销行政行为已超过诉讼时效，法院应裁定驳回起诉</td></tr>
<tr><td colspan="3">2. 变更判决的特殊适用：
(1)不得对当事人作出更为不利的决定，但是利害关系人同为原告，且诉讼请求相反的除外；
(2)对行政程序中未处罚的人，法院不得在诉讼程序中直接判决处罚</td></tr>
<tr><td colspan="3">3. 复议改变后判决的形式：
复议改变原行政行为错误的，法院判决撤销复议决定时，可以一并责令复议机关重新作出复议决定或者判决恢复原行政行为的法律效力</td></tr>
</table>

续表

项 目	内 容	
二审判决	1. 原来的没错【驳回上诉,维持原判决、裁定】	
	2. 依法改判、撤销或变更【事实错误或者适用法律、法规错误】	
	3. 发回【严重违法 + 漏人漏事】	
	4. 改判或发回:一审事实不清,证据不足,一般发回或改判,发回只限一次(再上诉不得发回,只能自己审理)	
	5. 原审遗漏赔偿请求: (1)一审判决遗漏赔偿请求,二审法院审查认为不予赔偿的,应判决驳回行政赔偿请求; (2)一审判决遗漏赔偿请求,二审法院认为应当赔偿的,先就赔偿问题进行调解,调解不成,就赔偿部分发回重审; (3)遗漏普通的诉讼请求,行政诉讼二审判决和民事诉讼相同,均是撤销原判,发回重审; (4)如果二审当事人提出了新赔偿请求,应当先调解,调解不成的,告知另行起诉	
宣判制度	公开宣判	对公开审理和不公开审理的案件,一律公开宣判
	宣判时间	【当庭宣判】应当在 10 日内发给判决书
		【定期宣判】宣判后立即发给判决书

考点 108 行政复议

项 目	内 容
行政复议的受案范围	有下列情形之一的,公民、法人或者其他组织可以依照本法申请行政复议: (1)对行政机关作出的行政处罚决定不服; (2)对行政机关作出的行政强制措施、行政强制执行决定不服; (3)申请行政许可,行政机关拒绝或者在法定期限内不予答复,或者对行政机关作出的有关行政许可的其他决定不服; (4)对行政机关作出的确认自然资源的所有权或者使用权的决定不服; (5)对行政机关作出的征收征用决定及其补偿决定不服; (6)对行政机关作出的赔偿决定或者不予赔偿决定不服; (7)对行政机关作出的不予受理工伤认定申请的决定或者工伤认定结论不服; (8)认为行政机关侵犯其经营自主权或者农村土地承包经营权、农村土地经营权;

续表

项　目	内　容
行政复议的受案范围	(9)认为行政机关滥用行政权力排除或者限制竞争； (10)认为行政机关违法集资、摊派费用或者违法要求履行其他义务； (11)申请行政机关履行保护人身权利、财产权利、受教育权利等合法权益的法定职责，行政机关拒绝履行、未依法履行或者不予答复； (12)申请行政机关依法给付抚恤金、社会保险待遇或者最低生活保障等社会保障，行政机关没有依法给付； (13)认为行政机关不依法订立、不依法履行、未按照约定履行或者违法变更、解除政府特许经营协议、土地房屋征收补偿协议等行政协议； (14)认为行政机关在政府信息公开工作中侵犯其合法权益； (15)认为行政机关的其他行政行为侵犯其合法权益
行政复议的申请人	1. 依照《行政复议法》申请行政复议的公民、法人或者其他组织是申请人。 有权申请行政复议的公民死亡的，其近亲属可以申请行政复议。有权申请行政复议的法人或者其他组织终止的，其权利义务承受人可以申请行政复议。 有权申请行政复议的公民为无民事行为能力人或者限制民事行为能力人的，其法定代理人可以代为申请行政复议。 2. 同一行政复议案件申请人人数众多的，可以由申请人推选代表人参加行政复议。 代表人参加行政复议的行为对其所代表的申请人发生效力，但是代表人变更行政复议请求、撤回行政复议申请、承认第三人请求的，应当经被代表的申请人同意
行政复议的被申请人（类似诉讼被告）	基本和行政诉讼相同
	例外：(1)经过批准的行为：诉讼看名义，复议直接告上级； (2)派出所以自己的名义作出来的行为：种类越权，以公安局为被申请人
行政复议第三人	申请人以外的同被申请行政复议的行政行为或者行政复议案件处理结果有利害关系的公民、法人或者其他组织，可以作为第三人申请参加行政复议，或者由行政复议机构通知其作为第三人参加行政复议。 第三人不参加行政复议，不影响行政复议案件的审理
行政复议机关（类似法院）	1. 省级以下政府→上一级政府
	2. 政府工作部门→同级政府或者上一级主管部门
	3. 国家垂直领导机关→上一级主管部门
	4. 省级政府、国务院部门→省部级复议
	5. 多个行政机关→共同的上一级
	6. 派出机构→设立部门或部门所在的政府
	7. 被授权组织→直接管理该组织的机关
	8. 行政机关被撤销→其职权继承机关的上一级机关

续表

<table>
<tr><th>项　目</th><th colspan="2">内　容</th></tr>
<tr><td rowspan="2">复议代理人</td><td colspan="2">1. 申请人、第三人可以委托1～2名律师、基层法律服务工作者或者其他代理人参加行政复议</td></tr>
<tr><td colspan="2">2. 申请人、第三人委托代理人的，应当向行政复议机构提交授权委托书、委托人及被委托人的身份证明文件。授权委托书应当载明委托事项、权限和期限。申请人、第三人变更或者解除代理人权限的，应当书面告知行政复议机构</td></tr>
<tr><td>先行政复议，对复议决定不服的，可以再向法院提起行政诉讼</td><td colspan="2">1. 对当场作出的行政处罚决定不服；
2. 对行政机关作出的侵犯其已经依法取得的自然资源的所有权或者使用权的决定不服；
3. 认为行政机关存在《行政复议法》第11条规定的未履行法定职责情形；
4. 申请政府信息公开，行政机关不予公开；
5. 法律、行政法规规定应当先向行政复议机关申请行政复议的其他情形</td></tr>
<tr><td>行政复议中止情形</td><td colspan="2">1. 作为申请人的公民死亡，其近亲属尚未确定是否参加行政复议；
2. 作为申请人的公民丧失参加行政复议的行为能力，尚未确定法定代理人参加行政复议；
3. 作为申请人的公民下落不明；
4. 作为申请人的法人或者其他组织终止，尚未确定权利义务承受人；
5. 申请人、被申请人因不可抗力或者其他正当理由，不能参加行政复议；
6. 依照本法规定进行调解、和解，申请人和被申请人同意中止；
7. 行政复议案件涉及的法律适用问题需要有权机关作出解释或者确认；
8. 行政复议案件审理需要以其他案件的审理结果为依据，而其他案件尚未审结；
9. 有《行政复议法》第56条或者第57条规定的情形；
10. 需要中止行政复议的其他情形。
行政复议中止的原因消除后，应当及时恢复行政复议案件的审理。
行政复议机关中止、恢复行政复议案件的审理，应当书面告知当事人</td></tr>
<tr><td>行政复议决定</td><td>1. 变更该行政行为</td><td>（1）事实清楚，证据确凿，适用依据正确，程序合法，但是内容不适当；
（2）事实清楚，证据确凿，程序合法，但是未正确适用依据；
（3）事实不清、证据不足，经行政复议机关查清事实和证据。
行政复议机关不得作出对申请人更为不利的变更决定，但是第三人提出相反请求的除外</td></tr>
</table>

续表

项目	内容	
	2.撤销或者部分撤销该行政行为,并可以责令被申请人在一定期限内重新作出行政行为	(1)主要事实不清、证据不足; (2)违反法定程序; (3)适用的依据不合法; (4)超越职权或者滥用职权。 行政复议机关责令被申请人重新作出行政行为的,被申请人不得以同一事实和理由作出与被申请行政复议的行政行为相同或者基本相同的行政行为,但是行政复议机关以违反法定程序为由决定撤销或者部分撤销的除外
	3.不撤销该行政行为,但是确认该行政行为违法	(1)依法应予撤销,但是撤销会给国家利益、社会公共利益造成重大损害; (2)程序轻微违法,但是对申请人权利不产生实际影响。 行政行为有下列情形之一,不需要撤销或者责令履行的,行政复议机关确认该行政行为违法: (1)行政行为违法,但是不具有可撤销内容; (2)被申请人改变原违法行政行为,申请人仍要求撤销或者确认该行政行为违法; (3)被申请人不履行或者拖延履行法定职责,责令履行没有意义

附:主观题答题常用 150 句

习近平法治思想

001. 要毫不动摇地坚持习近平法治思想在全面依法治国工作中的指导地位,把习近平法治思想贯彻落实到全面依法治国全过程和各方面,转化为做好全面依法治国各项工作的强大动力,转化为推进法治中国建设的思路举措,转化为建设社会主义法治国家的生动实践,不断开创法治中国建设新局面。

002. 党的领导是中国特色社会主义最本质的特征,是社会主义法治最根本的保证。党的领导和社会主义法治是一致的;社会主义法治必须坚持党的领导,党的领导必须依靠社会主义法治。

003. 坚持党的领导,不是一句空的口号,必须具体体现在党领导立法、保证执法、支持司法、带头守法上。一方面,要坚持党总揽全局、协调各方的领导核心作用,统筹依法治国各领域工作,确保党的主张贯彻到依法治国全过程和各方面;另一方面,要改善党对依法治国的领导,不断提高党领导依法治国的能力和水平。

004. 党的领导是人民当家作主和依法治国的根本保证,人民当家作主是社会主义民主政治的本质特征,依法治国是党领导人民治理国家的基本方式,三者统一于我国社会主义民主政治伟大实践。

005. 建设中国特色社会主义法治体系,就是在中国共产党领导下,坚持中国特色社会主义制度,贯彻中国特色社会主义法治理论,形成完备的法律规范体系、高效的法治实施体系、严密的法治监督体系、有力的法治保障体系,形成完善的党内法规体系。

006. 建设中国特色社会主义法治体系、建设社会主义法治国家是实现国家治理体系和治理能力现代化的必然要求,也是全面深化改革的必然要求,有利于在法治轨道上推进国家治理体系和治理能力现代化,有利于在全面深化改革总体框架内推进全面依法治国各项工作,有利于在法治轨道上不断深化改革。

007. 中国式现代化,是中国共产党领导的社会主义现代化,既有各国现代化的共同特征,更有基于自己国情的中国特色。中国式现代化是人口规模巨大的现代化,是全体人民共同富裕的现代化,是物质文明和精神文明相协调的现代化,是人与自然和谐共生的现代化,是走和平发展道路的现代化。

008. 全面建设社会主义现代化国家、全面推进中华民族伟大复兴,关键在党。

刑法

009. 事前的故意,是指行为人误认为第一个行为已经造成结果,出于其他目的实施第二个行为,实际上是第二个行为才导致预期的结果的情况。

010.《刑法》规定了特殊正当防卫,即对正在进行行凶、杀人、抢劫、强奸、绑架以及其他严重危及人身安全的暴力犯罪,采取防卫行为,造成不法侵害人伤亡的,不属于防卫过当,不负刑事责任。

011. 根据《刑法》的规定,已经着手实行犯罪,由于犯罪分子意志以外的原因而未得逞的,是犯罪未遂;根据《刑法》的规定,在犯罪过程中,自动放弃犯罪或者自动有效地防止犯罪结果发生的,是犯罪中止。

012. 根据《刑法》的规定,共同犯罪是指二人以上共同故意犯罪。共同过失犯不成立共同犯罪。

013. 达到刑事责任年龄、具有刑事责任能力的人,支配没有达到刑事责任年龄、不具有刑事责任能力的人实施犯罪行为的,不构成共同犯罪。利用者被称为间接正犯。

014. 自首,是指犯罪以后自动投案,如实供述自己罪行的行为,或者被采取强制措施的犯罪嫌疑人、被告人和正在服刑的罪犯,如实供述司法机关还未掌握的本人其他罪行的行为。

015. 想象竞合犯,是指一个行为侵犯了数个客体,触犯了数个罪名的情况。对于想象竞合犯,应按行为所触犯的罪名中的一个重罪论处,而不以数罪论处。

016. 非国家工作人员受贿罪,是指公司、企业或者其他单位的工作人员利用职务上的便利,索取他人财物或者非法收受他人财物,为他人谋取利益,数额较大的行为。

017. 洗钱罪,是指为掩饰、隐瞒毒品犯罪、黑社会性质的组织犯罪、恐怖活动犯罪、走私犯罪、贪污贿赂犯罪、破坏金融管理秩序犯罪、金融诈骗犯罪的所得及其产生的收益的来源和性质,而提供资金账户,将财产转换为现金、金融票据、有价证券,通过转账或者其他支付结算方式转移资金,跨境转移资产,或者以其他方法掩饰、隐瞒犯罪所得及其收益的来源和性质的行为。

018. 贷款诈骗罪，是指以非法占有为目的，使用欺诈方法，诈骗银行或者其他金融机构的贷款，数额较大的行为。

019. 合同诈骗罪，是指以非法占有为目的，在签订、履行合同过程中，使用欺诈手段，骗取对方当事人财物，数额较大的行为。

020. 非法拘禁罪，是指故意非法拘禁他人或者以其他方法非法剥夺他人人身自由的行为。非法拘禁情节显著轻微的，不宜认定为本罪。

021. 根据法律规定，当事人以非法占有为目的，以暴力、胁迫或者其他方法，强行劫取公私财物的，构成抢劫罪。

022. 为索取合法债务而使用暴力的，不成立抢劫罪，视情况成立故意伤害罪、非法拘禁罪、非法侵入住宅罪等。根据《刑法》的规定，犯盗窃、诈骗、抢夺罪，为窝藏赃物、抗拒抓捕或者毁灭罪证而当场使用暴力或者以暴力相威胁的，以抢劫罪论处。

023. 盗窃罪，是指以非法占有为目的，窃取公私财物数额较大，或者多次盗窃、入户盗窃、携带凶器盗窃、扒窃的行为。

024. 诈骗罪，是指以非法占有为目的，使用虚构事实或者隐瞒真相的方法，骗取数额较大的公私财物的行为。

025. 寻衅滋事罪，是指随意殴打他人，情节恶劣；追逐、拦截、辱骂、恐吓他人，情节恶劣；强拿硬要或者任意损毁、占用公私财物，情节严重；在公共场所起哄闹事，造成公共场所秩序严重混乱的行为。

026. 挪用公款罪，是指国家工作人员利用职务上的便利，挪用公款归个人使用，进行非法活动的，或者挪用公款数额较大、进行营利活动的，或者挪用公款数额较大、超过 3 个月未还的行为。

刑事诉讼法

027. 认罪认罚从宽原则，是指犯罪嫌疑人、被告人自愿如实供述自己的罪行，承认指控的犯罪事实，愿意接受处罚的，可以依法从宽处理。

028. 《刑事诉讼法》规定，有下列情形之一的，不追究刑事责任，已经追究的，应当撤销案件，或者不起诉，或者终止审理，或者宣告无罪：(1)情节显著轻微、危害不大，不认为是犯罪的；(2)犯罪已过追诉时效期限的；(3)经特赦令免除刑罚的；(4)依照《刑法》告诉才处理的犯罪，没有告诉或者撤回告诉的；(5)犯罪嫌疑人、被告人死亡的；(6)其他法律规定免予追究刑事责任的。

029. 犯罪嫌疑人、被告人没有委托辩护人,法律援助机构没有指派律师为其提供辩护的,由值班律师为犯罪嫌疑人、被告人提供法律咨询、程序选择建议、申请变更强制措施、对案件处理提出意见等法律帮助。人民法院、人民检察院、看守所应当告知犯罪嫌疑人、被告人有权约见值班律师,并为犯罪嫌疑人、被告人约见值班律师提供便利。

030. 被告人拒绝法律援助机构指派的律师为其辩护,坚持自己行使辩护权的,人民法院应当准许。属于应当提供法律援助的情形,被告人拒绝指派的律师为其辩护的,人民法院应当查明原因。理由正当的,应当准许,但被告人应当在5日以内另行委托辩护人;被告人未另行委托辩护人的,人民法院应当在3日以内通知法律援助机构另行指派律师为其提供辩护。

031. 证人证言具有下列情形之一的,不得作为定案的根据:(1)询问证人没有个别进行的;(2)书面证言没有经证人核对确认的;(3)询问聋、哑人,应当提供通晓聋、哑手势的人员而未提供的;(4)询问不通晓当地通用语言、文字的证人,应当提供翻译人员而未提供的。

032. 采用下列非法方法收集的被告人供述,应当予以排除:(1)采用殴打、违法使用戒具等暴力方法或者变相肉刑的恶劣手段,使被告人遭受难以忍受的痛苦而违背意愿作出的供述;(2)采用以暴力或者严重损害本人及其近亲属合法权益等相威胁的方法,使被告人遭受难以忍受的痛苦而违背意愿作出的供述;(3)采用非法拘禁等非法限制人身自由的方法收集的被告人供述。

033. 根据法律规定,有下列情形之一的犯罪嫌疑人、被告人,可以取保候审:(1)可能判处管制、拘役或者独立适用附加刑的;(2)可能判处有期徒刑以上刑罚,采取取保候审不致发生社会危险性的;(3)患有严重疾病、生活不能自理,怀孕或者正在哺乳自己婴儿的妇女,采取取保候审不致发生社会危险性的;(4)羁押期限届满,案件尚未办结,需要采取取保候审的。

034. 根据法律规定,相关机关对符合逮捕条件,有下列情形之一的犯罪嫌疑人、被告人,可以监视居住:(1)患有严重疾病、生活不能自理的;(2)怀孕或者正在哺乳自己婴儿的妇女;(3)系生活不能自理的人的唯一扶养人;(4)因为案件的特殊情况或者办理案件的需要,采取监视居住措施更为适宜的;(5)羁押期限届满,案件尚未办结,需要采取监视居住措施的。

对符合取保候审条件,但犯罪嫌疑人、被告人不能提出保证人,也不交纳保证金的,可以监视居住。监视居住由公安机关执行。

035. 根据法律规定,对有证据证明有犯罪事实,可能判处徒刑以上刑罚的犯罪嫌疑人、被告人,采取取保候审尚不足以防止发生下列社会危险性的,应当予以逮捕:(1)可能实施新的犯罪的;(2)有危害国家安全、公共安全或者社会秩序的现实危险的;(3)可能毁灭、伪造证据,干扰证人作证或者串供的;(4)可能对被害人、举报人、控告人实施打击报复的;(5)企图自杀或者逃跑的。

036. 根据法律规定,公安机关对于现行犯或者重大嫌疑分子,如果有下列情形之一的,可以先行拘留:(1)正在预备犯罪、实行犯罪或者在犯罪后即时被发觉的;(2)被害人或者在场亲眼看见的人指认他犯罪的;(3)在身边或者住处发现有犯罪证据的;(4)犯罪后企图自杀、逃跑或者在逃的;(5)有毁灭、伪造证据或者串供可能的;(6)不讲真实姓名、住址,身份不明的;(7)有流窜作案、多次作案、结伙作案重大嫌疑的。

037. 审理被告人或者其法定代理人、辩护人、近亲属提出上诉的案件,不得对被告人的刑罚作出实质不利的改判,并应当执行下列规定(上诉不加刑原则):(1)同案审理的案件,只有部分被告人上诉的,既不得加重上诉人的刑罚,也不得加重其他同案被告人的刑罚;(2)原判认定的罪名不当的,可以改变罪名,但不得加重刑罚或者对刑罚执行产生不利影响;(3)原判认定的罪数不当的,可以改变罪数,并调整刑罚,但不得加重决定执行的刑罚或者对刑罚执行产生不利影响;(4)原判对被告人宣告缓刑的,不得撤销缓刑或者延长缓刑考验期;(5)原判没有宣告职业禁止、禁止令的,不得增加宣告;原判宣告职业禁止、禁止令的,不得增加内容、延长期限;(6)原判对被告人判处死刑缓期执行没有限制减刑、决定终身监禁的,不得限制减刑、决定终身监禁;(7)原判判处的刑罚不当、应当适用附加刑而没有适用的,不得直接加重刑罚、适用附加刑。原判判处的刑罚畸轻,必须依法改判的,应当在第二审判决、裁定生效后,依照审判监督程序重新审判。人民检察院抗诉或者自诉人上诉的案件,不受上述规定的限制。

038. 酌定不起诉,是指人民检察院认为犯罪嫌疑人的犯罪情节轻微,依照《刑法》规定不需要判处刑罚或者免除刑罚的案件,可以作出的不起诉决定。

039. 同时符合下列四个条件可以适用附条件不起诉:(1)不满 18 周岁的未成年人涉嫌实施《刑法》分则第四章(侵犯公民人身权利、民主权利罪)、第五章(侵犯财产罪)和第六章(妨害社会管理秩序罪)规定的犯罪;(2)根据具体犯罪事实、情节,可能判处 1 年有期徒刑以下刑罚;(3)犯罪事实清楚,证据确实、充分,符合起诉条件;(4)有悔罪表现的。

040. 对第一审公诉案件,人民法院审理后,应当按照下列情形分别作出判决、裁定:(1)起诉指控的事实清楚,证据确实、充分,依据法律认定指控被告人的罪名成立的,应当作出有罪判决;(2)起诉指控的事实清楚,证据确实、充分,但指控的罪名不当的,应当依据法律和审理认定的事实作出有罪判决;(3)案件事实清楚,证据确实、充分,依据法律认定被告人无罪的,应当判决宣告被告人无罪;(4)证据不足,不能认定被告人有罪的,应当以证据不足、指控的犯罪不能成立,判决宣告被告人无罪;(5)案件部分事实清楚,证据确实、充分的,应当作出有罪或者无罪的判决;对事实不清、证据不足部分,不予认定;(6)被告人因未达到刑事责任年龄,不予刑事处罚的,应当判决宣告被告人不负刑事责任;(7)被告人是精神病人,在不能辨认或者不能控制自己行为时造成危害结果,不予刑事处罚的,应当判决宣告被告人不负刑事责任;被告人符合强制医疗条件的,应当依照法律法规的规定进行审理并作出判决;(8)犯罪已过追诉时效期限且不是必须追诉,或者经特赦令免除刑罚的,应当裁定终止审

理;(9)属于告诉才处理的案件,应当裁定终止审理,并告知被害人有权提起自诉;(10)被告人死亡的,应当裁定终止审理;但有证据证明被告人无罪,经缺席审理确认无罪的,应当判决宣告被告人无罪。

041. 自诉案件包括以下三种情况:(1)告诉才处理的案件;(2)被害人有证据证明的轻微刑事案件;(3)被害人有证据证明对被告人侵犯自己人身、财产权利的行为应当依法追究刑事责任,而公安机关或人民检察院不予追究的案件。

042. 具有下列情形之一的,不适用简易程序:(1)被告人是盲、聋、哑人的;(2)被告人是尚未完全丧失辨认或者控制自己行为能力的精神病人的;(3)案件有重大社会影响的;(4)共同犯罪案件中部分被告人不认罪或者对适用简易程序有异议的;(5)辩护人作无罪辩护的;(6)被告人认罪但经审查认为可能不构成犯罪的;(7)不宜适用简易程序审理的其他情形。

043. 根据《刑事诉讼法》的规定,有下列情形之一的,不适用速裁程序:(1)被告人是盲、聋、哑人,或者是尚未完全丧失辨认或者控制自己行为能力的精神病人的;(2)被告人是未成年人的;(3)案件有重大社会影响的;(4)共同犯罪案件中部分被告人对指控的犯罪事实、罪名、量刑建议或者适用速裁程序有异议的;(5)被告人与被害人或者其法定代理人没有就附带民事诉讼赔偿等事项达成调解或者和解协议的;(6)其他不宜适用速裁程序审理的。

044. 第二审人民法院对不服第一审判决的上诉、抗诉案件,经过审理后,应当按照下列情形分别处理:(1)原判决认定事实和适用法律正确、量刑适当的,应当裁定驳回上诉或者抗诉,维持原判;(2)原判决认定事实没有错误,但适用法律有错误,或者量刑不当的,应当改判;(3)原判决事实不清楚或者证据不足的,可以在查清事实后改判;也可以裁定撤销原判,发回原审人民法院重新审判。

原审人民法院对于依照前款第3项规定发回重新审判的案件作出判决后,被告人提出上诉或者人民检察院提出抗诉的,第二审人民法院应当依法作出判决或者裁定,不得再发回原审人民法院重新审判。

045. 最高人民法院复核死刑案件,应当按照下列情形分别处理:(1)原判认定事实和适用法律正确、量刑适当、诉讼程序合法的,应当裁定核准;(2)原判认定的某一具体事实或者引用的法律条款等存在瑕疵,但判处被告人死刑并无不当的,可以在纠正后作出核准的判决、裁定;(3)原判事实不清、证据不足的,应当裁定不予核准,并撤销原判,发回重新审判;(4)复核期间出现新的影响定罪量刑的事实、证据的,应当裁定不予核准,并撤销原判,发回重新审判;(5)原判认定事实正确、证据充分,但依法不应当判处死刑的,应当裁定不予核准,并撤销原判,发回重新审判;根据案件情况,必要时,也可以依法改判;(6)原审违反法定诉讼程序,可能影响公正审判的,应当裁定不予核准,并撤销原判,发回重新审判。

046. 最高人民法院裁定不予核准死刑的,根据案件情况,可以发回第二审人民法院或者第一审人民法院重新审判。对最高人民法院发回第二审人民法院重新审判的案件,第二审人民法院一般不得发回第一审人民法院重新审判。第一审人民法院重新审判的,应当开庭审理。第二审人民法院重新审判的,可以直接改判;必须通过开庭查清事实、核实证据或者纠正原审程序违法的,应当开庭审理。

047. 各级人民法院院长发现本院已经发生法律效力的判决、裁定确有错误的,应当提交审判委员会讨论决定是否再审。上级人民法院发现下级人民法院已经发生法律效力的判决、裁定确有错误的,可以指令下级人民法院再审;原判决、裁定认定事实正确但适用法律错误,或者案件疑难、复杂、重大,或者有不宜由原审人民法院审理情形的,也可以提审。上级人民法院指令下级人民法院再审的,一般应当指令原审人民法院以外的下级人民法院审理;由原审人民法院审理更有利于查明案件事实、纠正裁判错误的,可以指令原审人民法院审理。

民　法

048. 宣告失踪应当具备如下条件:第一,必须有自然人下落不明满 2 年的事实;第二,必须由利害关系人向人民法院提出申请;第三,必须经过人民法院依据法定程序宣告。

049. 自然人有下列情形之一的,利害关系人可以向人民法院申请宣告该自然人死亡:(1)下落不明满 4 年;(2)因意外事件,下落不明满 2 年。因意外事件下落不明,经有关机关证明该自然人不可能生存的,申请宣告死亡不受 2 年时间的限制。

050. 所谓可撤销的民事法律行为,是指当事人在从事民事法律行为时,因意思表示不真实,法律允许撤销权人通过行使撤销权而使该已经生效的民事法律行为归于无效,包括重大误解、欺诈、胁迫、显失公平。

051. 表见代理,是指虽无代理权但表面上有足以使人相信有代理权而须由本人负授权之责的代理。

052.《民法典》规定,同一动产上已经设立抵押权或者质权,该动产又被留置的,留置权人优先受偿。

053. 情势变更制度:合同成立后,合同的基础条件发生了当事人在订立合同时无法预见的、不属于商业风险的重大变化,继续履行合同对于当事人一方明显不公平的,受不利影响的当事人可以与对方重新协商;在合理期限内协商不成的,当事人可以请求人民法院或者仲裁机构变更或者解除合同。

054. 在未约定先后履行顺序的双务合同中,当事人应当同时履行,一方在对方未为对待给付之前,有权拒绝其履行要求。此项权利,称为同时履行抗辩权。

055. 不安抗辩权,是指双务合同的先给付义务人在有证据证明后给付义务人存在丧失或者可能丧失履行债务能力的情形时,有权中止履行其合同义务的权利。

056. 顺序履行抗辩权也称先履行抗辩权,是指当事人互负债务,有先后履行顺序,应当先履行债务一方未履行的,后履行一方有权拒绝其履行请求。先履行一方履行债务不符合约定的,后履行一方有权拒绝其相应的履行请求。

057. 租赁物在承租人按照租赁合同占有期限内发生所有权变动的,不影响租赁合同的效力。

058. 出租人出卖租赁房屋的,应当在出卖之前的合理期限内通知承租人,承租人享有以同等条件优先购买的权利;但是,房屋按份共有人行使优先购买权或者出租人将房屋出卖给近亲属的除外。

059. 承租人经出租人同意,可以将租赁物转租给第三人。承租人转租的,承租人与出租人之间的租赁合同继续有效;第三人造成租赁物损失的,承租人应当赔偿损失。承租人未经出租人同意转租的,出租人可以解除合同。

060. 赠与人在赠与财产的权利转移之前可以撤销赠与。经过公证的赠与合同或者依法不得撤销的具有救灾、扶贫、助残等公益、道德义务性质的赠与合同,不适用前款规定。

061. 债务人以放弃其债权、放弃债权担保、无偿转让财产等方式无偿处分财产权益,或者恶意延长其到期债权的履行期限,影响债权人的债权实现的,债权人可以请求人民法院撤销债务人的行为。

062. 债务人以明显不合理的低价转让财产、以明显不合理的高价受让他人财产或者为他人的债务提供担保,影响债权人的债权实现,债务人的相对人知道或者应当知道该情形的,债权人可以请求人民法院撤销债务人的行为。

063. 当事人一方不履行合同义务或者履行合同义务不符合约定的,应当承担继续履行、采取补救措施或者赔偿损失等违约责任。

064. 夫妻双方共同签名或者夫妻一方事后追认等共同意思表示所负的债务,以及夫妻一方在婚姻关系存续期间以个人名义为家庭日常生活需要所负的债务,属于夫妻共同债务。夫妻一方在婚姻关系存续期间以个人名义超出家庭日常生活需要所负的债务,不属于夫妻共同债务;但是,债权人能够证明该债务用于夫妻共同生活、共同生产经营或者基于夫妻双方共同意思表示的除外。

065. 以动产抵押的,抵押权自抵押合同生效时设立;未经登记,不得对抗善意第三人。

066. 被担保的债权既有物的担保又有人的担保的,债务人不履行到期债务或者发生当事人约定的实现担保物权的情形,债权人应当按照约定实现债权;没有约定或者约定不明确,债务人自己提供物的担保的,债权人应当先就该物的担保实现债权;第三人提供物的担保的,债权人可以就物的担保实现债权,也可以请求保证人承担保证责任。提供担保的第三人承担担保责任后,有权向债务人追偿。

067. 有下列情形之一的,当事人可以解除合同:(1)因不可抗力致使不能实现合同目的;(2)在履行期限届满前,当事人一方明确表示或者以自己的行为表明不履行主要债务;(3)当事人一方迟延履行主要债务,经催告后在合理期限内仍未履行;(4)当事人一方迟延履行债务或者有其他违约行为致使不能实现合同目的;(5)法律规定的其他情形。

068. 保证的方式包括一般保证和连带责任保证。当事人在保证合同中对保证方式没有约定或者约定不明确的,按照一般保证承担保证责任。

069. 标的物毁损、灭失的风险,在标的物交付之前由出卖人承担,交付之后由买受人承担,但是法律另有规定或者当事人另有约定的除外。

070. 因他人没有法律根据,取得不当利益,受损失的人有权请求其返还不当利益。

071. 处分共有的不动产或者动产以及对共有的不动产或者动产作重大修缮、变更性质或者用途的,应当经占份额 2/3 以上的按份共有人或者全体共同共有人同意,但是共有人之间另有约定的除外。

072. 债务人将债务的全部或者部分转移给第三人的,应当经债权人同意。债务人或者第三人可以催告债权人在合理期限内予以同意,债权人未作表示的,视为不同意。

073. 债权人未经保证人书面同意,允许债务人转移全部或者部分债务,保证人对未经其同意转移的债务不再承担保证责任,但是债权人和保证人另有约定的除外。

商　法

074. 公司的经营范围由公司章程规定,并依法登记。公司可以修改公司章程,改变经营范围,但是应当办理变更登记。

075. 公司法定代表人依照公司章程的规定,由董事长、执行董事或者经理担任,并依法登记。公司法定代表人变更,应当办理变更登记。

076. 股东可以用货币出资,也可以用实物、知识产权、土地使用权等可以用货币估价并可以依法转让的非货币财产作价出资;但是,法律、行政法规规定不得作为出资的财产除外。对作为出资的非货币财产应当评估作价,核实财产,不得高估或者低估作价。法律、行政法规对评估作价有规定的,从其规定。

077. 股东应当按期足额缴纳公司章程中规定的各自所认缴的出资额。股东以货币出资的，应当将货币出资足额存入有限责任公司在银行开设的账户；以非货币财产出资的，应当依法办理其财产权的转移手续。

078. 股东有权查阅、复制公司章程、股东会会议记录、董事会会议决议、监事会会议决议和财务会计报告。

079. 股东会行使下列职权：(1)决定公司的经营方针和投资计划；(2)选举和更换非由职工代表担任的董事、监事，决定有关董事、监事的报酬事项；(3)审议批准董事会的报告；(4)审议批准监事会或者监事的报告；(5)审议批准公司的年度财务预算方案、决算方案；(6)审议批准公司的利润分配方案和弥补亏损方案；(7)对公司增加或者减少注册资本作出决议；(8)对发行公司债券作出决议；(9)对公司合并、分立、解散、清算或者变更公司形式作出决议；(10)修改公司章程；(11)公司章程规定的其他职权。

080. 有限责任公司设立董事会的，股东会会议由董事会召集，董事长主持；董事长不能履行职务或者不履行职务的，由副董事长主持；副董事长不能履行职务或者不履行职务的，由半数以上董事共同推举一名董事主持。

081. 股东会会议作出修改公司章程、增加或者减少注册资本的决议，以及公司合并、分立、解散或者变更公司形式的决议，必须经代表 2/3 以上表决权的股东通过。

082. 有限责任公司的股东之间可以相互转让其全部或者部分股权。股东向股东以外的人转让股权，应当经其他股东过半数同意。股东应就其股权转让事项书面通知其他股东征求同意，其他股东自接到书面通知之日起满 30 日未答复的，视为同意转让。其他股东半数以上不同意转让的，不同意的股东应当购买该转让的股权；不购买的，视为同意转让。

083. 经股东同意转让的股权，在同等条件下，其他股东有优先购买权。两个以上股东主张行使优先购买权的，协商确定各自的购买比例；协商不成的，按照转让时各自的出资比例行使优先购买权。

084. 有下列情形之一的，对股东会该项决议投反对票的股东可以请求公司按照合理的价格收购其股权：(1)公司连续 5 年不向股东分配利润，而公司该 5 年连续盈利，并且符合《公司法》规定的分配利润条件的；(2)公司合并、分立、转让主要财产的；(3)公司章程规定的营业期限届满或者章程规定的其他解散事由出现，股东会会议通过决议修改章程使公司存续的。

085. 股东大会作出决议，必须经出席会议的股东所持表决权过半数通过。但是，股东大会作出修改公司章程、增加或者减少注册资本的决议，以及公司合并、分立、解散或者变更公司形式的决议，必须经出席会议的股东所持表决权的 2/3 以上通过。

086. 公司合并时,合并各方的债权、债务,应当由合并后存续的公司或者新设的公司承继。

087. 普通合伙企业由普通合伙人组成,合伙人对合伙企业债务承担无限连带责任。有限合伙企业由普通合伙人和有限合伙人组成,普通合伙人对合伙企业债务承担无限连带责任,有限合伙人以其认缴的出资额为限对合伙企业债务承担责任。

088. 除合伙协议另有约定外,合伙人向合伙人以外的人转让其在合伙企业中的全部或者部分财产份额时,须经其他合伙人一致同意。合伙人之间转让在合伙企业中的全部或者部分财产份额时,应当通知其他合伙人。

089. 合伙人向合伙人以外的人转让其在合伙企业中的财产份额的,在同等条件下,其他合伙人有优先购买权;但是,合伙协议另有约定的除外。

090. 除合伙协议另有约定外,合伙企业的下列事项应当经全体合伙人一致同意:(1)改变合伙企业的名称;(2)改变合伙企业的经营范围、主要经营场所的地点;(3)处分合伙企业的不动产;(4)转让或者处分合伙企业的知识产权和其他财产权利;(5)以合伙企业名义为他人提供担保;(6)聘任合伙人以外的人担任合伙企业的经营管理人员。

091. 合伙人的自有财产不足清偿其与合伙企业无关的债务的,该合伙人可以以其从合伙企业中分取的收益用于清偿;债权人也可以依法请求人民法院强制执行该合伙人在合伙企业中的财产份额用于清偿。

092. 新合伙人入伙,除合伙协议另有约定外,应当经全体合伙人一致同意,并依法订立书面入伙协议。

093. 合伙协议约定合伙期限的,在合伙企业存续期间,有下列情形之一的,合伙人可以退伙:(1)合伙协议约定的退伙事由出现;(2)经全体合伙人一致同意;(3)发生合伙人难以继续参加合伙的事由;(4)其他合伙人严重违反合伙协议约定的义务。

094. 合伙人死亡或者被依法宣告死亡的,对该合伙人在合伙企业中的财产份额享有合法继承权的继承人,按照合伙协议的约定或者经全体合伙人一致同意,从继承开始之日起,取得该合伙企业的合伙人资格。

095. 有限合伙人转变为普通合伙人的,对其作为有限合伙人期间有限合伙企业发生的债务承担无限连带责任。普通合伙人转变为有限合伙人的,对其作为普通合伙人期间合伙企业发生的债务承担无限连带责任。

096. 企业法人不能清偿到期债务,并且资产不足以清偿全部债务或者明显缺乏清偿能力的,债务人可以向人民法院提出重整、和解或者破产清算申请。

097. 破产程序中,债权人应当在人民法院确定的债权申报期限内向管理人申报债权。

098. 债权人会议的决议,由出席会议的有表决权的债权人过半数通过,并且其所代表的债权额

占无财产担保债权总额的1/2以上。但是,《企业破产法》另有规定的除外。

099. 破产人无财产可供分配的,管理人应当请求人民法院裁定终结破产程序。

民事诉讼法与仲裁制度

100. 中级人民法院管辖下列第一审民事案件:(1)重大涉外案件;(2)在本辖区有重大影响的案件;(3)最高人民法院确定由中级人民法院管辖的案件。

101. 对公民提起的民事诉讼,由被告住所地人民法院管辖;被告住所地与经常居住地不一致的,由经常居住地人民法院管辖。

102. 因侵权行为提起的诉讼,由侵权行为地或者被告住所地人民法院管辖。

103. 人民法院发现受理的案件不属于本院管辖的,应当移送有管辖权的人民法院,受移送的人民法院应当受理。受移送的人民法院认为受移送的案件依照规定不属于本院管辖的,应当报请上级人民法院指定管辖,不得再自行移送。

104. 上级人民法院有权审理下级人民法院管辖的第一审民事案件;确有必要将本院管辖的第一审民事案件交下级人民法院审理的,应当报请其上级人民法院批准。

105. 人民法院审理第一审民事案件,由审判员、人民陪审员共同组成合议庭或者由审判员组成合议庭。

106. 适用简易程序审理的民事案件,由审判员一人独任审理。基层人民法院审理的基本事实清楚、权利义务关系明确的第一审民事案件,可以由审判员一人适用普通程序独任审理。

107. 共同诉讼的一方当事人对诉讼标的有共同权利义务的,其中一人的诉讼行为经其他共同诉讼人承认,对其他共同诉讼人发生效力;对诉讼标的没有共同权利义务的,其中一人的诉讼行为对其他共同诉讼人不发生效力。

108. 对当事人双方的诉讼标的,第三人认为有独立请求权的,有权提起诉讼。

109. 无诉讼行为能力人由他的监护人作为法定代理人代为诉讼。

110. 下列人员可以被委托为诉讼代理人:(1)律师、基层法律服务工作者;(2)当事人的近亲属或者工作人员;(3)当事人所在社区、单位以及有关社会团体推荐的公民。

111. 证据包括:(1)当事人的陈述;(2)书证;(3)物证;(4)视听资料;(5)电子数据;(6)证人证言;(7)鉴定意见;(8)勘验笔录。

112. 当事人对自己提出的主张,有责任提供证据。当事人及其诉讼代理人因客观原因不能自行收集的证据,或者人民法院认为审理案件需要的证据,人民法院应当调查收集。

113. 证据应当在法庭上出示,并由当事人互相质证。对涉及国家秘密、商业秘密和个人隐私的证据应当保密,需要在法庭出示的,不得在公开开庭时出示。

114. 经人民法院通知,证人应当出庭作证。有下列情形之一的,经人民法院许可,可以通过书面证言、视听传输技术或者视听资料等方式作证:(1)因健康原因不能出庭的;(2)因路途遥远,交通不便不能出庭的;(3)因自然灾害等不可抗力不能出庭的;(4)其他有正当理由不能出庭的。

115. 在证据可能灭失或者以后难以取得的情况下,当事人可以在诉讼过程中向人民法院申请保全证据,人民法院也可以主动采取保全措施。

116. 送达诉讼文书,应当直接送交受送达人。受送达人是公民的,本人不在交他的同住成年家属签收;受送达人是法人或者其他组织的,应当由法人的法定代表人、其他组织的主要负责人或者该法人、组织负责收件的人签收;受送达人有诉讼代理人的,可以送交其代理人签收;受送达人已向人民法院指定代收人的,送交代收人签收。

117. 人民法院审理民事案件,根据当事人自愿的原则,在事实清楚的基础上,分清是非,进行调解。

118. 下列案件调解达成协议,人民法院可以不制作调解书:(1)调解和好的离婚案件;(2)调解维持收养关系的案件;(3)能够即时履行的案件;(4)其他不需要制作调解书的案件。

119. 人民法院对于可能因当事人一方的行为或者其他原因,使判决难以执行或者造成当事人其他损害的案件,根据对方当事人的申请,可以裁定对其财产进行保全、责令其作出一定行为或者禁止其作出一定行为;当事人没有提出申请的,人民法院在必要时也可以裁定采取保全措施。

120. 人民法院对下列案件,根据当事人的申请,可以裁定先予执行:(1)追索赡养费、扶养费、抚养费、抚恤金、医疗费用的;(2)追索劳动报酬的;(3)因情况紧急需要先予执行的。

121. 人民法院对下列起诉,分别情形,予以处理:(1)依照《行政诉讼法》的规定,属于行政诉讼受案范围的,告知原告提起行政诉讼;(2)依照法律规定,双方当事人达成书面仲裁协议申请仲裁、不得向人民法院起诉的,告知原告向仲裁机构申请仲裁;(3)依照法律规定,应当由其他机关处理的争议,告知原告向有关机关申请解决;(4)对不属于本院管辖的案件,告知原告向有管辖权的人民法院起诉;(5)对判决、裁定、调解书已经发生法律效力的案件,当事人又起诉的,告知原告申请再审,但人民法院准许撤诉的裁定除外;(6)依照法律规定,在一定期限内不得起诉的案件,在不得起诉的期限内起诉的,不予受理;(7)判决不准离婚和调解和好的离婚案件,判决、调解维持收养关系的案件,没有新情况、新理由,原告在6个月内又起诉的,不予受理。

122. 人民法院审理民事案件,除涉及国家秘密、个人隐私或者法律另有规定的以外,应当公开进行。离婚案件,涉及商业秘密的案件,当事人申请不公开审理的,可以不公开审理。

123. 宣判前,原告申请撤诉的,是否准许,由人民法院裁定。人民法院裁定不准许撤诉的,原告经传票传唤,无正当理由拒不到庭的,可以缺席判决。

124. 有下列情形之一的,可以延期开庭审理:(1)必须到庭的当事人和其他诉讼参与人有正当理由没有到庭的;(2)当事人临时提出回避申请的;(3)需要通知新的证人到庭,调取新的证据,重新鉴定、勘验,或者需要补充调查的;(4)其他应当延期的情形。

125. 人民法院对公开审理或者不公开审理的案件,一律公开宣告判决。

126. 有下列情形之一的,中止诉讼:(1)一方当事人死亡,需要等待继承人表明是否参加诉讼的;(2)一方当事人丧失诉讼行为能力,尚未确定法定代理人的;(3)作为一方当事人的法人或者其他组织终止,尚未确定权利义务承受人的;(4)一方当事人因不可抗拒的事由,不能参加诉讼的;(5)本案必须以另一案的审理结果为依据,而另一案尚未审结的;(6)其他应当中止诉讼的情形。

127. 有下列情形之一的,终结诉讼:(1)原告死亡,没有继承人,或者继承人放弃诉讼权利的;(2)被告死亡,没有遗产,也没有应当承担义务的人的;(3)离婚案件一方当事人死亡的;(4)追索赡养费、扶养费、抚养费以及解除收养关系案件的一方当事人死亡的。

128. 基层人民法院和它派出的法庭审理事实清楚、权利义务关系明确、争议不大的简单的民事案件,适用简易程序。基层人民法院和它派出的法庭审理前款规定以外的民事案件,当事人双方也可以约定适用简易程序。

129. 第二审人民法院对上诉案件应当开庭审理。经过阅卷、调查和询问当事人,对没有提出新的事实、证据或者理由,人民法院认为不需要开庭审理的,可以不开庭审理。

130. 第二审人民法院对上诉案件,经过审理,按照下列情形,分别处理:(1)原判决、裁定认定事实清楚,适用法律正确的,以判决、裁定方式驳回上诉,维持原判决、裁定;(2)原判决、裁定认定事实错误或者适用法律错误的,以判决、裁定方式依法改判、撤销或者变更;(3)原判决认定基本事实不清的,裁定撤销原判决,发回原审人民法院重审,或者查清事实后改判;(4)原判决遗漏当事人或者违法缺席判决等严重违反法定程序的,裁定撤销原判决,发回原审人民法院重审。原审人民法院对发回重审的案件作出判决后,当事人提起上诉的,第二审人民法院不得再次发回重审。

131. 各级人民法院院长对本院已经发生法律效力的判决、裁定、调解书,发现确有错误,认为需要再审的,应当提交审判委员会讨论决定。最高人民法院对地方各级人民法院已经发生法

律效力的判决、裁定、调解书，上级人民法院对下级人民法院已经发生法律效力的判决、裁定、调解书，发现确有错误的，有权提审或者指令下级人民法院再审。

132. 当事人对已经发生法律效力的判决、裁定，认为有错误的，可以向上一级人民法院申请再审；当事人一方人数众多或者当事人双方为公民的案件，也可以向原审人民法院申请再审。当事人申请再审的，不停止判决、裁定的执行。

133. 当事人、利害关系人认为执行行为违反法律规定的，可以向负责执行的人民法院提出书面异议。

134. 有下列情形之一的，人民法院应当裁定中止执行：(1)申请人表示可以延期执行的；(2)案外人对执行标的提出确有理由的异议的；(3)作为一方当事人的公民死亡，需要等待继承人继承权利或者承担义务的；(4)作为一方当事人的法人或者其他组织终止，尚未确定权利义务承受人的；(5)人民法院认为应当中止执行的其他情形。中止的情形消失后，恢复执行。

135. 有下列情形之一的，人民法院裁定终结执行：(1)申请人撤销申请的；(2)据以执行的法律文书被撤销的；(3)作为被执行人的公民死亡，无遗产可供执行，又无义务承担人的；(4)追索赡养费、扶养费、抚养费案件的权利人死亡的；(5)作为被执行人的公民因生活困难无力偿还借款，无收入来源，又丧失劳动能力的；(6)人民法院认为应当终结执行的其他情形。

行政法与行政诉讼法

136. 公民、法人或者其他组织认为行政行为侵犯其合法权益的，可以自知道或者应当知道该行政行为之日起60日内提出行政复议申请；但是法律规定的申请期限超过60日的除外。

137. 对履行行政复议机构职责的地方人民政府司法行政部门的行政行为不服的，可以向本级人民政府申请行政复议，也可以向上一级司法行政部门申请行政复议。对海关、金融、外汇管理等实行垂直领导的行政机关、税务和国家安全机关的行政行为不服的，向上一级主管部门申请行政复议。

138. 公民、法人或者其他组织依法提出行政复议申请，行政复议机关无正当理由不予受理、驳回申请或者受理后超过行政复议期限不作答复的，申请人有权向上级行政机关反映，上级行政机关应当责令其纠正；必要时，上级行政复议机关可以直接受理。

139. 适用普通程序审理的行政复议案件，行政复议机关应当自受理申请之日起60日内作出行政复议决定；但是法律规定的行政复议期限少于60日的除外。

140. 公民、法人或者其他组织直接向人民法院提起诉讼的，作出行政行为的行政机关是被告。

经复议的案件，复议机关决定维持原行政行为的，作出原行政行为的行政机关和复议机关是共同被告；复议机关改变原行政行为的，复议机关是被告。

141. 复议机关在法定期限内未作出复议决定，公民、法人或者其他组织起诉原行政行为的，作出原行政行为的行政机关是被告；起诉复议机关不作为的，复议机关是被告。

142. 两个以上行政机关作出同一行政行为的，共同作出行政行为的行政机关是共同被告。行政机关委托的组织所作的行政行为，委托的行政机关是被告。行政机关被撤销或者职权变更的，继续行使其职权的行政机关是被告。

143. 对属于人民法院受案范围的行政案件，公民、法人或者其他组织可以先向行政机关申请复议，对复议决定不服的，再向人民法院提起诉讼；也可以直接向人民法院提起诉讼。

144. 公民、法人或者其他组织直接向人民法院提起诉讼的，应当自知道或者应当知道作出行政行为之日起6个月内提出。法律另有规定的除外。

145. 人民法院判决被告重新作出行政行为的，被告不得以同一的事实和理由作出与原行政行为基本相同的行政行为。

146. 行政行为有下列情形之一的，人民法院判决确认违法，但不撤销行政行为：(1)行政行为依法应当撤销，但撤销会给国家利益、社会公共利益造成重大损害的；(2)行政行为程序轻微违法，但对原告权利不产生实际影响的。

147. 行政行为有下列情形之一，不需要撤销或者判决履行的，人民法院判决确认违法：(1)行政行为违法，但不具有可撤销内容的；(2)被告改变原违法行政行为，原告仍要求确认原行政行为违法的；(3)被告不履行或者拖延履行法定职责，判决履行没有意义的。

148. 复议机关与作出原行政行为的行政机关为共同被告的案件，人民法院应当对复议决定和原行政行为一并作出裁判。

149. 被诉行政机关负责人应当出庭应诉。不能出庭的，应当委托行政机关相应的工作人员出庭。

150. 人民法院审理下列第一审行政案件，认为事实清楚、权利义务关系明确、争议不大的，可以适用简易程序：(1)被诉行政行为是依法当场作出的；(2)案件涉及款额2000元以下的；(3)属于政府信息公开案件的。除上述规定以外的第一审行政案件，当事人各方同意适用简易程序的，可以适用简易程序。

2024年

国家统一法律职业资格考试

主观题通关包

真题必练100问

法律考试中心／组编

张博／主编

法律出版社

—— 北京 ——

目　　录

2023年国家统一法律职业资格考试主观题(回忆版)

2022年国家统一法律职业资格考试主观题(回忆版)

2021年国家统一法律职业资格考试主观题(回忆版)

2020年国家统一法律职业资格考试主观题(回忆版)

2019年国家统一法律职业资格考试主观题(回忆版)

2023年国家统一法律职业资格考试

主观题(回忆版)*

* 本书法考题目均为考生回忆版,仅供参考。

1 CASE （35分）

| 材 料 |

材料一：中国式现代化，是中国共产党领导的社会主义现代化，既有各国现代化的共同特征，更有基于自己国情的中国特色。

——中国式现代化是人口规模巨大的现代化。我国十四多亿人口整体迈进现代化社会，规模超过现有发达国家人口的总和，艰巨性和复杂性前所未有，发展途径和推进方式也必然具有自己的特点。我们始终从国情出发想问题、作决策、办事情，既不好高骛远，也不因循守旧，保持历史耐心，坚持稳中求进、循序渐进、持续推进。

——中国式现代化是全体人民共同富裕的现代化。共同富裕是中国特色社会主义的本质要求，也是一个长期的历史过程。我们坚持把实现人民对美好生活的向往作为现代化建设的出发点和落脚点，着力维护和促进社会公平正义，着力促进全体人民共同富裕，坚决防止两极分化。

——中国式现代化是物质文明和精神文明相协调的现代化。物质富足、精神富有是社会主义现代化的根本要求。物质贫困不是社会主义，精神贫乏也不是社会主义。我们不断厚植现代化的物质基础，不断夯实人民幸福生活的物质条件，同时大力发展社会主义先进文化，加强理想信念教育，传承中华文明，促进物的全面丰富和人的全面发展。

——中国式现代化是人与自然和谐共生的现代化。人与自然是生命共同体，无止境地向自然索取甚至破坏自然必然会遭到大自然的报复。我们坚持可持续发展，坚持节约优先、保护优先、自然恢复为主的方针，像保护眼睛一样保护自然和生态环境，坚定不移走生产发展、生活富裕、生态良好的文明发展道路，实现中华民族永续发展。

——中国式现代化是走和平发展道路的现代化。我国不走一些国家通过战争、殖民、掠夺等方式实现现代化的老路，那种损人利己、充满血腥罪恶的老路给广大发展中国家人民带来深重苦难。我们坚定站在历史正确的一边、站在人类文明进步的一边，高举和平、发展、合作、共赢旗帜，在坚定维护世界和平与发展中谋求自身发展，又以自身发展更好维护世界和平与发展。

——《高举中国特色社会主义伟大旗帜　为全面建设社会主义现代化国家而团结奋斗——在中国共产党第二十次全国代表大会上的报告(2022年10月16日)》（节选）

材料二：推进合宪性审查工作，对一切违反宪法法律的法规、规范性文件必须坚决予以纠正和撤销……坚持依宪治国、依宪执政，就必须坚持宪法确定的中国共产党领导地位不动摇，坚持宪法确定的人民民主专政的国体和人民代表大会制度的政体不动摇。

——《从全局和战略高度推进全面依法治国》（节选）

| 问 题 |

问题一：请根据以上材料，结合宪法中关于基本制度和基本人民权利义务的规定，论述宪法是如何保障中国式现代化的？

问题二：请根据以上材料，结合习近平法治思想，论述依法治国和依宪治国。

| **答题要求** |

1. 无观点或论述、照搬材料原文的不得分；

2. 观点正确，表述完整、准确；

3. 总字数不少于600字。

| 参考答案 |

问题一：请根据以上材料，结合宪法中关于基本制度和基本人民权利义务的规定，论述宪法是如何保障中国式现代化的？

中国式现代化，是中国共产党领导的社会主义现代化，既有各国现代化的共同特征，更有基于自己国情的中国特色。实现中国式现代化必须坚持党的领导，坚持以人民为中心，全面依照宪法和法律来保障中国式现代化的实现。

实现中国式现代化，必须坚持全面依法治国，通过宪法来保障中国式现代化的实现。这是习近平法治思想核心要义的重要组成部分。具体包括以下几点：

1. 从立法环节来看，要坚持科学立法，“法律是治国之重器，良法是善治之前提”，要完善以宪法为核心的中国特色社会主义法律体系，坚持科学立法和民主立法，加强关于中国式现代化等重点领域立法。正如材料二中所言，对一切违宪的法规、规范性文件必须坚决予以纠正和撤销。

2. 宪法是规定公民权利、规范国家权限的根本法。宪法在我国法律体系中具有最高效力，规定了我国的根本国家制度、国家机构组成、公民基本权利和义务，宪法的制定和修改程序比其他法律要严格。要完善以宪法为核心的中国特色社会主义法律体系，充实中国式法治现代化的规范依据。正如材料一中所言，中国式现代化是全体人民共同富裕的现代化，必须坚持以人民为中心，通过最高效力的宪法来保障人民的权利。

综上，在党的领导下，通过宪法来保障中国式现代化的实现。从立法、执法、司法、守法等各个环节发力，全心全意为人民服务。只有这样，才能实现人民共同富裕，促进人与自然和谐共生，推动构建人类命运共同体，创新人类文明新形态，才能保证中国特色社会主义法治事业不断走向新的胜利，才能为实现中华民族伟大复兴的中国梦提供有力保障。

问题二：请根据以上材料，结合习近平法治思想，论述依法治国和依宪治国。

习近平法治思想是全面依法治国的根本遵循和行动指南。全面实现依法治国和依宪治国的总目标，必须要贯彻好习近平法治思想的核心要义——“十一个坚持”。在习近平法治思想指引下，党领导人民推进全面依法治国和依宪治国，坚定不移走中国特色社会主义法治道路。

坚持依法治国首先要坚持依宪治国，坚持依法执政首先要坚持依宪执政。坚持依宪治国、依宪执政，正如材料中所述，要坚持宪法确定的中国共产党领导地位不动摇，坚持宪法确定的人民民主专政的国体和人民代表大会制度的政体不动摇。我国宪法确认了中国共产党的执政地位，确认了党在国家政权结构中总揽全局、协调各方的领导核心地位。

宪法是治国理政的总章程。宪法是国家的根本大法，是治国安邦的总章程，具有最高的法律地位、法律权威、法律效力。依宪治国、依宪执政是建设社会主义法治国家的首要任务。正如材料二中所述，要全面贯彻实施宪法、推进合宪性审查。切实维护宪法尊严和权威，是维护国家法制统一、尊严权威的前提，也是维护最广大人民根本利益、确保国家长治久安的重要保障。

一切伟大的实践都需要科学理论的正确指引，全面实现依法治国和依宪治国必须以习近平法治思想为指导思想。坚持中国共产党统一领导，在法治轨道上推进国家治理体系和治理能力现代化。党带头维护宪法尊严和权威，切实学习和领会习近平法治思想及其核心要义。实践证明，习近平法治思想是引领法治中国建设实现高质量发展的思想旗帜。

【提示】2023 年的论述题有两个问题，答案内容不唯一，可以从多个角度切入。

2 CASE （31 分）

| 案　情 |

迟某向陈某谎称自己被银行列入黑名单，无法申请银行卡，遂向陈某买银行卡。陈某明知迟某可能是利用该银行卡进行电信网络诈骗，但仍然将银行卡卖给迟某，后迟某果然利用该银行卡进行电信网络诈骗犯罪。（事实一）

陈某通过手机银行短信得知多人向该银行卡汇入资金共 30 万元，陈某向银行工作人员谎称自己银行卡丢失，重新补办该银行卡并将 30 万元现金取出。事发后，陈某被公安机关采取强制措施，并移交检察机关。（事实二）

陈某被采取强制措施后，陈某的母亲洪某向财政局局长吕某请托，希望吕某找人对陈某从宽处理，并答应事成后给予 100 万元的报酬。吕某向公安局局长覃某请托，覃某心想吕某肯定收受了陈某亲属的贿赂或者准备接受贿赂，于是以陈某不清楚事实为由，对陈某解除强制措施。陈某被解除强制措施后，洪某交给吕某存有 100 万元的银行卡。三个月以来，吕某使用该银行卡消费了 40 万元，担心长期使用洪某名下的银行卡会引起怀疑，遂将该银行卡还给洪某。洪某觉得吕某在此事上帮了大忙，报酬不能太少，于是将剩下的 60 万元现金取出并送给吕某，吕某收下。（事实三）

一年后，覃某被人举报，检察机关对覃某依法采取强制措施。覃某向检察机关交代了受吕某请托将陈某释放的事实。虽然覃某没有证据证明吕某收受了洪某贿赂，但是为了获得立功表现，仍向检察机关举报吕某受贿，检察机关询问覃某是否有证据，并告知如果没有证据证明吕某受贿将成立诬告陷害罪。覃某表示如果吕某没有收受贿赂，自己愿意承担诬告陷害罪的刑事责任。后检察机关将线索移交给监察机关，监察机关在立案前，电话通知吕某到指定地点问话。吕某到达指定地点后如实供述收受洪某贿赂，但辩称受贿金额只为 100 万元。（事实四）

| 问　题 |

1. 事实一中，关于陈某的行为定性，在刑法理论中有几种观点（至少写出三种）？你的观点和理由是？（9 分）

2. 事实二中，关于陈某的行为定性，在刑法理论中有几种观点（至少写出三种）？你的观点和理由是？（9 分）

3. 事实三中，洪某、吕某和覃某的行为各犯何罪？各自的犯罪数额是多少？（7 分）

4. 事实四中，如何认定吕某和覃某的量刑情节？（6 分）

参考答案

1. 陈某明知迟某可能利用自己的银行卡实施电信诈骗犯罪,依然出售银行卡给迟某的行为定性,可能存在如下观点:

(1)构成帮助信息网络犯罪活动罪。刑法规定,明知他人利用信息网络实施犯罪,为其犯罪提供互联网接入、服务器托管、网络存储、通讯传输等技术支持,或者提供广告推广、支付结算等帮助,情节严重的行为,成立帮助信息网络犯罪活动罪。本案中,陈某没有事先参与迟某的诈骗犯罪活动。只怀疑迟某会利用银行卡违法犯罪。因此,陈某的行为仅成立帮助信息网络犯罪活动罪。

(2)构成帮助信息网络犯罪活动罪与诈骗罪的想象竞合,应当择一重罪处罚。一个行为触犯数罪名,属于想象竞合,择一重罪论处。本案中,陈某主观上具有犯罪故意,既包括确定的故意,也包括未必的、不确定的故意。陈某明知他人可能将银行卡用于犯罪而向其提供银行卡,主观上有帮助他人犯罪的故意,客观上有提供银行卡的行为,成立帮助信息网络犯罪活动罪。陈某的"帮助"行为在客观上对他人的电信网络诈骗起到了帮助作用,陈某对此主观上也有认知,应成立诈骗罪的帮助犯。系想象竞合,应当择一重罪处罚。

(3)构成洗钱罪。刑法规定为掩饰、隐瞒毒品犯罪、黑社会性质的组织犯罪、恐怖活动犯罪、走私犯罪、贪污贿赂犯罪、破坏金融管理秩序犯罪、金融诈骗犯罪的所得及其产生的收益的来源和性质的行为成立洗钱罪。本案中如果认定迟某的电信诈骗行为属于金融诈骗,那么陈某提供银行卡的行为构成洗钱罪。

我赞同第一种观点,仅成立帮助信息网络犯罪活动罪。对于明知他人实施电信诈骗行为而提供帮助在刑法上已经独立定罪,即帮助信息网络犯罪活动罪。

【提示】 这个答案不唯一,有的考生回答了陈某行为构成诈骗罪。理由:为正犯实施帮助的行为成立帮助犯。本案中陈某明知他人可能将银行卡用于犯罪而向其提供银行卡以提供帮助的行为,依法成立诈骗罪的帮助犯。还有的同学回答陈某的行为不构成犯罪,属于中立的帮助行为。理由:成立帮助犯要求具有确定的故意,即迟某确定要实施犯罪,陈某明知仍旧实施帮助行为,实际上,陈某仅仅是明知迟某可能利用该银行卡实施电信诈骗犯罪,而非确信迟某必然实施电信诈骗犯罪。因此,陈某仅具有不确定的犯罪故意,不成立可罚的帮助犯。类似问题只要回答出三种即可,只要言之有理即可得分。

2. 关于陈某谎称银行卡丢失后,挂失银行卡将 30 万元现金取出的行为如何定性,存在以下不同观点:

(1)构成侵占罪。理由:刑法规定,将代为保管的他人财物非法占为己有,数额较大,拒不退还的行为成立侵占罪。本案中,银行卡内的存款在法律上仍属于原主人(卡的名义人)占有,原卡主人(陈某)以非法占有为目的,将自己占有的卡内存款据为己有,构成侵占罪。

(2)构成盗窃罪。理由:这种观点认为,用于存款的银行卡及密码均在买卡者(迟某)的手中,买卡者对该存款属于事实上的支配状态,对该笔存款具有占有权、控制权。陈某以非法占有为目的，在迟某不知情的情况下，以挂失补卡存款的方式转移了存款的占有，属于秘密窃取行为，构成盗窃罪。

(3)构成诈骗罪。理由：陈某卖出银行卡后，银行卡内的存款由购买者(迟某)占有。银行工作人员具有处分本行银行卡债权的权限，原卡主人(陈某)采取挂失补办的行为欺骗了银行工作人员，使其陷入认识错误处分了买卡者迟某的债权(迟某对银行的取款权)，因此陈某构成诈骗罪，属于三角诈骗的情形。

我赞同观点一，成立侵占罪。理由：由于我国对银行卡实行实名制，必须由本人携带身份证才能申领，银行卡内资金交易的权利、义务由持证申领人享有和承担，本案中，陈某虽然是法律上的持卡人，申请挂失的行为，属于侵吞本人占有的他人财物。

【提示】这个答案不唯一，有的考生回答不成立犯罪。还有的同学回答信用卡诈骗罪。只要理由言之有理即可得分。

3.(1)洪某：构成行贿罪。数额100万元。刑法规定，为了谋取不正当利益，给予国家工作人员以财物的行为成立行贿罪。本案中，洪某的行贿对象是国家机关工作人员吕某，利用吕某的职务便利。

(2)吕某：构成受贿罪，属于斡旋受贿。数额100万元。斡旋受贿是指国家工作人员利用本人职权或者地位形成的便利条件，通过其他国家工作人员职务上的行为，为请托人谋取不正当利益，索取请托人财物或者收受请托人财物的行为。在本案中，吕某身为财政局局长，通过覃某为洪某谋取不正当利益，成立受贿罪(斡旋受贿)。事后使用和归还均不影响犯罪数额的认定。第二次60万元和前面的100万元是同一财产利益，不能重复评价。因此受贿的数额是100万元。

(3)覃某：构成徇私枉法罪，刑法规定，司法工作人员对明知是有罪的人而故意包庇不使他受追诉的行为成立徇私枉法罪。本案中，覃某身为公安局局长，属于司法工作人员。并且覃某为了包庇陈某，故意以陈某不清楚事实为由作无罪处理并解除强制措施。因此，覃某的行为成立徇私枉法罪。

4.吕某：自首。刑法规定，犯罪以后自动投案，如实供述自己的罪行的，是自首。本案中，立案前电话通知谈话可以认定为吕某并未被采取强制措施，自动投案，如实交代的可以认定为自首，自我辩解不影响自首认定。可以从轻或减轻处罚。其中，犯罪较轻的，可以免除处罚。

覃某：(1)坦白。被采取强制措施以后，如实供述的行为成立坦白。覃某被采取强制措施后如实交代，可以从轻处罚。(2)立功。刑法规定，犯罪分子揭发他人犯罪行为并查证属实的成立立功。本案中覃某检举吕某犯罪事实，查证属实。可以从轻或减轻处罚。

3 CASE （30 分）

｜案　情｜

某日晚上，甲正在马路上盗窃自行车，被路过的乙丙丁三人看见。随后乙丙丁为了获取钱财，把甲带到路旁的公园将甲暴打一顿，并且强行要甲给予乙丙丁三人 2000 元。丁因为临时接到老婆的电话离开犯罪现场，乙和丙在取得 2000 元财物以后才离开犯罪现场。

第二天早上在公园散步的路人发现甲已经在公园里死亡，公安机关随即对案件展开立案侦查，并将嫌疑人乙丙丁抓捕到案。案件经过侦查表明，被害人甲是在前一天 20—23 点之间因钝器敲击致死。同时，乙丙丁三人对甲以暴力的方式强行取得甲 2000 元财物的犯罪事实供认不讳，并且认罪认罚。

但是在法庭庭审的过程中，当事人乙丙强调他们两人在丁离开现场以后，也同步离开犯罪现场，并无对被害人甲实施故意伤害的行为，当事人甲的死亡与乙丙之间不存在直接的因果关系，拒绝认罪认罚，乙丙的辩护律师也在法庭庭审过程中对本案存在事实不清，证据不足的情形依法做了无罪的辩护。

乙的辩护律师在案件的审理过程中认为乙在犯罪的过程中不满 18 岁，在辩护意见书中提出相应的辩护理由：其一，乙之所以未满 18 岁，是因为乙在出生的过程中户口本和准生证登记错误；其二，乙的毕业纪念册上记载的未成年的事实；其三，乙的叔叔是户籍民警，依法提供乙未成年的证人证言。

法庭经过审查认为，乙的毕业纪念册是自己保管的，缺乏证据的证明力。户口本和准生证登记错误未有相关官方材料予以证明，乙的叔叔和乙具有直接的利害关系，证人证言的证明力较为薄弱，因此法庭最终未认定被告人乙在实施犯罪时属于未满 18 岁的未成年人。

被害人甲的父母在案件刑事部分审理中依法提起附带民事诉讼，要求被告人提供死亡赔偿金、丧葬费、精神损失等相关赔偿事项。最终法院判决乙丙丁三人构成抢劫罪，丙同时构成故意杀人罪，乙丁因为没有证据证明他们实施的行为和甲的死亡之间存在因果关系，因此未认定乙丁构成故意伤害罪。

｜问　题｜

1. 本案当事人乙丙对抢劫罪认罪认罚，同时两人认为自己不构成故意伤害行为，对全案可以适用认罪认罚处理吗？（6 分）

2. 被害人的母亲可否在案件庭审的过程中针对死亡赔偿金、丧葬费、精神损失等依法提起附带民事诉讼？（6 分）

3. 法院未认定被告人乙属于未成年人是否符合法律程序要求？（6 分）

4. 本案中法院未认定乙丙构成故意伤害行为是否符合法律规定？（6 分）

5. 如果人民法院未认定乙是未成年人，乙的法定代理人和辩护律师依法上诉到二审法院，那么二审法院应当依法如何处理？（6 分）

| **参考答案** |

1. 不可以。根据刑诉法及相关规定,犯罪嫌疑人、被告人犯数罪,仅如实供述其中一罪或部分罪名事实的,全案不作"认罪"的认定,不适用认罪认罚从宽制度。本案中,乙丙二人只对抢劫认罪认罚,对故意伤不认罪认罚,全案不作"认罪"的认定,不适用认罪认罚从宽制度。但对如实供述的部分,人民检察院可以提出从宽处罚的建议,人民法院可以从宽处罚。

2. 可以。根据刑诉法及相关规定,因人身权利受到犯罪侵犯而遭受物质损失或者财物被犯罪分子毁坏而遭受物质损失的,可以提起附带民事诉讼。对于被害人因犯罪行为遭受精神损失而提起附带民事诉讼的,人民法院不予受理。本案中,被害人的母亲可以提起附带民事诉讼,但是针对附带民事诉讼问题,人民法院只针对甲提出的死亡赔偿赔偿金、丧葬费、交通补助等依法予以支持,对于精神赔偿一般不予以支持。

3. 不符合。根据最高人民法院《关于适用〈中华人民共和国刑事诉讼法〉的解释》(以下简称《刑诉解释》)第 146 条的规定,法院应当根据户籍证明、出生证明文件、学籍卡、人口普查登记、无利害关系人的证言等证据综合判断审查被告人实施被指控的犯罪时是否达到相应法定责任年龄。针对被告人乙的法定代理人和辩护律师提出被告人乙的户口本、出生证明、毕业生纪念册存在异议,首先应当对异议证据的客观性、关联性、合法性展开全面的审查,而不是直接认定为不能证明乙不是未成年人的依据。其次,虽然乙的叔叔和乙之间存在近亲属关系,只是乙的叔叔证明力弱,需要其他相关证据予以补强。证明乙已满 18 周岁的证据不足,应当作出有利于被告的认定,应认定乙是未成年人。因此法院直接认定乙不属于未成年人的做法不符合法律程序要求。

4. 符合法律规定。依据刑诉法及相关规定,认定被告人有罪的证明标准是"案件事实清楚,证据确实、充分"。本案中对乙丙是否涉嫌故意伤害被害人甲存在事实不清、证据不足的情形,既没有证据证明被害人甲死亡的时间,也没有证据证明乙丙与被害人甲之间存在直接的因果关系,综合本案证据无法形成完整证据链,不能排除合理怀疑,因此法院认定乙丙不构成故意伤害甲的事实正确。

5. 依据刑诉法及相关规定,原判决事实不清或者证据不足的,可以在查清事实后改判;也可以裁定撤销原判,发回原审人民法院重新审判。本案中,二审法院针对一审未认定当事人乙符合未成年人存在事实不清、证据不足的情形,二审法院应当依法改判,或者撤销原判,发回原审法院依法重新审理。

4 CASE （56 分）

| 案 情 |

王某于 2020 年 2 月 10 日在东山区开设甲公司，王某作为甲公司的唯一股东并担任甲公司经理，后于 2021 年 3 月 10 日与李某结婚，结婚后李某作为甲公司财务，然后 2022 年 3 月 15 日与西河区乙公司签订《设备买卖合同》，价款 200 万元，甲公司首付 100 万元，剩余 100 万元在 2023 年支付完，每次支付 10 万元，于每月月初支付，双方在合同中约定产生纠纷由西河区法院管辖。王某承诺，如果甲公司还不了款王某就还款，后甲公司、王某、乙公司在合同上签字，李某未签字。甲公司支付了 2 期后，就不再支付剩余款项。乙公司了解到是因为甲公司对设备操作不熟导致产量低，无法支付设备价款，乙公司又与甲公司签订《培训合同》，由乙公司派人对甲公司员工培训，培训费 20 万元，之后乙公司反复催告甲公司支付设备价款和培训费，但甲公司并不配合，只在 2023 年 1 月，给乙公司转账 15 万元，注明“履行合同款”，乙公司询问这笔款项是哪一笔价款，甲公司并未回应。乙公司起诉到法院，要求解除合同并支付两个合同项下的价款。后乙公司查明，甲公司无力支付价款，起诉没意义，遂在一审开庭前撤回起诉，法院准许。另查明甲公司的财产跟王某的财产混乱，之后乙公司再次起诉，要求支付货款，并要求王某和李某对甲公司债务承担连带责任。

诉讼过程中，甲公司向法院提出以下抗辩：(1) 甲公司认为西河区法院没有管辖权，此案应该由自己所在地东山区法院管辖，因为设备已经完成安装，无法拆除，应属于不动产，协议管辖无效，西河区法院没有管辖权；(2) 甲公司认为买卖合同约定的管辖是西河区法院，但是培训合同并没有约定管辖，合同履行地与被告住所地都是东山区法院，因此西河区法院对因《培训合同》产生的纠纷没有管辖权；(3) 买卖合同和培训合同没有实质关联，法院不能合并审理；(4) 乙公司的起诉状副本已经送达甲公司，故在第一次起诉时，甲公司与乙公司的《设备买卖合同》已经解除，乙公司第二次起诉要求履行合同是不成立的，且乙公司并非适格原告。王某同意甲公司的抗辩，承认自己对《设备买卖合同》承担连带保证责任，但主张自己不应承担《培训合同》的连带责任。李某同意甲公司的抗辩，并且认为自己在两份合同中都没有签字，不应当承担连带责任，自己不是适格被告。

诉讼过程中乙公司提出了保全申请，申请查封山河小区 A 房屋。法院经审查发现，2021 年时，王某曾与丁房地产开发商签订 A 房屋买卖合同，该合同价款为 600 万元，王某支付了 400 万元首付款，剩余房款自丙银行办理了按揭贷款，并于 2021 年 12 月为丙银行办理了 A 房屋抵押权预告登记。2022 年 1 月，房屋建成，丁公司办理了所有权首次登记。乙公司申请保全时，房屋尚未过户给王某，且查明王某是故意拖延不办过户。于是法院作出准予查封 A 房屋的裁定，但由于王某没有取得房屋所有权，故无法进行查封登记，法院只进行了公告。法院还查明，王某曾经转移甲公司的财产用于 A 房屋的装修等。后 A 房屋被乙公司申请执行，丙银行提出异议，认为该房屋有自己的抵押预告登记，不能被执行。另外王某的律师也提出抗辩，认为该房屋属于王某的唯一住房（属实）。

| 问　题 |

1. 原告申请撤诉,法院没有经过被告同意,便准许撤诉(甲无力偿还,并且乙认为诉讼没有意义)。法院同意撤诉是否正确?(6 分)

2. 针对乙公司起诉甲公司、王某、李某,对管辖异议、诉讼请求、诉讼参与人、两个诉讼请求能否合并等抗辩进行分析。(7 分)

3. 人民法院对山河小区 A 房屋的查封有没有生效?(6 分)

4. 对于买卖合同,王某和李某是否承担连带保证责任?(6 分)

5. 对于培训合同,王某和李某是否承担连带责任?(6 分)

6. 对于丙银行提出的执行异议,法院是否应支持?(6 分)

7. 乙公司能否请求甲公司支付买卖合同项下的款项 80 万元和赔偿迟延损失?(6 分)

8. 乙公司能否请求甲公司支付培训合同项下的款项 20 万元和赔偿迟延损失?(6 分)

9. 债务人王某用房子给银行设置了抵押预告登记,请分析债务人只有一所住房且银行未正式办理抵押登记对于优先受偿权的影响。(7 分)

| **参考答案** |

1. 法院同意撤诉正确。《民事诉讼法》第 148 条规定，宣判前，原告申请撤诉的，是否准许，由人民法院裁定。人民法院裁定不准许撤诉的，原告经传票传唤，无正当理由拒不到庭的，可以缺席判决。本案中原告申请撤诉自愿且没有违反法律法规的规定，没有损害国家、集体和他人利益，法院同意撤诉正确。

2. (1)①甲公司提出的第 1 个抗辩不成立。根据最高人民法院《关于适用〈中华人民共和国民事诉讼法〉的解释》(以下简称《民诉解释》)第 28 条的规定，不动产的专属管辖包括不动产的权利确认、分割、相邻关系等引起的物权纠纷，以及农村土地承包经营合同纠纷、房屋租赁合同纠纷、建设工程施工合同纠纷、政策性房屋买卖合同纠纷。本案中设备已经安装不能拆除并不影响双方法律关系的实质只是动产买卖合同法律关系，并非不动产专属管辖。设备买卖合同中约定的管辖法院属于原告住所地法院，与争议有实际联系，且不违反级别和专属管辖，因此管辖协议有效。

②甲公司提出的第 2 个抗辩不成立。培训合同的纠纷是关于付款问题的纠纷，即给付货币纠纷，根据《民诉解释》第 18 条的规定，给付货币的，接收货币一方所在地为合同履行地，故本案中的合同履行地就是原告住所地法院，即西河区法院。另外，虽然只有设备买卖合同中约定了管辖协议，但是法院将设备买卖合同与培训合同两个诉合并审理的，根据诉的合并理论，合并的诉讼标的部分存在管辖协议的，法院应当按照管辖协议确定全案管辖。故西河区法院对该培训合同纠纷有管辖权。

③甲公司提出的第 3 个抗辩不成立。诉的合并审理是指法院将两个或者两个以上彼此有牵连的诉合并到同一法院管辖，并适用同一程序审判。诉的合并的意义在于提高诉讼的效率，防止在相互关联的问题上作出互相矛盾的裁判。

(2)王某对《培训合同》不承担连带责任的抗辩得不到支持。根据《公司法》第 63 条的规定，一人有限责任公司的股东无法证明自己的财产独立于公司财产的，则应当对公司的债务承担连带责任。甲公司属于王某的一人公司，且王某有转移公司财产归个人使用的情形，有人格否认的事实，故应当对公司债务承担连带责任。

(3)李某的抗辩理由也不成立。虽然甲公司是王某的一人公司，但李某作为配偶担任公司重要职务，实质参与公司经营管理，故甲公司实际上属于夫妻共同事业，所以即便李某未签字也不可否认两个债务都属于夫妻共同债务。

3. 已经发生效力。最高人民法院《关于人民法院民事执行中查封、扣押、冻结财产的规定》第 7 条规定，查封不动产的，人民法院应当张贴封条或者公告，并可以提取保存有关财产权证照。查封、扣押、冻结已登记的不动产、特定动产及其他财产权，应当通知有关登记机关办理登记手续。未办理登记手续的，不得对抗其他已经办理了登记手续的查封、扣押、冻结行为。从这条即可看出，未办理查封扣押保全登记的，并不影响查封的生效，只是没有对抗其他办了登记手续的查封、扣押、冻结而已。

另外该司法解释第 8 条规定，查封尚未进行权属登记的建筑物时，人民法院应当通知其管理人或者该建筑物的实际占有人,并在显著位置张贴公告。本题中,从王某进行装修可知王某已经实际占有该房屋,该房屋只是因为王某恶意逃避法律义务而未过户,查封该房屋并无不妥,由于王某未办理所有权登记,法院也采取了小区公告,可以视为已经完成了公告,查封已经生效。

4. 王某承担连带责任,李某承担连带责任。

王某在保证合同中作为一般保证人签字,但其作为一人公司股东构成股东与公司财产混同,因此对《设备买卖合同》项下的债务承担连带责任。李某作为王某合法配偶,其共同财产可被甲公司债权人申请连带责任赔偿,因此李某除个人财产外。其与王某的夫妻共同财产也在承担连带责任范围内。

5. 王某和李某需要承担连带责任。根据《民法典》规定,甲公司属于一人公司。根据《公司法》第63条之规定,一人有限责任公司的股东在无法证明自身财产独立于公司财产时,需要承担连带责任。夫妻一方设立一人公司,如果配偶实质参与公司经营管理,则该一人公司属于夫妻共同事业,应由夫妻共同财产承担连带责任。本案中法院查明王某存在人格混同,因此承担连带责任的请求能够得到支持。

6. 不支持。根据最高人民法院《关于适用〈中华人民共和国民法典〉有关担保制度的解释》(以下简称《担保制度解释》)第52条的规定,当只存在抵押预告登记时,经审查已经办理建筑物所有权首次登记,且不存在预告登记失效等情形的,人民法院应予支持,并应当认定抵押权自预告登记之日起设立。本题中房屋已经办理首次登记,王某基于规避合同义务而拖延过户导致无法办理抵押权正式登记,预告登记并未失效,故丙银行享有对A房屋的抵押权。因此丙银行确实可以提出执行异议,法院受理。但法院并不会中止对该房屋的执行,因为享有担保物权等优先权的异议人,享有的是一种顺位权,完全可以通过参与分配等方式保证其利益,故其所享有的权益不属于足以排除强制执行的民事权益,法院不能中止执行。另外,最高人民法院《关于人民法院办理执行异议和复议案件若干问题的规定》第27条规定,申请执行人对执行标的依法享有对抗案外人的担保物权等优先受偿权,人民法院对案外人提出的排除执行异议不予支持,但法律、司法解释另有规定的除外。

7. 均能得到支持。根据《民法典》第634条的规定,分期付款的买卖合同中买受人未支付价款达到总价款的1/5时,出卖人即可要求一次性付清剩余价款或者主张解除合同。本题中,甲公司未支付价款达到了总价款1/5,而乙公司并没有发出有效的解除意思,故其后主张一次性付清价款能够得到支持。

甲公司无正当理由迟延履行,应当承担迟延履行责任。《民法典》第577条规定,当事人一方不履行合同义务或者履行合同义务不符合约定的,应当承担继续履行、采取补救措施或者赔偿损失等违约责任。而对于金钱之债,迟延履行的损失赔偿标准在没有约定时,应参照合同成立时前一年期贷款市场利率4倍。支付迟延履行部分利息,该利息本质属于法定违约金。

8. 只能支持培训合同中5万元部分的请求。

《民法典》第560条规定,债务人对同一债权人负担的数项债务种类相同,债务人的给付不足以清偿全部债务的,除当事人另有约定外,由债务人在清偿时指定其履行的债务。债务人未作指定的，应当优先履行已经到期的债务；数项债务均到期的，优先履行对债权人缺乏担保或者担保最少的债务；均无担保或者担保相等的，优先履行债务人负担较重的债务；负担相同的，按照债务到期的先后顺序履行；到期时间相同的，按照债务比例履行。

本案中两笔款项都已经到期，第一笔款项由王某提供了连带责任保证，而第二笔款项是没有担保的，故这15万元应被视为对第二个合同的履行，即15万元部分因履行而消灭，故乙公司请求甲公司支付20万元无法得到支持，法院只能判决支持5万元。该债务依然属于金钱债务，故迟延履行的损失即为迟延履行利息，也是可以得到支持的。

9. (1)不影响丙银行享有优先受偿权。《民法典》第221条规定，当事人签订买卖房屋的协议或者签订其他不动产物权的协议，为保障将来实现物权，按照约定可以向登记机构申请预告登记。预告登记后，未经预告登记的权利人同意，处分该不动产的，不发生物权效力。预告登记后，债权消灭或者自能够进行不动产登记之日起九十日内未申请登记的，预告登记失效。本题中，王某2021年12月为丙银行设立抵押预告登记，2022年1月做的不动产首次登记，此时则丙银行享有对A房屋的抵押权。

(2)唯一住房可以被申请强制执行，不影响优先受偿权。根据最高人民法院《关于人民法院办理执行异议和复议案件若干问题的规定》第20条的规定，如果被执行人名下的唯一住房，超出了被执行人及其所扶养家属生活必需的范围，人民法院可以执行。

5 CASE **(28分)**

| 案 情 |

2022年11月25日,县政府作出《县政府关于弘盛小区改造建设项目房屋征收决定》。决定内容如下:因旧城区改建需要,决定对弘盛小区范围内房屋实行征收。房屋征收部门为区住房和城乡建设局,房屋征收实施单位为县政府组建的弘盛小区改造工程指挥部(以下简称改造工程指挥部),签约期限为45日,搬迁期限为30日,具体起止日期在房屋征收评估机构选定后,由房屋征收部门另行公告;附件为《征收补偿方案》,上述内容在当地报纸上刊载公布。

孙某位于弘盛小区的房屋被纳入房屋征收范围土地性质是国有土地,房屋征收实施单位测量房屋为120平方米,以此时的市场房价计算确定补偿30万元,孙某经多次协商未与房屋征收部门达成补偿协议,也未明确同意将涉案房屋腾空并交付拆除。孙某没来得及搬迁,改造工程指挥部作出了强制拆除决定书,受改造工程指挥部委托的强盛建筑公司,将涉案房屋直接强制拆除,未保全屋内物品,未登记记录,对孙某房屋物品造成了损失。孙某向法院提起行政诉讼,要求确认拆除行为违法,并赔偿被拆除房屋损失50万元,屋内财物损失5万元,过渡期间租房补贴2万元。

| 材 料 |

《国有土地上房屋征收与补偿条例》

第8条 为了保障国家安全、促进国民经济和社会发展等公共利益的需要,有下列情形之一,确需征收房屋的,由市、县级人民政府作出房屋征收决定:

(一)国防和外交的需要;

(二)由政府组织实施的能源、交通、水利等基础设施建设的需要;

(三)由政府组织实施的科技、教育、文化、卫生、体育、环境和资源保护、防灾减灾、文物保护、社会福利、市政公用等公共事业的需要;

(四)由政府组织实施的保障性安居工程建设的需要;

(五)由政府依照城乡规划法有关规定组织实施的对危房集中、基础设施落后等地段进行旧城区改建的需要;

(六)法律、行政法规规定的其他公共利益的需要。

第25条 房屋征收部门与被征收人依照本条例的规定,就补偿方式、补偿金额和支付期限、用于产权调换房屋的地点和面积、搬迁费、临时安置费或者周转用房、停产停业损失、搬迁期限、过渡方式和过渡期限等事项,订立补偿协议。

补偿协议订立后,一方当事人不履行补偿协议约定的义务的,另一方当事人可以依法提起诉讼。

第26条(第1款) 房屋征收部门与被征收人在征收补偿方案确定的签约期限内达不成补偿协议,或者被征收房屋所有权人不明确的,由房屋征收部门报请作出房屋征收决定的市、县级人民政府依照本条例的规定,按照征收补偿方案作出补偿决定,并在房屋征收范围内予以公告。

| 问 题 |

1. 县政府作出的《房屋征收决定》性质是什么?(4 分)

2. 王某对拆迁行为不服提起行政诉讼,被告应该如何确定?(4 分)

3. 指挥部强制拆除行为是否合法?为什么?(5 分)

4.《国有土地上房屋征收与补偿条例》第 25 条中的协议的性质是什么?提起的是哪种诉讼种类?(5 分)

5. 本案中就室内物品的损失应当由谁承担举证责任?(5 分)

6. 对于王某提出的房屋价格的赔偿数额,法院应该如何认定?(5 分)

| **参考答案** |

1.《房屋征收决定》的性质属于具体行政行为。

具体行政行为是指行政主体在对外实施管理中,就特定事项针对特定的公民、法人或者其他组织作出的能够建立、变更、消灭行政法上权利义务关系的一次性处理行为。本案中,县政府作出的《房屋征收决定》对某小区范围内房屋实行征收,针对的是某小区业主这一特定的对象,房屋征收属于行政征收,是强制处分当事人房屋所有权的一次性处理,具有法律性和处分性。可见,该行为属于典型的具体行政行为。

2. 县政府为被告。

根据《行政诉讼法》及相关规定,以作出行政行为主体的部门为被告。县级以上地方政府已经作出国有土地上房屋征收与补偿决定,当事人不服具体实施房屋征收与补偿工作中的强制拆除房屋等行为提起诉讼的,应当以作出强制拆除决定的行政机关为被告;没有强制拆除决定书的,以县级以上地方政府确定的房屋征收部门为被告。

本案中,作出强制拆除决定的是县政府组建的改造工程指挥部,本应当以其为被告,但是该指挥部却属于县政府组建的临时机构,不具有行政主体资格,不能独立承担法律责任,不能成为诉讼被告,故本案应当视为县政府委托改造工程指挥部实施了该行政行为,应以委托该指挥部的行政机关即县政府为被告。

【提示】本题考查的是2023年法考大纲新增内容。一方面是部分考生错误地认为被告是县住建局,可能是对题后附录法条的错误理解。另一方面是对新增最高人民法院《关于正确确定县级以上地方人民政府行政诉讼被告资格若干问题的规定》的理解不到位。

本案中县政府确定房屋征收部门为区住房和城乡建设局,房屋征收实施单位为县政府组建的改造工程指挥部,改造工程指挥部作出了强制拆除决定书,并实施了强制拆除。根据"有章看章,没章告征收部门"的规定,可见,按照新司法解释的规定,只有在未作出强制拆除决定书时才会直接起诉房屋征收部门。在本案这种作出了强制拆除决定书的情况下,就应当以在决定书上署名盖章的机关为被告。从而引出下一个考点,临时组建机构的"假授权真委托"。指挥部属于县政府组建的临时机构,视为县政府委托了指挥部实施强制拆除,应以县政府为被告。

3. 强制拆除的行为违法。

(1)主体不合法。根据行政法及相关规定,被征收人在法定期限内不申请行政复议或者不提起行政诉讼,在补偿决定规定的期限内又不搬迁的,应当由作出房屋征收决定的市、县级人民政府依法申请法院强制执行,而不是行政机关直接强制拆除。

(2)程序不合法。依据行政法及相关规定,实施房屋征收应当先补偿、后搬迁。本案未签补偿协议,未补偿,未搬迁,未腾空,未通知行政相对人,未经过催告,直接实施强制拆除。并且依据相关条例,强制拆除时,依法应当通知当事人到场,清点造册,妥善保管,及时转交财物。本案中未保全屋内物品,未登记记录。

【提示】考生能够回答一点就给分。

4.(1)属于行政协议。

行政协议是指,行政机关为了实现行政管理或者公共服务目标,与公民、法人或者其他组织协商订立的具有行政法上权利义务内容的协议。《国有土地上房屋征收与补偿条例》第25条规定,房屋征收部门与被征收人依照本条例的规定,就补偿方式、补偿金额和支付期限、用于产权调换房屋的地点和面积、搬迁费、临时安置费或者周转用房、停产停业损失、搬迁期限、过渡方式和过渡期限等事项,订立补偿协议。这是行政机关为了旧城改造等公共利益,与小区业主协商一致,约定了征收补偿的行政法上权利义务内容的协议,属于典型的行政协议。

(2)提起的诉讼应为行政诉讼。因为这是基于行政协议引发的争议提起的诉讼,属于行政诉讼法中规定的行政争议案件,故为行政诉讼。

【提示】有部分考生被《国有土地上房屋征收与补偿条例》第25条第2款规定的“补偿协议订立后,一方当事人不履行补偿协议约定的义务的,另一方当事人可以依法提起诉讼”所误导,认为答案是提起民事诉讼。这是审题不清以及对知识点的不熟悉而导致的。本题第一问是法条中提到的补偿协议什么性质?正确答案是行政协议。重点在于第二问,“提起的是哪种诉讼种类?”命题者问题设计和考查角度是在第一问确认该协议属于行政协议的基础上,按照行政诉讼法和最高人民法院《关于审理行政协议案件若干问题的规定》的规定,房屋征收和补偿协议属于行政诉讼受案范围,当事人提起的是行政诉讼。有的考生误认为命题人考查的是上述第25条第2款规定的双方都可以在对方违约的情况下提起诉讼,所以得出结论是提起民事诉讼,甚至会得出结论,认为该协议是民事协议。

5.应由被告承担举证责任。

在行政赔偿、补偿案件中,原告应当对被诉的行政行为造成其合法权益损害提供证据。如果因被告的原因导致原告无法举证的,由被告承担举证责任。本案中,行政机关违法强拆,将涉案房屋直接强制拆除,未保全屋内物品,未登记记录,此属于因被告的原因导致原告无法举证的,由被告承担举证责任。

6.法院应当按照作出赔偿决定时的市场行情价来支持赔偿数额。

根据行政赔偿法及相关规定,违法行政行为造成公民、法人或者其他组织财产损害,不能返还财产或者恢复原状的,按照损害发生时该财产的市场价格计算损失。市场价格无法确定,或者该价格不足以弥补公民、法人或者其他组织损失的,可以采用其他合理方式计算。违法征收征用土地、房屋,人民法院判决给予被征收人的行政赔偿,不得少于被征收人依法应当获得的安置补偿权益。

本案中孙某请求的房屋损失属于直接损失,因客观原因无法鉴定的,法院应当结合当事人的主张和在案证据,遵循法官职业道德,运用逻辑推理和生活经验、生活常识等,酌情确定赔偿数额。

6 CASE （28 分）

| 案 情 |

2019 年 3 月，张三、李四和甲公司、乙公司出资设立 A 公司，持股比例分别为 13%、7%、49%、31%。章程规定自然人股东的出资在公司设立时一次性实缴到位，法人股东的出资分两期，第一期出资 50%，在公司设立时实缴到位，第二期剩余 50% 出资在公司设立十年后履行；法定代表人对外签订合同的金额不得超过 100 万元，超出的须经董事会决议。董事会由甲公司指派的赵六，乙公司指派的王七和张三组成，赵六是 A 公司董事长兼法定代表人。

2021 年，C 公司与 D 公司有 60 万元的贷款合同，C 公司请求 A 公司为该笔贷款提供担保，赵六遂以 A 公司名义签订了担保合同。

2022 年，经其他股东同意，甲公司将股权转让给了丙公司。丙公司提议召开股东会，商定五年内股东不得对外转让股权，李四对该决议表反对，其他股东表示同意，并修改了公司章程，但因公司职工疏忽，没有将章程进行变更登记。

后李四欲对外转让股权，伪造了其他股东同意其对外转让股权、并放弃优先购买权的文书，将股权转让给不知情的王五，签订了转让协议王五支付了股权转让价款。王五向 A 公司主张变更登记为公司股东，A 公司予以拒绝。

2023 年 2 月，因赵六与其他董事不和，经营理念存在矛盾冲突，赵六遂书面向 A 公司提出辞职，但是并没有进行工商登记变更。

2023 年 3 月，赵六提出辞呈后，B 公司找到赵六，主张与赵六签订买卖合同，并提出该合同利润丰厚，对 A 公司发展有利，赵六为了 A 公司利益，遂又以 A 公司名义对外签订了该买卖合同。B 公司对赵六辞任法定代表人一事并不知情。

A 公司拖欠 E 公司 600 万元债务到期，法院判决该债权有效并被强制执行，E 公司主张强制执行 A 公司股东尚未履行的出资。

| 问 题 |

1. 法定代表人赵六签订的债务担保合同是否有效？D 公司能否向 A 公司主张担保责任？（6 分）

2. A 公司关于五年内不能对外转让股权的决议是否有效？李四否认该决议后，是否对其生效？（5 分）

3. 王五能否善意取得李四转让的股权？（4 分）

4. 赵六辞去定代表人职务是否有效？（4 分）

5. 赵六与 B 公司签订的买卖合同是否有效？（4 分）

6. E 公司能否主张对 A 公司股东尚未履行的出资予以执行？（5 分）

| **参考答案** |

1.(1)法定代表人赵六签订的债务担保合同无效。依据《公司法》第16条的规定,公司为他人提供担保,依照公司章程的规定,由董事会或者股东会、股东大会决议。可见,公司为他人提供担保并非法定代表人可自行决定的,而是必须以相关机构决议为前提。本题中,赵某作为法定代表人并没有公司相关机构的决议,担保合同无效。

(2)D公司不能向A公司主张担保责任。依据《担保制度解释》第7条的规定,公司的法定代表人违反公司法关于对外担保决议程序的规定,超越权限代表公司与相对人订立担保合同,人民法院应当依照《民法典》第61条和第504条等的规定处理:(1)相对人善意的,担保合同对公司发生效力;相对人请求公司承担担保责任的,人民法院应予支持;(2)相对人非善意的,担保合同对公司不发生效力;相对人请求公司承担赔偿责任的,参照适用本解释第17条的有关规定。第一款所称善意,是指相对人在订立担保合同时不知道且不应当知道法定代表人超越权限。相对人有证据证明已经对公司决议进行了合理审查,人民法院应当认定其构成善意。本题中,相对人D公司虽然不知道A公司对赵某的权限限制,但理应依法审查赵某提供的A公司相关决议,但D公司并没有审查,故D公司是恶意,此时担保合同无效,D公司不能要求A公司承担担保责任。

2. A公司5年内禁止股权外转的决议有效,李四虽然否认该决议,但决议依旧对其生效。

《公司法》第71条第4款规定,公司章程对股权转让另有规定的,从其规定。可见股权转让虽然是股东的权利,但法律尊重公司章程的意思自治,则依照章程处理。依据《公司法》第43条第2款的规定,股东会会议作出修改公司章程的决议,必须经代表2/3以上表决权的股东通过。可见,章程的修改不以登记为生效条件,员工疏忽未能及时登记无须考虑。本题中,除李四反对外,其他股东均同意,其表决权为97%,符合法律规定。

综上所述,A公司5年内禁止转让股权的决议合法有效,李四虽然否认,但依然对李四生效。

3. 王五不能善意取得李四转让的股权。

依据最高人民法院《关于适用〈中华人民共和国公司法〉若干问题的规定(三)》(以下简称《公司法解释(三)》)第25条的规定,名义股东将名下登记的股权转让给他人的,可以参照适用《民法典》第311条善意取得制度。第27条规定,股东已经转让股权,但未办理登记,原股东又将登记在其名下的股权转让的,可以参照《民法典》第311条善意取得制度。本题中,李四转让其名下的股权,是有权转让,李四既非名义股东也非一股二卖,不适用善意取得制度,故王五不能善意取得李四转让的股权。

4. 赵六辞去法定代表人职务无效。

依据《公司法》第13条的规定,公司法定代表人变更,应当办理变更登记。从理论上讲,法定代表人和公司并非简单的劳动合同关系,而是委任关系,不能如同普通劳动者一样通过辞职解除,必须办理变更登记。本题中,并未办理变更登记,所以赵六无法辞去法定代表人职务。

5. 买卖合同有效。

根据《民法典》第504条的规定,法人的法定代表人超越权限订立的合同,除相对人知道或者应当知道其超越权限外,该代表行为有效,订立的合同对法人发生效力。本题中,赵六虽然提出辞职,但尚未办理变更登记,仍然是公司的法定代表人,并且B公司对赵六辞任法定代表人一事毫不知情,所以该合同有效。

6. E公司可以主张执行。

根据《公司法解释(三)》第13条第2款的规定,公司债权人请求未履行或者未全面履行出资义务的股东在未出资本息范围内对公司债务不能清偿的部分承担补充赔偿责任的,人民法院应予支持。本题中,E公司作为A公司的债权人,有权主张对A公司股东尚未履行的出资予以执行来清偿A公司欠E公司的债务。

2022年国家统一法律职业资格考试

主观题(回忆版)

1 CASE （35分）

| 材　料 |

材料一：

改革开放以后，党坚持依法治国，不断推进社会主义法治建设……党领导深化以司法责任制为重点的司法体制改革，推进政法领域全面深化改革，加强对执法司法活动的监督制约，开展政法队伍教育整顿，依法纠正冤错案件，严厉惩治执法司法腐败，确保执法司法公正廉洁高效权威。

——《中共中央关于党的百年奋斗重大成就和历史经验的决议》（节选）

材料二：

当前，法治领域存在的一些突出矛盾和问题，原因在于改革还没有完全到位。要围绕让人民群众在每一项法律制度、每一个执法决定、每一宗司法案件中都感受到公平正义这个目标，深化司法体制综合配套改革，加快建设公正高效权威的社会主义司法制度。

——《全面推进中国特色社会主义法治体系建设》（节选）

材料三：

习近平总书记指出，权力是一把双刃剑，在法治轨道上行使可以造福人民，在法律之外行使则必然祸害国家和人民。执法司法权力专业性强、自由裁量度大、受干扰诱惑多，权力的多重属性表现尤为明显。

——《深化执法司法权力运行机制改革，归根结底就是要规范用权》（节选）

| 问　题 |

请根据以上材料，结合你对习近平法治思想的学习理解，谈谈党的十八大以来改革重构司法权力配置和运行机制的重大成就和意义。

| 答题要求 |

1. 无观点或论述、照搬材料原文不得分；

2. 观点正确，表述完整、准确；

3. 总字数不少于600字。

| **参考答案** |

改革重构司法权力配置和运行机制必须以习近平法治思想为指导思想，习近平法治思想是习近平新时代中国特色社会主义思想的重要组成部分。必须坚持以习近平同志为核心的党中央权威和集中统一领导。加强和改善党的领导是全面深化改革的根本保证，坚持党领导立法、保证执法、支持司法、带头守法，这样才能确保改革重构司法权力配置和运行机制能够取得重大成就。

改革重构司法权力配置和运行机制要坚持党的领导。党的十八大以来，习近平总书记对深化执法司法权力运行机制改革作出一系列重要指示，为进一步规范用权、提升执法司法质效和公信力提供了根本遵循。正如材料一所述，党领导深化以司法责任制为重点的司法体制改革，开展政法队伍教育整顿等取得了重大成绩。

改革重构司法权力配置和运行机制要以人民为中心，要“努力让人民群众在每一个司法案件中感受到公平正义”。法治是国家治理体系和治理能力的重要依托，立法、执法、司法、守法是依法治国的基本环节，要用法治保障人民安居乐业。正如材料二所述“要围绕让人民群众在每一项法律制度、每一个执法决定、每一宗司法案件中都感受到公平正义这个目标”。

司法体制改革要坚持党领导立法、保证执法、支持司法、带头守法，确保司法机关依法办案，构建开放、动态、透明、便民的阳光司法机制，确保司法公开、透明。阳光是最好的防腐剂，正如材料三所述，权力是一把双刃剑，权力需要在法治轨道上行使。

综上所述，改革重构司法权力配置和运行机制利国利民，我们必须要坚持在党的领导下，坚持以人民为中心，牢牢把握社会主义公平正义的价值追求，从立法、执法、司法、守法等各环节发力，在思想上和行为上同党中央保持一致。只有这样，司法机关的依法独立性才能明显增强，司法权威及公正性才能进一步提升，司法廉洁性才能进一步提高。

2 CASE （31 分）

| 案　情 |

王某与郑某成立了一家公司,但经营不善,一直亏损。某日,二人合谋骗取银行贷款,王某让郑某伪造各种贷款材料,郑某伪造了部分材料,同时欺骗保险公司的工作人员,让保险公司对其贷款提供保险,保险公司未能识破骗局而同意。王某与郑某从银行取得 600 万元贷款后逃匿。贷款到期后银行向保险公司追偿,保险公司就银行贷款本息进行了赔付。事后查明王某对郑某欺骗保险公司的事情完全不知情。(事实一)

王某与郑某逃往外地后,侵入陈某所有的长期无人居住的住宅内,在该住宅生活多日。(事实二)

某日,王某趁郑某熟睡时打开郑某的手机支付宝,发现支付宝余额有 3000 元,而且支付宝绑定了一张银行卡。王某将郑某银行卡中的 2 万元转入郑某的支付宝余额,然后从支付宝余额中将 2 万元转入自己的支付宝,并删除了郑某手机上的相关短信等信息。(事实三)

次日,郑某发现银行卡里少了 2 万元,就问王某,王某矢口否认。郑某将王某反锁在一个房间内近 50 小时,不让王某吃喝。待王某无力反抗后,郑某逼迫王某承认未果,遂将王某从二楼推下,致使王某重伤,郑某随后逃走。(事实四)

| 问　题 |

1. 就事实一中郑某行为的认定,主要有两种观点。第一种观点认为,郑某仅对保险公司成立保险诈骗罪;第二种观点认为郑某既对银行成立贷款诈骗罪,也对保险公司成立保险诈骗罪,二者为牵连犯,应当从一重罪处罚。请说明这两种观点的理由与不足(如果认为有);你持什么观点(可以是两种观点之外的观点),理由是什么?(9 分)

2. 就事实一中王某行为的定性(包括犯罪形态),可能存在哪些观点?各种观点的理由是什么?(6 分)

3. 关于事实二,王某与郑某的行为是否构成非法侵入住宅罪?理由分别是什么?(4 分)

4. 就事实三的认定,主要存在两种观点。第一种观点认为,王某的行为构成盗窃罪;第二种观点认为,王某的行为构成信用卡诈骗罪。请说明两种观点的理由与不足(如果认为有);你持什么观点(可以是两种观点之外的观点),理由是什么?(8 分)

5. 就事实四的认定,有一种观点认为,对郑某的行为只能认定为故意伤害(重伤)罪。请问这种观点的理由与不足是什么?(4 分)

| **参考答案** |

1. (1)本题的争议点在于银行是否有财产损失，进而确定郑某的行为是否可以被认定为贷款诈骗罪。题干中两种观点的理由如下：

第一种观点认为只成立保险诈骗罪。理由是银行最终找保险公司赔偿了贷款本息，银行不存在财产损失，故郑某的行为不再被认定为贷款诈骗罪，只对保险公司成立保险诈骗罪即可。

第二种观点认为成立保险诈骗罪和贷款诈骗罪的牵连犯。理由是银行存在财产损失。因为即使银行找保险公司赔偿了贷款本息，那也是挽回损失的手段。郑某的保险诈骗行为是贷款诈骗的手段行为，两行为具有手段和目的的通常性，属于牵连犯，择一重罪论处。

(2)我赞同成立保险诈骗罪和贷款诈骗罪的牵连犯的观点。因为如果只评价为保险诈骗罪，则遗漏了郑某对银行的欺骗行为的评价。依据罪刑法定原则和罪数，第二种观点更符合刑法立法目的，也更有利于司法机关依法办案。

【提示】本题答案不唯一，也可以在第1问中回答一下“不足”，比如第一种观点遗漏了贷款诈骗罪的行为。第2问也可以回答：我认为郑某构成贷款诈骗罪和保险诈骗罪，但是因为被害人只存在一个财产损失，故属于包括的一罪，从一重罪论处。

2. 存在两种观点：

观点一：王某成立保险诈骗罪（未遂）。理由：保险诈骗罪是指以非法获取保险金为目的，违反保险法规，采用虚构保险标的、保险事故或者制造保险事故等方法，向保险公司骗取保险金，数额较大的行为。本题中王某只是教唆郑某实施贷款诈骗行为，并未教唆其实施保险诈骗行为，如果认定郑某只成立保险诈骗罪，不成立贷款诈骗罪，那么王某的行为属于因为意志以外的原因未得逞，应评价为犯罪未遂。

观点二：王某成立贷款诈骗罪。理由：贷款诈骗罪是以非法占有为目的，诈骗银行或者其他金融机构贷款数额较大的行为。结合本题，如果认定郑某成立贷款诈骗罪，那么王某属于贷款诈骗罪的共犯，犯罪形态为既遂。

3. (1)不构成非法侵入住宅罪。理由：如果认为非法侵入住宅罪保护的法益是住宅的安宁，即非法侵入住宅影响了公民的人身安全和生活宁静，那么二人的行为不构成非法侵入住宅罪，因为陈某的住宅长期无人居住，侵入行为不会侵犯住宅的安宁。

(2)构成非法侵入住宅罪。理由：根据《刑法》第245条第1款的规定，非法侵入住宅罪是指违背住宅内成员的意愿或无法律依据，进入公民住宅，或进入公民住宅后经要求退出而拒不退出的行为。我认为本罪保护的法益是住宅权，即是否允许他人进入的自由权利。陈某并未同意王某、郑某进入该住宅，故二人成立非法侵入住宅罪。

4. 第一种观点认为王某构成盗窃罪。理由：刑法规定，盗窃罪是以非法占有为目的，窃取他人财物数额较大的行为。本题中从郑某的银行卡转钱到郑某支付宝的行为并未给郑某造成财产损失，真正造成财产损失的是从支付宝转出资金到自己账户的行为，属于违背郑某意志转移财产的行为，构成盗窃罪。

第二种观点认为王某构成信用卡诈骗罪。理由:刑法规定,信用卡诈骗罪是指冒用他人信用卡的,骗取财物的行为。本题中王某的行为属于"冒用他人信用卡"的情形,整体上看,王某是从郑某的银行卡中转出资金,属于冒用郑某信用卡的行为。

第二种观点的不足:王某从郑某的银行卡转账到郑某支付宝的行为并未给郑某造成财产损失。真正导致郑某遭受财产损失的是从支付宝转出资金的行为,而这一行为并未使用郑某的信用卡信息资料(账号+密码),不能因为钱来自银行卡就认定为信用卡诈骗罪。

【提示】对于第1问,按照以上答案即可得分。第二种观点也可以不说不足,因为银行卡绑定支付宝/微信等平台后,转入资金是不需要输入密码的,但会有银行的短信提醒。利用已经设置好的"账号+密码+人脸识别"将银行卡中的钱转出也符合"冒用他人信用卡"的情形。关于"你持什么观点(可以是两种观点之外的观点),理由是什么?"这个问题,具有开放性,可有以下两个答案供大家参考,考生回答出其中一种就可以得分。

答案参考一:我赞同第一种观点。理由:在实务中,认定为《刑法》盗窃罪"以非法占有为目的,窃取他人财物数额较大"的构成标准比较好操作,取证也比较简单,只要是违背郑某意志转移财产,造成郑某财产损失就可以定罪。

答案参考二:我认为构成信用卡诈骗罪(数额1.7万元)和盗窃罪(数额3000元),数罪并罚。理由:郑某支付宝余额原为3000元,王某又通过已经绑定的银行卡转入2万元的行为属于"冒用他人信用卡"的行为。如果认定王某转入自己支付宝余额的2万元是原有的3000元加上新转入的2万元中的1.7万元,则王某的行为侵犯两个法益,构成两罪,应数罪并罚。

5. 依据《刑法》第238条的规定,非法拘禁他人,使用暴力致人伤残、死亡的,以故意伤害罪、故意杀人罪论处。结合本题,将郑某的行为只认定为故意伤害(重伤)罪,虽有理由支撑,但也有不足。

理由(合理):将《刑法》第238条的规定当作注意规定,即在非法拘禁行为之外故意实施伤害行为的,本来就应认定为故意伤害罪,即将非法拘禁和故意伤害认定为故意伤害罪一罪。

不足之处:

(1)《刑法》第238条规定属于法律拟制规定,只有在非法拘禁行为以外使用暴力,过失导致被害人重伤的,才能被认定为故意伤害罪,但是本案中郑某具有伤害的故意,不能适用该条款的规定,只能被认定为非法拘禁罪和故意伤害(重伤)罪,数罪并罚。

(2)认定为故意伤害罪一罪,实际上是将非法拘禁和故意伤害两个罪名认定为一罪。换言之,这种观点在罪名上认定为注意规定,但在罪数上认定为法律拟制(结合犯),这样做,无法做到罪刑相适应,即故意伤害的行为本就成立故意伤害罪,将非法拘禁和故意伤害罪认定为故意伤害罪一罪,法定刑并未提高,既无法做到罪刑相适应,又不利于预防犯罪。

3 CASE （30分）

｜案　情｜

钟某系A市网约车司机。某日晚，钟某独自在家中饮酒后心存侥幸，主动接单搭载乘客至市内某地。返程途中，因钟某超速行驶，车辆转弯不及冲至人行横道，撞倒路人顾某。顾某当场昏迷、血流不止。钟某害怕酒驾被查，打电话让恰好在附近购物的妻子王某尽快赶至现场。同时，钟某将顾某紧急送医救治后便返回家中。王某到达事故现场后，主动报警，并告知警方自己系肇事车主且伤者已被送医。当日，顾某因伤重不治身亡。经交警部门认定，王某负事故全部责任。公安机关予以刑事立案，并传唤王某接受讯问。王某在压力之下承认自己是为钟某顶罪。公安机关随即拘传钟某。钟某到案后，主动承认自己的交通肇事行为。公安机关遂以钟某涉嫌交通肇事罪、王某涉嫌包庇罪并案侦查。

后侦查人员带钟某到案发现场进行指认。其间，侦查人员孙某问钟某当时是否饮酒了，钟某回答"是的"。这一过程被孙某携带的执法记录仪拍摄下来，但未记入笔录。此后，在侦查人员的历次讯问中，钟某均承认自己系酒后驾车。起诉后，钟某与王某在审查起诉阶段均签署了认罪认罚从宽具结书。

检察院提起公诉后，顾某的近亲属对钟某提起附带民事诉讼，法院决定按照"先刑后民"原则以简易程序进行审理。庭审期间，被告人钟某当庭否认自己存在酒后驾车及肇事逃逸行为。法院休庭研究后，决定将钟某与王某分案处理。其中，对钟某涉嫌交通肇事罪适用普通程序审理并作如下安排：(1)由公诉机关补充提供指认现场的执法记录仪视频，作为视听资料予以认定；(2)通知孙某出庭作证，证实钟某在指认现场自认酒后驾车；(3)通知王某作为证人出庭，证实钟某案发后逃逸。其中，孙某在法庭上陈述"被告人指认了现场且自己听到了被告人自认饮酒的事实"。在上述证据出示并质证后，钟某再次表示认罪认罚。最终，法院判处钟某有期徒刑5年，并对附带民事诉讼原告人作相应赔偿；判决王某免予刑事处罚。

｜问　题｜

1. 请结合本案中公安机关对传唤与拘传的适用，阐述两种措施的区别。(4分)

2. 法院将钟某一案由简易程序转至普通程序审理是否妥当？普通程序与简易程序审理有什么不同？(10分)

3. 本案遵循"先刑后民"原则审理应注意哪些事项？(4分)

4. 法院分案审理钟某与王某的决定是否妥当？请说明理由。(4分)

5. 法院对于执法记录仪视频的性质认定是否正确？请说明理由。(4分)

6. 孙某的证言是否属于传闻证据？请说明理由。(4分)

| **参考答案** |

1. 传唤与拘传的区别：

(1)强制力和是否属于强制措施不同。传唤是自动到案，不是强制措施；拘传则是强制到案，是强制措施。

(2)适用的对象不同。传唤适用于所有当事人；拘传则仅适用于犯罪嫌疑人、被告人。

(3)适用时是否一定需要法律文书不同。传唤需要传唤证或者传票，但有例外；拘传需要拘传票或者拘传证。

2. (1)本案转为普通程序妥当。

《刑事诉讼法》第214条第1款规定，“基层人民法院管辖的案件，符合下列条件的，可以适用简易程序审判：(一)案件事实清楚、证据充分的；(二)被告人承认自己所犯罪行，对指控的犯罪事实没有异议的；(三)被告人对适用简易程序没有异议的”。

《刑事诉讼法》第221条规定，“人民法院在审理过程中，发现不宜适用简易程序的，应当按照本章第一节或者第二节的规定重新审理”。本案中钟某不认罪，故对该案不能适用简易程序，转为普通程序审理，是合法的。

(2)普通程序与简易程序在审理方面的区别：

①审判组织不同

普通程序应适用合议庭审理。适用简易程序审理案件，对可能判处3年有期徒刑以下刑罚的，可组成合议庭或独任庭审理；对可能判处的有期徒刑超过3年的，应组成合议庭审理。

《刑事诉讼法》第183条第1款规定，“基层人民法院、中级人民法院审判第一审案件，应当由审判员三人或者由审判员和人民陪审员共三人或者七人组成合议庭进行，但是基层人民法院适用简易程序、速裁程序的案件可以由审判员一人独任审判”。

②审理期限不同

普通程序审理期限为：《刑事诉讼法》第208条第1款规定，“人民法院审理公诉案件，应当在受理后二个月以内宣判，至迟不得超过三个月。对于可能判处死刑的案件或者附带民事诉讼的案件，以及有本法第一百五十八条规定情形之一的，经上一级人民法院批准，可以延长三个月；因特殊情况还需要延长的，报请最高人民法院批准”。

简易程序的审理期限：《刑事诉讼法》第220条规定，“适用简易程序审理案件人民法院应当在受理后二十日以内审结；对可能判处的有期徒刑超过三年的，可以延长至一个半月”。

③审理程序简化程度不同

《刑事诉讼法》第219条规定，“适用简易程序审理案件，不受本章第一节关于送达期限、讯问被告人、询问证人、鉴定人、出示证据、法庭辩论程序规定的限制。但在判决宣告前应当听取被告人的最后陈述意见”。

简易程序中传唤、送达方式简便，公诉人可摘要宣读起诉书，法庭调查和法庭辩论可简化，一般应当当庭宣判，裁判文书可以简化。

3. 根据“先刑后民”原则审理需要注意的事项包括：《刑诉解释》第196条规定，附带民事诉讼应当同刑事案件一并审判,只有为了防止刑事案件审判的过分迟延,才可以在刑事案件审判后,由同一审判组织继续审理附带民事诉讼;同一审判组织的成员确实不能继续参与审判的,可以更换。《刑事诉讼法》第104条规定,附带民事诉讼应当同刑事案件一并审判,只有为了防止刑事案件审判的过分迟延,才可以在刑事案件审判后,由同一审判组织继续审理附带民事诉讼。

4. 分案审理正确。

钟某和王某的犯罪是关联犯罪,根据《刑诉解释》第220条第1款的规定,对一案起诉的关联犯罪案件,法院经审查认为,分案审理更有利于保障庭审质量和效率的,可以分案审理。分案审理不得影响当事人质证权等诉讼权利的行使。

5. 认定执法记录仪视频为视听资料不正确。

行政执法人员携带执法记录仪中的内容是执法人员当场询问被告人是否饮酒,被告人回答"是"。该记录仪的内容并非形成于案发过程中,是犯罪嫌疑人、被告人钟某对案件事实的陈述以及钟某辨认案发现场的过程,其用于证明钟某涉嫌的犯罪事实,分别属于犯罪嫌疑人、被告人的供述和辨认笔录,而不是视听资料。

6. 不属于传闻证据。

依据《刑事诉讼法》及相关规定,传闻证据是指在本案法庭审理之外作出的用来证明其本身所主张的事实的各种陈述。本案中侦查人员孙某在法庭上陈述"被告人指认了现场且自己听到了被告人自认饮酒的事实",该陈述并非侦查人员就自己亲身感知的事实作证,而是向法庭转述他从别人那里听到的情况,属于传来证据而不是传闻证据。

4 CASE （56分）

| 案 情 |

2021年1月，南峰市鹿台区的甲公司因扩大经营需要，拟发行公司债券融资。平远市凤凰区乙公司的大股东兼法定代表人李某也是甲公司股东。为帮助甲公司销售债券，李某找到平远市金龙区丙公司的总经理吴某，要求丙公司帮忙购买甲公司债券。

2021年4月，甲公司债券（3年期，年利率8%）正式发行。4月5日，甲公司与丙公司在南峰市鹿台区签订《债券认购及回购协议》，约定：丙公司认购甲公司5000万元债券；甲公司承诺1年后将以5500万元的价格进行回购，如逾期未回购，甲公司向丙公司支付1000万元的违约金；因本合同产生的一切纠纷均应提交甲公司所在地的南峰市鹿台区法院解决。

4月8日，李某代表乙公司与丙公司在平远市金龙区签订《担保合同》，约定乙公司为甲公司的回购义务及违约责任等提供"充分且完全的担保"。该担保合同载明"因本合同发生的纠纷，双方应友好协商，协商无法解决的，应提交平远仲裁委员会解决"。在签约前，丙公司询问李某是否获得了股东会的同意，李某向丙公司展示了微信群聊天记录，显示李某曾就担保一事征求乙公司其他两位股东张某、孙某意见，二人均微信回复"无异议"。

同日，李某个人应丙公司请求就甲公司回购义务向丙公司提供担保，并明确约定担保方式为：丙公司曾向李某个人借款3000万元，将于2021年7月31日到期；到期后，丙公司可以暂不返还该借款，以此作为李某为甲公司回购义务的担保。于是2021年7月31日，丙公司未向李某返还该笔借款。

2022年4月，回购日期届至，甲公司未履行回购义务。丙公司沟通无果，向鹿台区法院起诉甲公司、乙公司，提出诉讼请求：（1）甲公司履行回购义务并支付违约金1000万元；（2）乙公司对甲公司上述义务承担连带责任。甲公司在答辩期间提交答辩状，认为违约金过高，请求法院予以减少。乙公司在答辩期间也提交了答辩状，未提出管辖权异议，但在开庭中提出，《担保合同》中存在仲裁协议，鹿台区法院对案件无管辖权。乙公司其他两位股东张某、孙某知悉该诉讼的消息后，向法院表示，依照公司章程，公司对外担保应经过股东会决议，乙公司为甲公司提供的保证，仅为李某个人的意思，未经公司股东会决议，应为无效。李某则表示，虽没有召开股东会，但李某通过微信聊天征求过张某和孙某的意见，他们均未表示反对，并提供了一份三人微信聊天记录截图的纸质打印件，并表示因为手机更换，只能提供当时聊天记录截图的纸质打印版。丙公司另行向平远市金龙区法院起诉李某，请求确认李某对其的3000万元债权已因承担担保责任而消灭。

后在执行过程中，法院查明乙公司已无可供执行的财产，但其下属丁公司为乙公司的全资子公司。丙公司认为：丁公司长期与乙公司混用财务人员、其他工作人员和工作场所，账目不清，其财产无法与乙公司财产相区分，应与乙公司承担连带责任；丁公司承揽的戊公司的建设工程已竣工验收，但戊公司尚未依照合同约定的时间支付价款1000万元，因此丙公司希望追加执行丁、戊两公司。

| 问 题 |

1. 丙公司申请甲公司履行回购义务的诉讼请求是否成立？并说明理由。(5 分)

2. 根据丙公司的诉讼请求，甲公司是否应当支付违约金，请说明理由。关于甲公司请求法院予以减少违约金的主张能否得到法院支持，请说明理由。(5 分)

3. 张某和孙某提出乙公司担保合同无效的主张是否成立，请说明理由。(5 分)

4. 根据丙公司的诉讼请求，乙公司应当承担何种(担保)责任，请说明理由。(5 分)

5. 请具体分析李某向丙公司提供的担保的性质。(3 分)

6. 丙公司起诉后乙公司提交了答辩状，但未提出管辖权异议，在庭审时提出了和丙公司签订过管辖协议。法院应如何处理？(5 分)

7. 在丙公司提起的诉讼中，股东张某和孙某是否有权撤销李某以乙公司名义提供的担保，并说明理由。(5 分)

8. 手机中微信聊天记录无法找回，请分析打印的微信聊天记录截图的证据能力和证明力，并说明理由。(5 分)

9. 针对丙公司对李某提出的诉讼，请结合受理条件，法院应当如何处理；若法院受理案件后，丙公司的主张法院是否支持？(7 分)

10. 丙公司是否有权要求丁公司承担连带责任，请说明理由。(3 分)

11. 如法院判决支持了丙公司对乙公司的诉讼请求，丙公司在执行过程中，申请法院追加丁、戊两公司作为被执行人，法院应当如何处理？如法院裁定追加，丁、戊两公司不同意追加，有何救济措施？(8 分)

| **参考答案** |

1. 丙公司的诉讼请求成立。

最高人民法院《关于审理民间借贷案件适用法律若干问题的规定》(以下简称《民间借贷规定》)第1条第1款规定,本规定所称的民间借贷,是指自然人、法人和非法人组织之间进行资金融通的行为。本案中甲公司向丙公司发行债券行为构成民间借贷。

《民间借贷规定》第24条规定,借贷双方没有约定利息,出借人主张支付利息的,人民法院不予支持。自然人之间借贷对利息约定不明,出借人主张支付利息的,人民法院不予支持。除自然人之间借贷的外,借贷双方对借贷利息约定不明,出借人主张利息的,人民法院应当结合民间借贷合同的内容,并根据当地或者当事人的交易方式、交易习惯、市场报价利率等因素确定利息。

《民间借贷规定》第25条规定,"出借人请求借款人按照合同约定利率支付利息的,人民法院应予支持,但是双方约定的利率超过合同成立时一年期贷款市场报价利率四倍的除外。前款所称'一年期贷款市场报价利率',是指中国人民银行授权全国银行间同业拆借中心自2019年8月20日起每月发布的一年期贷款市场报价利率"。

本案中甲公司承诺的回购款中的500万元相当于10%的利率,没有超过合同成立时一年期贷款市场报价利率的4倍,法院应予支持。综上所述,丙公司要求甲公司履行回购义务能得到支持。

2. 答案一:甲公司应当支付违约金;能够支持减少违约金(从利率的角度能够直接得出结论)。

甲、丙公司之间的《债券认购及回购协议》中加入了违约金条款。该违约金属于双方当事人的约定,不违反法律的强制性规定即为有效。但是该1000万元违约金高于合同成立时一年期贷款市场报价利率的4倍,所以当事人可以申请调整。若当事人不申请调整,法院可以根据公平原则主动调整违约金的适用,使违约金降至合理的范围。所以甲公司只需要支付部分违约金即可。

(这一部分如果写法院不告不理亦可)

答案二:

(1)丙公司支付利息和违约金总和在合同成立时一年期贷款市场报价利率的4倍的范围内的部分可以支持。

《民间借贷规定》第29条规定,"出借人与借款人既约定了逾期利率,又约定了违约金或者其他费用,出借人可以选择主张逾期利息、违约金或者其他费用,也可以一并主张,但是总计超过合同成立时一年期贷款市场报价利率四倍的部分,人民法院不予支持"。

本案中,丙公司既主张500万元回购义务的利息,又主张违约金,两部分总和不能超过合同成立时一年期贷款市场报价利率的4倍,因此在合同成立时一年期贷款市场报价利率的4倍范围内的违约金是可以得到支持的。

(2)不能/能够得到支持(因为题目中没有写明实际损失,看对实际损失怎么理解)。甲、丙公司之间的《债券认购及回购协议》中加入了违约金条款。但是该1000万元的违约金过分高于因违约造成的实际损失,人民法院可以根据当事人甲公司的申请予以适当地减少。

3. 答案一:不成立。

本案中，张某、孙某以及李某三人作为股东对外为甲公司提供担保经过了股东会的决议而且为全票通过，虽然该决议以微信的方式作出，但是没有违反法律的强制性规定以及公司章程的规定，股东会的召开方式只要全体股东达成一致意见即可，无论是现场会议的形式还是微信群的形式。在乙公司的股东会决议有效的情形下，乙公司对外提供的担保合同没有法律规定的其他无效事由，所以也是有效的。

综上所述，张某和孙某提出乙公司担保合同无效的主张不成立。

答案二：根据丙公司是不是善意，决定该合同是否有效。

《公司法》明确规定股东会的议事方式和表决程序，除公司法有规定的外，由公司章程规定。本案中，乙公司的公司章程并没有载明股东会的议事方式可以采用微信的形式召开以及表决，所以乙公司为甲公司提供担保的决议违反程序规定。若丙公司若明知乙公司的议事程序不包含微信表决，则丙公司为恶意，担保合同对乙公司不发生效力；若丙公司对于乙公司的表决程序不知情，则丙公司为善意，担保合同对乙公司发生效力。

4. 答案一：承担担保责任以及承担一般保证责任。（《民法典》第 686 条）

乙公司提供“充分且完全的担保”意味着乙公司将以自己的全部财产对甲公司的该笔债务提供担保，该担保方式为保证。

乙公司为甲公司提供的担保中写为提供“充分且完全的担保”，但是该约定不能够明确担保人意欲承担何种担保责任，属于保证方式约定不明的情形，则保证人乙公司承担一般保证责任。

答案二：承担担保责任以及承担连带保证责任。

乙公司提供“充分且完全的担保”意味着乙公司将以自己的全部财产对甲公司的该笔债务提供担保，该担保方式为保证。

乙公司为甲公司提供的担保中写为“提供充分且完全的担保”，该约定不具有债务人应当先承担责任的意思表示，所以应当将其认定为连带责任保证。

5. 李某以自己对丙公司的应收账款债权设立的权利担保。

依据《担保制度解释》第 53 条的规定，当事人在动产和权利担保合同中对担保财产进行概括描述，该描述能够合理识别担保财产的，人民法院应当认定担保成立。因此，李某以自己对丙公司的 3000 万元债权设定担保的行为构成权利担保。

6. 法院应当驳回乙公司提出的管辖异议。

根据《民事诉讼法》第 130 条第 2 款的规定，当事人未提出管辖异议，并应诉答辩的，视为受诉人民法院有管辖权，但违反级别管辖和专属管辖规定的除外。乙公司没有在一审首次开庭前提出管辖权异议且进行应诉答辩，视为放弃提出管辖权异议，法院取得诉讼管辖权，应当驳回乙公司在庭审中提出的管辖权异议。

7. 有权。

股东代表诉讼是指公司董事、高级管理人员违反法律、行政法规或者公司章程的规定或他人侵害公司合法权益，给公司造成损失，公司怠于提起诉讼时，具有法定资格的股东为了公司的利益直接以自己名义向人民法院提起的诉讼。

董事、高级管理人员有《公司法》第149条规定的情形的,有限责任公司的股东、股份有限公司连续180日以上单独或者合计持有公司1%以上股份的股东,可以书面请求监事会或者不设监事会的有限责任公司的监事向人民法院提起诉讼;监事有《公司法》第149条规定的情形的,前述股东可以书面请求董事会或者不设董事会的有限责任公司的执行董事向人民法院提起诉讼。

本案中,如果张某和孙某认为李某的行为严重侵害公司的利益,可以提起股东代表诉讼撤销李某以乙公司名义提供的担保。

8. 复印件具有证据能力,但是不能单独作为认定案件事实的根据。

最高人民法院《关于民事诉讼证据的若干规定》第15条第2款规定,当事人以电子数据作为证据的,应当提供原件。电子数据的制作者制作的与原件一致的副本,或者直接来源于电子数据的打印件或其他可以显示、识别的输出介质,视为电子数据的原件。

本案中微信聊天截图可以“视为”原件,但毕竟不是真正的原件,需要展示原始载体进行核对,所以该证据材料具有证据能力,能够作为证据使用。但是又属于无法与原件、原物核对的复印件、复制品,不能单独作为认定案件事实的根据。

9. (1)法院应当先受理,受理审查保证形式后进行释明,释明后由债权人决定是否追加被告,不追加裁定驳回起诉。

《民法典》第686条规定,保证的方式包括一般保证和连带责任保证。当事人在保证合同中对保证方式没有约定或者约定不明确的,按照一般保证承担保证责任。本案中,保证合同对保证方式没有约定,李某是一般保证人,有先诉抗辩权。在立案登记制下法院应先受理,受理后应当对保证形式进行审查。《担保制度解释》第26条第1款规定,一般保证中,债权人以债务人为被告提起诉讼的,人民法院应予受理。债权人未就主合同纠纷提起诉讼或者申请仲裁,仅起诉一般保证人的,人民法院应当驳回起诉。此处与民事诉讼程序处理有些差异,在民事诉讼程序中可以释明后由债权人决定是否追加被告,不追加的裁定驳回起诉。

(2)丙公司的主张法院不能支持。

丙公司对李某提起的诉讼中,丙公司提出的主张为抵销。但是根据约定,应收账款只是暂不返还而非用来抵销,李某不对丙公司负有责任。所以不满足抵销条件中的双方当事人互负债务。丙公司提出的主张没有合理的法律根据作为支撑,所以法院不予支持。

10. 有权。

《公司法》第63条规定,一人有限责任公司的股东不能证明公司财产独立于股东自己的财产的,应当对公司债务承担连带责任。

本案中丁公司为乙公司的全资子公司,且丁公司与乙公司之间的交易往来账目不清,存在财产混同,因此丁公司应当对乙公司的债务承担连带责任。

11. (1)法院可以追加丁公司为被执行人,但是不可以将戊公司追加为被执行人。

丁公司作为乙公司的全资子公司且两公司之间构成高度的财产混同与人格混同,导致人格否认制度,此时丁公司与乙公司同为一体,因此,可以追加执行丁公司的财产。若丁的财产仍不足以清偿丙公司的债权,且丁公司又怠于向戊公司主张债权,则丙公司可以申请法院代位执行戊公司的财产，但是法律中对于法院能否直接追加次债务人作为被执行人并无直接规定，根据法无授权不可为的理念，法院不可以追加其为被执行人。

(2)丁公司对追加裁定不服可以自裁定书送达之日起15日内，向执行法院提起执行异议之诉；法院可以向戊公司发出履行到期债务的通知，戊公司不服可以在法定期间内提出异议。

最高人民法院《关于民事执行中变更、追加当事人若干问题的规定》第20条规定，作为被执行人的一人有限责任公司，财产不足以清偿生效法律文书确定的债务，股东不能证明公司财产独立于自己的财产，申请执行人申请变更、追加该股东为被执行人，对公司债务承担连带责任的，人民法院应予支持。因此可以追加丁公司为被执行人，丁公司不服可以自裁定书送达之日起15日内，向执行法院提起执行异议之诉。

最高人民法院《关于人民法院执行工作若干问题的规定(试行)》规定，被执行人不能清偿债务，但对本案以外的第三人享有到期债权的，人民法院可以依申请执行人或被执行人的申请，向第三人发出履行到期债务的通知。履行通知必须直接送达第三人。第三人在履行通知指定的期间内提出异议的，人民法院不得对第三人强制执行，对提出的异议不进行审查。

5 CASE① （28 分）

| 案 情 |

A 公司与县政府委托的住建局签署《甲市天然气综合利用项目合作协议》，约定住建局同意 A 公司从事城市天然气特许经营，特许经营期限为 30 年。协议签署前后，A 公司陆续取得了天然气综合利用项目的立项批复、管线规划意见、建设用地规划设计条件通知书、国有土地使用证、环评意见书等手续。同时，A 公司对项目进行了部分开工建设，投入了 1500 万元。

后住建局对 A 公司作出催告通知，内容为："……你公司的管道天然气经营许可手续至今未能办理，影响了经营区域内居民、工业、商业用户及时用气……现通知你公司抓紧施工建设，抓紧办理管道天然气经营许可手续，若收到本通知 2 个月内经营许可手续尚未批准，将收回你公司的管道天然气经营区域，由此造成的一切损失由你公司自行承担。"

A 公司等燃气公司和有关单位参加了甲市燃气工作会议，会议明确要求："关于天然气镇村通工程建设。各燃气企业要明确管网铺设计划，加快推进工程建设，今年 9 月底前未完成燃气配套设施建设的，一律收回区域经营权。"A 公司出具项目保证书承诺：在办理完成项目开工手续后 3 个月内完成以上工作；如不能按期完成，将自动退出政府所授予经营区域。

县政府作出《关于印发甲市"镇村通"天然气工作推进方案的通知》（以下简称《"镇村通"通知》），表示根据燃气工作会议的内容，决定收回 A 公司的经营区域授权。区政府向 A 公司送达了《"镇村通"通知》。

A 公司不服《"镇村通"通知》，2021 年 8 月向市政府申请复议，市政府补充了相关证据后，维持了县政府收回决定。A 公司遂于 2022 年 1 月提起诉讼，要求撤销《"镇村通"通知》和复议决定。法院审理查明，原属于 A 公司经营区域内燃气项目特许经营权已经授予 B 公司。

《市政公用事业特许经营管理办法》（住房和城乡建设部 2015 年第 24 号令）第 25 条第 2 款规定，对获得特许经营权的企业取消特许经营权并实施临时接管的，必须按照有关法律、法规的规定进行，并召开听证会。

| 问 题 |

1. 县政府收回天然气特许经营权许可的行为的性质是什么？（5 分）
2. 如何确定本案的当事人？（4 分）
3. 如何确定本案的管辖？（4 分）
4. 本案当事人起诉是否超过起诉期限？（5 分）
5. 县政府收回天然气经营权的决定是否合法？（5 分）
6. 本案法院应当如何判决？（5 分）

---

① 2022 年主观题考试中，本题与第 6 题为"二选一"的选做题。

| 参考答案 |

1. 是对行政许可的监督管理行为。

《行政许可法》第 66 条规定,被许可人未依法履行开发利用自然资源义务或者未依法履行利用公共资源义务的,行政机关应当责令限期改正;被许可人在规定期限内不改正的,行政机关应当依照有关法律、行政法规的规定予以处理。

行政许可是全程性的,行政机关作出许可后要进行监督,监督检查被许可人是否合法使用许可经营权。如果发现有违法行为,可以责令改正,拒不改正的,可以作出相应的行政行为。本案中,县政府为了公共利益的需要收回行政许可,属于对行政行为的监督管理。

阅评:本题也可以答行政处罚,言之有理即可。

2. 本案的原告是被收回特许经营权的 A 公司。本案的被告是县政府和市政府。本案中 B 公司应当为第三人,其与被诉的收回许可的行为有利害关系。

根据《行政诉讼法》第 26 条第 1、2 款的规定,公民、法人或者其他组织直接向人民法院提起诉讼的,作出行政行为的行政机关是被告。经复议的案件,复议机关决定维持原行政行为的,作出原行政行为的行政机关和复议机关是共同被告。

虽然《甲市天然气综合利用项目合作协议》是 A 公司和住建局签订的,但住建局的权利是县政府授权的,而且收回特许经营权的也是县政府,因此本案的原机关是县政府,县政府为本案被告。市政府作为复议机关作出复议维持的决定,因此县政府和市政府应当作为共同被告。

3. 从级别管辖看,《行政诉讼法》第 15 条规定,"中级人民法院管辖下列第一审行政案件:(一)对国务院部门或者县级以上地方人民政府所作的行政行为提起诉讼的案件;(二)海关处理的案件;(三)本辖区内重大、复杂的案件……"因本案是经过复议的案件,所以被告是原机关县政府和复议机关市政府为共同被告,因此应当由中级人民法院管辖。

从地域管辖看,经复议的案件,原机关和复议机关所在地法院都有管辖权,因此县政府和市政府所在地的中级人民法院都有管辖权,即本案由市中级人民法院管辖。

4. 没有超过起诉期限。

《行政诉讼法》第 45 条规定,公民、法人或者其他组织不服复议决定的,可以在收到复议决定书之日起 15 日内向人民法院提起诉讼。本案是经复议的案件,依据法律规定,当事人应当在收到复议决定之日起 15 日内起诉。

最高人民法院《关于适用〈中华人民共和国行政诉讼法〉的解释》(以下简称《行政诉讼法解释》)第 64 条第 1 款规定,"行政机关作出行政行为时,未告知公民、法人或者其他组织起诉期限的,起诉期限从公民、法人或者其他组织知道或者应当知道起诉期限之日起计算,但从知道或者应当知道行政行为内容之日起最长不得超过一年"。

本案中复议机关在作出复议维持的决定书中并未告知当事人诉权及起诉期限,因此依据法律规定应当从当事人知道起诉期限之日起计算,但是不得超过知道或应当知道行政行为内容之日起 1 年。2021 年 8 月市政府作出复议决定,2022 年 1 月起诉没有超过起诉期限。

5. 不合法,因为存在程序违法。

《市政公用事业特许经营管理办法》第 25 条第 2 款规定,对获得特许经营权的企业取消特许经营权并实施临时接管的,必须按照有关法律、法规的规定进行,并召开听证会。

虽然县政府是为了公共利益需要,但是要保证 A 公司的利益,应当召开听证会。没有召开听证会属于程序违法。

6. 法院应当在判决中确认原行政行为违法,并撤销复议机关的复议维持决定。

《行政诉讼法》第 74 条第 2 款规定,“行政行为有下列情形之一,不需要撤销或者判决履行的,人民法院判决确认违法:(一)行政行为违法,但不具有可撤销内容的……”

本案中,县政府作出的行政行为存在程序违法,但是县政府已经将特许经营权给予 B 公司,因此该行政行为不具有可撤销的内容,法院可在判决中确认违法。

《行政诉讼法解释》第 136 条第 1 款规定,人民法院对原行政行为作出判决的同时,应当对复议决定一并作出相应判决。

本案中对市政府作出的复议维持的决定法院应当一并判决,即判决撤销市政府的复议维持决定。

6 CASE **（28 分）**

| 案 情 |

甲有限责任公司(以下简称甲公司)成立于 2015 年 6 月,主要从事软件开发,股东分别为 A、B、C、D、E,各股东的持股比例依次为 55%、26%、11%、5%、3%。甲公司董事长兼法定代表人为 A。甲公司运行良好,产品开发也很成功。

甲公司成立后一直未对股东分红。对此,E 一直很有意见,遂打算将其股权转让给经营相同业务的乙公司,并与乙公司进行了初步洽谈。为便于其股权估价,2019 年 5 月,E 向 A 提出查账要求,要求查阅甲公司成立后所有的会计账簿,A 得知 E 有转让股权意图后,认为 E 的目的不正当,拒绝其查阅要求。

2019 年 12 月,A 为担保其对丙公司所负 2 年期借款债务的履行,将其所持甲公司 27% 的股权,转让给丙公司,并约定在 A 到期不偿还借款本息时,丙公司有权以该股权优先受偿。在双方达成约定后,A 没有为丙公司在甲公司登记中办理相应的股东登记。

2020 年 3 月,A 在甲公司股东会上提议:第一,A、B、C、D、E 五人在甲公司之外,再行设立“丁合伙企业(有限合伙)”,A 为普通合伙人,其余均为有限合伙人;第二,A 对丁合伙企业的出资,为其所持甲公司 54% 的股权,其余各合伙人的出资为各自所持甲公司的全部股权。就该项提议,除 E 表示强烈反对外,其余股东均表示赞同,遂形成相应的股东会决议。

2020 年 5 月,丁合伙企业成立,合伙人分别为 A、B、C、D。甲公司股东相应变更为 A、E 与丁合伙企业,持股比例分别为 1%、3% 与 96%。甲公司法定代表人仍为 A。

2022 年年初,A 无法清偿对丙公司的债务,丙公司遂就丁合伙企业所持甲公司 27% 的股权,主张优先受偿。

| 问 题 |

1. A 拒绝 E 查阅会计账簿的请求是否合法？为什么？(5 分)

2. 如何评价股东 A 和丙公司之间的约定？(5 分)

3. 甲公司 2020 年 3 月形成的设立丁有限合伙企业的股东会决议,是否有效？(5 分)

4. A、B、C、D 四人以股权向丁有限合伙企业出资是否有效？(5 分)

5. E 能否主张公司回购其股权？为什么？(4 分)

6. 丙公司能否向丁有限合伙企业主张对甲公司 27% 股权行使优先受偿权？(4 分)

| **参考答案** |

1. 不合法。

《公司法》第 33 条规定,“股东有权查阅、复制公司章程、股东会会议记录、董事会会议决议、监事会会议决议和财务会计报告。股东可以要求查阅公司会计账簿。股东要求查阅公司会计账簿的,应当向公司提出书面请求,说明目的。公司有合理根据认为股东查阅会计账簿有不正当目的,可能损害公司合法利益的,可以拒绝提供查阅,并应当自股东提出书面请求之日起十五日内书面答复股东并说明理由。公司拒绝提供查阅的,股东可以请求人民法院要求公司提供查阅”。

本题中,乙公司作为受让方,与甲公司经营相同业务,存在竞争关系。但它不是甲公司股东,只有股东与本公司存在实质竞争关系,才是认定“不正当目的”的要件。E 拟将持有的股权转让,要评估股权价值,不存在“不正当目的”。A 作为甲公司法定代表人,不应拒绝股东 E 的查账请求权。

2. 股东 A 与丙公司在借款合同中约定的所谓股权转让条款的真实目的不是股权交易,而是为借款行为提供担保。

2019 年《全国法院民商事审判工作会议纪要》第 71 条规定,债务人或者第三人与债权人订立合同,约定将财产形式上转让至债权人名下,债务人到期清偿债务,债权人将该财产返还给债务人或第三人,债务人到期没有清偿债务,债权人可以对财产拍卖、变卖、折价偿还债权的,人民法院应当认定合同有效。合同如果约定债务人到期没有清偿债务,财产归债权人所有的,人民法院应当认定该部分约定无效,但不影响合同其他部分的效力。因此,A 与丙公司之间的约定属于股权让与担保。

《担保制度解释》第 68 条第 1 款规定,“债务人或者第三人与债权人约定将财产形式上转移至债权人名下,债务人不履行到期债务,债权人有权对财产折价或者以拍卖、变卖该财产所得价款偿还债务的,人民法院应当认定该约定有效。当事人已经完成财产权利变动的公示,债务人不履行到期债务,债权人请求参照民法典关于担保物权的有关规定就该财产优先受偿的,人民法院应予支持”。因此,若 A 不能履行到期债务,丙公司有权就股权优先受偿,双方约定有效。

3. 该股东会决议未生效。

该决议的本质是由 A、B、C、D、E 五人设立丁有限合伙企业,由 A 担任普通合伙人,B、C、D、E 担任有限合伙人。各合伙人的出资形式为所持有的甲公司股权。根据《合伙企业法》第 19 条规定,合伙协议经全体合伙人签名、盖章后生效。因 E 对此表示反对,所以关于设立丁合伙企业(包括 E 作为有限合伙人在内)的决议未生效。

4. A、B、C、D 以股权向丁有限合伙企业出资是有效的。

依据《公司法》规定,股权转让须经股东过半数同意。A、B、C、D 将所持有的甲公司股权向丁有限合伙企业出资,本质是将股权对外转让给该有限合伙企业,在甲公司内部应当征得其他股东过半数同意,且其他股东放弃优先购买权。

本题中,在甲公司的股东会上,对于股权出资,A、B、C、D 同意,E 反对,且 E 未主张优先购买权,故 A、B、C、D 的股权出资合法有效。因 E 反对,E 未以股权向丁有限合伙企业出资。

5. 不能主张。

《公司法》第74条第1款规定,“有下列情形之一的,对股东会该项决议投反对票的股东可以请求公司按照合理的价格收购其股权:(一)公司连续五年不向股东分配利润,而公司该五年连续盈利,并且符合本法规定的分配利润条件的;(二)公司合并、分立、转让主要财产的;(三)公司章程规定的营业期限届满或者章程规定的其他解散事由出现,股东会会议通过决议修改章程使公司存续的”。

本题中,虽有至2019年5月一直未分红的表述,但自公司成立至2019年5月并未满5年,且题目未提及E对公司不分红的股东会决议投了反对票。故本题无《公司法》第74条规定的有限公司回购的情形,E不能主张甲公司回购其股权。

6. 不能行使优先受偿权。

《民法典》第443条第1款规定,以基金份额、股权出质的,质权自办理出质登记时设立。因此未登记的股权担保无效。本案中是股权让与担保,股权未办理登记,不发生物权效力。加上A所持有的标的股权已经向丁有限合伙企业出资,丙公司不能向丁有限合伙企业主张就标的股权优先受偿。

2021 年国家统一法律职业资格考试
主观题（回忆版）

1 CASE （35 分）

｜材　料｜

材料一：

推进全面依法治国是国家治理的一场深刻变革，必须以科学理论为指导，加强理论思维……不断从理论和实践的结合上取得新成果，总结好、运用好党关于新时代加强法治建设的思想理论成果，更好指导全面依法治国各项工作。

——《以科学理论为指导，为全面建设社会主义现代化国家提供有力法治保障》（节选）

材料二：

党的十八大以来，党中央对全面依法治国作出一系列重大决策、提出一系列重大举措……我们提出一系列全面依法治国新理念新思想新战略，明确了全面依法治国的指导思想、发展道路、工作布局、重点任务……这些新理念新思想新战略，是马克思主义法治思想中国化的最新成果，是全面依法治国的根本遵循，必须长期坚持、不断丰富发展。

——《加强党对全面依法治国的领导》（节选）

材料三：

立足我国国情和实际，加强对社会主义法治建设的理论研究，尽快构建体现我国社会主义性质，具有鲜明中国特色、实践特色、时代特色的法治理论体系和话语体系。坚持和发展我国法律制度建设的显著优势，深入研究和总结我国法律制度体系建设的成功经验，推进中国特色社会主义法治体系创新发展。

——《法治中国建设规划（2020—2025 年）》（节选）

｜问　题｜

结合习近平法治思想的核心要义，谈谈你对当前和下一个阶段推进全面依法治国重点抓住的“十一个坚持”的认识。

｜答题要求｜

1. 无观点或论述、照搬材料原文不得分；

2. 观点正确，表达完整、准确；

3. 总字数不少于 600 字。

| **参考答案** |

习近平法治思想是顺应实现中华民族伟大复兴时代要求应运而生的重大战略思想。党的领导是建设中国特色社会主义法治体系的根本保障。建设中国特色社会主义法治体系必然要以人民的根本利益为出发点，坚持党领导立法、保证执法、支持司法、带头守法，为建设中国特色社会主义法治体系提供全方位的保障。

在推进全面依法治国过程中必须以习近平法治思想为指导思想，坚持党的领导，健全党领导全面依法治国的制度和工作机制。正如材料一中所述，“以科学理论为指导……运用好党关于新时代加强法治建设的思想理论成果”，加强对理论思维的学习。

建设中国特色社会主义法治体系，必须实现党领导立法、保证执法、支持司法、带头守法，健全党领导全面依法治国的制度和工作机制，通过法定程序使党的主张成为国家意志，形成法律，通过法律保障党的政策有效实施，确保全面依法治国正确方向。正如材料二和材料三中所言，党的十八大以来，党中央作出的一系列重大决策为全面依法治国提供了根本保障。立足国情和实际，要以人民为中心，坚持和发展我国法律制度建设的显著优势。

综上所述，在党的领导下，坚定不移地走中国特色社会主义法治道路。从立法、司法、执法、守法、法律监督等各个环节发力，全心全意为人民服务。无论在什么工作岗位上，我们都要在思想上、行为上同党中央保持高度一致。只有这样，才能保证中国特色社会主义法治事业不断走向新的胜利，才能为实现“两个一百年”奋斗目标、实现中华民族伟大复兴的中国梦提供有力保障。

2 CASE （31 分）

｜案　情｜

赵某敲诈勒索周某，如果不给钱便将通过网络传播其隐私照片。周某害怕，就按照赵某的指示，将 10 万元现金放到指定的垃圾桶旁边。赵某将该事情真相告诉了刘某，让刘某去垃圾桶旁边取钱，刘某取到后与赵某平分，每人得 5 万元。(事实一)

赵某前往王某家盗窃，偷得一台笔记本电脑。在下楼离开时，遇到了李某。赵某误以为李某是回家的王某，为了窝藏赃物，将李某打成轻伤。事实上，李某只是来楼里贴小广告的，对赵某盗窃的事实并不知情。(事实二)

杨某欠刘某债务到期没有偿还，刘某提议拘禁杨某索取债务，赵某遂将杨某拘禁。二人将杨某拘禁后，杨某说："你们把我绑起来我没办法还钱，就算你们把我放了我也没钱还。"两天后，赵某出主意说把杨某的大拇指砍下来，刘某同意，后来二人将杨某的大拇指砍下(重伤)。(事实三)

赵某的妻子万某发现赵某行为后劝其自首，否则就与赵某离婚并带走两个孩子。赵某不从，恼羞成怒想要杀死万某。正在拿皮带勒万某脖子的时候，万某叫喊，听到呼喊的两个孩子跑过来(一个 3 岁，另一个 5 岁)，赵某觉得在两个孩子的面前杀死妻子影响不好，于是停止行凶，仅造成万某轻伤。(事实四)

｜问　题｜

1. 认定刘某构成敲诈勒索罪的理由有哪些？认定刘某构成侵占罪的理由有哪些？(10 分)

2. 有观点认为赵某成立事后转化的抢劫，理由有哪些？有观点认定赵某成立盗窃罪和故意伤害罪，理由有哪些？(10 分)

3. 有观点认为刘某和赵某仅成立故意伤害罪，你反对还是赞同这个观点，说明理由。(6 分)

4. 赵某是故意杀人罪的犯罪中止还是犯罪未遂？请说明理由。(5 分)

| **参考答案** |

1. (1)认定刘某构成敲诈勒索罪,属于共同犯罪。

理由一:以非法占有为目的,威胁恐吓他人,索取财物的行为成立敲诈勒索罪。事实一中,赵某所犯的敲诈勒索罪并未既遂,刘某知道真相后,主观上具有共同的故意,中途加入去取10万元,属于承继的共犯。依据《刑法》第25条的规定,构成敲诈勒索罪的共犯。

理由二:为正犯实施帮助的行为成立帮助犯。事实一中赵某威胁周某给钱的行为符合敲诈勒索罪"威胁他人、索取财物"的构成要件,依法成立敲诈勒索罪。刘某事中加入,为赵某取财提供帮助,依法成立敲诈勒索罪的帮助犯。

(2)认定刘某构成侵占罪,赵某的敲诈勒索罪已经既遂。

理由一:敲诈勒索罪既遂的标准是被害人丧失对财物的占有,事实一中,周某已经将10万元放到了指定地点,对财物丧失了占有。属于脱离他人占有的遗忘物,刘某非法占有遗忘物,依据《刑法》第270条的规定,成立侵占罪。

理由二:《刑法》规定,教唆他人犯罪的,成立教唆犯。事实一中赵某教唆刘某将脱离他人占有的遗忘物非法占有,刘某依法成立侵占罪。

2. (1)成立事后转化抢劫的理由有二:

理由一:《刑法》规定,犯盗窃罪,为了窝藏赃物,当场使用暴力,转化为抢劫罪。事实二中赵某误以为李某是失主王某实施暴力,但对象错误不影响赵某转化抢劫,依法成立抢劫罪(转化型抢劫)。

理由二:《刑法》规定的转化型抢劫罪,只要是为了窝藏赃物而实施暴力即可。事实二中赵某故意伤害李某致其轻伤,依据《刑法》第234条中"故意伤害他人身体"的规定,成立故意伤害罪。与抢劫罪属于法条竞合,仅定抢劫罪一罪即可。

(2)成立盗窃罪和故意伤害罪的理由有二:

理由一:《刑法》规定,犯盗窃罪,为了窝藏赃物,当场使用暴力,转化为抢劫罪。其中使用暴力必须针对原占有人和抓捕人,事实二中,李某不知道赵某盗窃,赵某盗窃结束后,基于错误认识将李某打成轻伤,不符合转化型抢劫罪的规定,依法成立盗窃罪与故意伤害罪,数罪并罚。

理由二:赵某侵入王某家盗窃电脑,符合《刑法》关于"入户盗窃"成立盗窃罪的规定,依法成立盗窃罪。盗窃罪既遂以后,赵某故意伤害李某致其轻伤的行为符合《刑法》关于故意伤害罪的规定,依法成立故意伤害罪。对赵某依法应数罪并罚。

3. 我赞同刘某和赵某成立故意伤害罪。

理由:《刑法》规定,在非法拘禁过程中,使用暴力致人伤残的,以故意伤害罪定罪处罚。此处的伤残只需要在客观上达到即可。事实三中刘某和赵某共同将杨某控制,砍掉大拇指的行为发生在拘禁过程中,仅定故意伤害罪一罪即可。

阅评:回答反对也可以得分,本题的答案不唯一,反对的答案参考:

我反对刘某和赵某成立故意伤害罪,应定非法拘禁罪与故意伤害罪,数罪并罚。

理由:刘某、赵某为了索取债务而拘禁杨某,属于《刑法》规定的"索债型"非法拘禁,在拘禁过程中,另起犯意,将杨某的大拇指砍下致其重伤的行为,应以非法拘禁罪和故意伤害罪(重伤)数罪并罚。

4. 犯罪中止。

理由:《刑法》规定,在犯罪过程中自动放弃犯罪或者自动有效防止犯罪结果发生的,属于犯罪中止。事实四中,赵某见到两个孩子,主观上想当着孩子面杀害妻子不合适,属于“能达目的而不欲”,是主观上自动放弃杀人,属于犯罪中止。

3 CASE （30分）

｜案　情｜

甲房地产开发公司开发商品房，为了赶走“钉子户”，股东贾某、刘某指示员工李某和赵某到“钉子户”住的地方进行骚扰。“钉子户”报警，公安机关立案侦查。在立案侦查过程中，李某因构成“重大立功”，公安撤销案件，将贾某、刘某和赵某以寻衅滋事罪提起公诉。在审查起诉阶段，贾某和刘某认罪认罚并签署了具结书。赵某没有委托辩护人，值班律师马某为其提供帮助。案件引起社会广泛关注。另经查明，房地产公司取得此项目的开发资质过程中进行了行贿，监察委员会对此正在调查。

｜问　题｜

1. 怎样理解侦查中、认罪认罚中的“重大立功”？公安机关因重大立功撤销案件，应当经过何种法定程序？（5分）

2. 本案一审中，法院应当如何组成合议庭？合议庭成员应当怎样分工？（5分）

3. 值班律师（马某）在侦查阶段的诉讼地位是什么？在审判阶段赵某还是没有委托辩护人，马某能否出庭为其进行辩护？（5分）

4. 寻衅滋事罪判决，当事人上诉，二审法院发现监察机关对房地产公司行贿案调查完毕移送至检察院审查起诉，二审法院如何处理？（5分）

5. 二审中贾某、刘某被认定为直接负责人，如何确定诉讼代表人？为什么？（5分）

6. 二审法院认为贾某、刘某案件事实清楚，证据确实、充分，但对赵某的案件部分事实不清，该如何处理？（5分）

| **参考答案** |

1.(1)依据最高人民法院《关于处理自首和立功具体应用法律若干问题的解释》第7条的规定,在认罪认罚案件中,重大立功是指:首先,犯罪分子有检举、揭发他人重大犯罪行为,经查证属实。其次,提供侦破其他重大案件的重要线索,经查证属实。再次,阻止他人重大犯罪活动;协助司法机关抓捕其他重大犯罪嫌疑人(包括同案犯)。最后,对国家和社会有其他重大贡献等表现的,应当认定为有重大立功表现。

(2)《公安机关办理刑事案件程序规定》第188条规定,犯罪嫌疑人自愿如实供述涉嫌犯罪的事实,有重大立功或者案件涉及国家重大利益,需要撤销案件的,应当层报至公安部,由公安部商请最高人民检察院核准后撤销案件。报请撤销案件的公安机关应当同时将相关情况通报同级人民检察院。公安机关根据前款规定撤销案件的,应当对查封、扣押、冻结的财物及其孳息作出处理。

2.(1)《刑诉解释》第213条第2款规定,基层人民法院、中级人民法院、高级人民法院审判下列第一审刑事案件,由审判员和人民陪审员组成七人合议庭进行:可能判处10年以上有期徒刑、无期徒刑、死刑,且社会影响重大的;涉及征地拆迁、生态环境保护、食品药品安全,且社会影响重大的;其他社会影响重大的。

本案涉及征地拆迁,且社会影响重大,应当由审判员和人民陪审员组成七人合议庭进行。

(2)《刑诉解释》第215条规定,人民陪审员参加三人合议庭审判案件,应当对事实认定、法律适用独立发表意见,行使表决权。人民陪审员参加七人合议庭审判案件,应当对事实认定独立发表意见,并与审判员共同表决;对法律适用可以发表意见,但不参加表决。

本案中,法院在审理时,如果组成七人合议庭,那么3名法官负责审理事实和法律问题,并对事实和法律问题均有表决权。4名人民陪审员,由于不是法律专业,可以审理和表决事实问题,但不参与表决法律问题。

3.(1)值班律师马某并非犯罪嫌疑人、被告人的辩护人,根据《法律援助值班律师工作办法》(以下简称《值班律师工作办法》)第2条的规定,值班律师是为没有辩护人的犯罪嫌疑人、被告人提供法律帮助的律师。

(2)值班律师不能出庭辩护。根据《值班律师工作办法》第6条的规定,值班律师可以为犯罪嫌疑人、被告人提供法律咨询,提供程序选择建议,帮助申请变更强制措施,对案件处理提出意见,帮助申请法律援助等法律帮助。值班律师仅提供基本的法律帮助服务,不是真正的辩护人,值班律师没有出庭辩护的资格。

4.根据《刑诉解释》第24、25条的规定,本案中,二审法院发现该房地产公司涉嫌单位行贿罪被审查起诉,可以协商检察院并案处理,但可能造成审判过分迟延的除外。若第二审法院决定并案审理,应当发回第一审法院,由第一审法院作出处理。

5.本案中,根据《刑诉解释》第336、337条的规定,对于单位犯罪,一审法院可以从以下四个方面确定诉讼代表人:①被告单位的诉讼代表人,应当是房地产公司的法定代表人、实际控制人或者主要负责人;②法定代表人、实际控制人或者主要负责人被指控为单位犯罪直接责任人员或者因客观原因无法出庭的，应当由房地产公司委托其他负责人或者职工作为诉讼代表人，但是，有关人员被指控为单位犯罪直接责任人员或者知道案件情况、负有作证义务的除外；③若仍难以确定诉讼代表人，可以由房地产公司委托律师等单位以外的人员作为诉讼代表人，但该律师不得同时担任房地产公司或者被指控为单位犯罪直接责任人员的有关人员的辩护人；④开庭审理时，应当通知房地产公司的诉讼代表人出庭；若诉讼代表人不符合上述规定的，应当要求某县检察院另行确定诉讼代表人。

6.《刑诉解释》第 404 条规定，第二审人民法院认为第一审判决事实不清、证据不足的，可以在查清事实后改判，也可以裁定撤销原判，发回原审人民法院重新审判。有多名被告人的案件，部分被告人的犯罪事实不清、证据不足或者有新的犯罪事实需要追诉，且有关犯罪与其他同案被告人没有关联的，第二审人民法院根据案件情况，可以对该部分被告人分案处理，将该部分被告人发回原审人民法院重新审判。原审人民法院重新作出判决后，被告人上诉或者人民检察院抗诉，其他被告人的案件尚未作出第二审判决、裁定的，第二审人民法院可以并案审理。

本案中，二审法院认为多名被告人中赵某事实不清、证据不足，二审法院需要衡量赵某的犯罪与其他同案被告人是否存在关联。如果存在关联，可以在查清事实后改判，也可以将全案裁定撤销原判，发回一审法院重新审判；如果不存在关联，二审法院根据案件情况，可以对赵某分案处理，仅将赵某的案件发回一审法院重新审判。

4 CASE **（56 分）**

| 案 情 |

枫桥公司位于京州市 Y 区，通过抵债的方式收了债务人一栋 20 层的枫叶办公楼（市值 10 亿元），枫叶办公楼位于京州市 T 区。枫桥公司准备 19 层和 20 层自用，其余层对外租赁，每层 1000 平方米，300 元/米^2。

恒通公司是一家拥有多个金融牌照的集团公司，位于京州市 C 区。恒通公司由于业务需要，分别设立了甲融资租赁公司（全资子公司）、乙保理公司（控股子公司）、丙公司（参股子公司）。甲、乙、丙三家公司与枫桥公司约定，分别承租枫叶写字楼的 16 层、17 层、18 层作为办公室。约定试租期 1 年，房租每三个月一付，租赁合同 1 年到期后如果没有问题续期 2 年。租赁期自 2020 年 1 月 15 日起算。并约定如有纠纷在京州市 Y 区诉讼。恒通公司为甲、乙、丙三家公司的租金支付提供连带保证，并出具了担保函。合同中约定了办公区的“硬装”不能更改，可以对办公区能拆卸的部分“软装”进行更改。

甲公司承租的 16 层，空调设备出现问题，多次联系枫桥公司处理未果，甲公司只好垫资自己维修，花费 60 万元。并明确表示会从下一季度的租金中扣除，枫桥公司表示拒绝。2020 年 3 月，甲公司向枫桥公司支付了 30 万元。枫桥公司诉至法院，要求甲公司支付第二季度租金 90 万元，恒通公司承担连带保证责任。甲公司向法院主张垫付的维修款 60 万元抵销租金，枫桥公司不认可，并且主张 2020 年 3 月甲公司打给自己的 30 万元明确表示是清偿另一项货款债务。

法院判决甲公司向枫桥公司支付租金 90 万元，恒通公司承担连带偿还责任，如恒通公司清偿债务，可以向甲公司追偿。

丁代表博达公司去跟乙公司签约，将车停放在枫叶写字楼的停车场车位上，停车场的一棵大树因为大风刮倒，砸坏了丁的车，损失 300 万元。事后查明，前几日已经有多名人员向大厦的管理方表明有树即将折断，由于工作人员未登记，交接班的时候彻底忘记此事。因此意外，丁与乙公司未签约保理合同，乙公司损失 5000 万元。

丙公司觉得大厦内部的风格与自己的经营理念不符，与枫桥公司协商，想要重新装修，遭到拒绝。心灰意懒的丙公司把第 18 层转租给了海涛公司，并决定 1 年到期后不再续租。

枫桥大厦经营失败，多次遭到投诉，纠纷越来越多，枫桥公司于 2021 年 1 月 2 日将枫桥大厦整体转让给私塾公司。甲公司要求就 16 层享受优先购买权，在此之前，枫桥公司已经将甲公司、丙公司诉至法院。

| 问 题 |

1. 枫桥公司起诉甲公司和恒通公司要求支付租金应当由哪个法院管辖，为什么？（4 分）

2. 甲公司主张 30 万元货款由谁承担举证责任？法院若不能形成自由心证，法院应该如何处理？（4 分）

3. 甲提出维修空调花费了 60 万元用来折抵租金的主张，是反诉还是抗辩，请说明理由。（8 分）

4. 丁的汽车被砸坏，损失 300 万元可以向谁主张，为什么？（6 分）

5. 乙公司未能签订 5000 万元的保理合同所遭受的损失是否可以主张赔偿？为什么？（5 分）

6. 恒通公司如果承担了保证责任，是否可以向法院申请强制执行甲公司？为什么？（5 分）

7. 恒通公司是否需要为甲、丙公司承担连带保证责任？为什么？（6 分）

8. 枫桥公司要向私塾公司出售办公楼，问枫桥公司与甲乙丙的合同是否自动解除？（4 分）

9. 枫桥公司将办公楼整体转让给私塾公司时，甲公司能否就其承租的 16 楼层行使优先购买权？请说明理由。（8 分）

10. 丙公司是否可以把 18 楼层转租给海涛公司？为什么？（6 分）

| **参考答案** |

1. 由京州市 T 区人民法院管辖。

依据《民诉解释》第 28 条第 2 款的规定，房屋租赁合同纠纷应当按照不动产纠纷确定管辖法院。

本案中，虽然枫桥公司与甲、乙、丙公司之间就租赁合同产生纠纷后的管辖法院作出了约定，但是该约定不得违反民事诉讼法关于专属管辖的规定，因此，本案因租赁合同产生纠纷的管辖法院应当是京州市 T 区人民法院专属管辖。

2. 甲公司主张 30 万元货款应当由甲公司承担举证责任。法院若不能形成自由心证，应该依据证明责任分配原则来处理。

《民诉解释》第 90 条规定，当事人对自己提出的诉讼请求所依据的事实或者反驳对方诉讼请求所依据的事实，应当提供证据加以证明，但法律另有规定的除外。在作出判决前，当事人未能提供证据或者证据不足以证明其事实主张的，由负有举证证明责任的当事人承担不利的后果。

《民诉解释》第 91 条规定，人民法院应当依照下列原则确定举证证明责任的承担，但法律另有规定的除外：主张法律关系存在的当事人，应当对产生该法律关系的基本事实承担举证证明责任；主张法律关系变更、消灭或者权利受到妨害的当事人，应当对该法律关系变更、消灭或者权利受到妨害的基本事实承担举证证明责任。

《民诉解释》第 108 条规定，对负有举证证明责任的当事人提供的证据，人民法院经审查并结合相关事实，确信待证事实的存在具有高度可能性的，应当认定该事实存在。对一方当事人为反驳负有举证证明责任的当事人所主张事实而提供的证据，人民法院经审查并结合相关事实，认为待证事实真伪不明的，应当认定该事实不存在。法律对于待证事实所应达到的证明标准另有规定的，从其规定。

3. 甲公司的主张是反诉。

《民事诉讼法》第 54 条规定，原告可以放弃或者变更诉讼请求。被告可以承认或者反驳诉讼请求，有权提起反诉。

反诉，是在已经开始的诉讼程序中，本诉的被告向原告提出的一种独立的特殊之诉，是被告在本诉程序中提起的，向法院提出的就特定的权利主张进行裁判的行为，用以对抗或并吞原告的诉讼请求。

抗辩权，是对抗对方请求权的权利。行使抗辩权的目的，是阻止对方请求权的效力，或使对方的请求权迟延发生。

本案中，出租人枫桥公司未履行空调的维修义务，承租人甲公司可以自行维修，维修费用由出租人负担。之后，甲公司打了 30 万元给枫桥公司（本来应该付 90 万元租金），枫桥公司认为甲公司没有依约支付租金，于是起诉甲公司，要求甲公司向其支付房屋的租金；但在诉讼中，甲公司主张已经依约付给枫桥公司 90 万元租金了，该季度的租金付清了。其中，30 万元是甲公司直接支付的，另外 60 万元是用空调费用抵扣的。

综上所述，甲公司主张以自己对枫桥公司的 60 万元债权与枫桥公司对自己的 90 万元租金债权，在 60 万元额度内抵销，甲公司的该主张为反诉，而不是抗辩。

4. 向枫桥公司主张。

依据《民法典》第 1257 条的规定，因林木折断等造成他人损害，林木的所有人或者管理人不能证明自己没有过错的，应当承担侵权责任。

本案中，因枫桥公司系该大树的管理人，且就现有案情来看，其不能证明自己没有过错，故丁汽车被砸坏的损失可以向枫桥公司主张赔偿。

5. 不可以主张赔偿。

《民法典》第 176 条规定，民事主体依照法律规定或者按照当事人约定，履行民事义务，承担民事责任。

本案中，乙公司未与丁签订保理合同，因这既不属于其与枫桥公司租赁合同的内容，又与枫桥公司管理的大树刮倒不存在相当因果关系，故其没有任何理由去找枫桥公司赔偿损失。

6. 恒通公司如果承担了保证责任，有权向甲公司追偿；如果法院的该判决已经一并确定了恒通公司的追偿权及数额的，恒通公司可以直接向法院申请执行；如果法院的该判决并未就追偿权作出审理并判决的，则恒通公司在另行起诉甲公司并获得胜诉判决后，可以向有管辖权的法院申请强制执行。

《民法典》第 688 条规定，当事人在保证合同中约定保证人和债务人对债务承担连带责任的，为连带责任保证。连带责任保证的债务人不履行到期债务或者发生当事人约定的情形时，债权人可以请求债务人履行债务，也可以请求保证人在其保证范围内承担保证责任。

《民法典》第 700 条规定，保证人承担保证责任后，除当事人另有约定外，有权在其承担保证责任的范围内向债务人追偿，享有债权人对债务人的权利，但是不得损害债权人的利益。

《民事诉讼法》第 247 条第 1 款规定，发生法律效力的民事判决、裁定，当事人必须履行。一方拒绝履行的，对方当事人可以向人民法院申请执行，也可以由审判员移送执行员执行。

7. (1) 需要对甲公司的租金支付承担连带保证责任。

依据《担保制度解释》第 8 条第 1 款第 2 项的规定，公司为其全资子公司开展经营活动提供担保后，以其未依照公司法关于公司对外担保的规定作出决议为由主张不承担担保责任的，法院不予支持。

本案中，因甲公司系恒通公司的全资子公司，故其需要对甲公司的租金支付承担连带保证责任。

(2) 恒通公司是否需要对丙公司的租金支付承担连带保证责任应取决于其是否依照公司法关于公司对外担保的规定作出决议。

依据《担保制度解释》第 8 条第 1 款的规定，公司以其未依照公司法关于公司对外担保的规定作出决议为由主张不承担担保责任的，法院不予支持。

本案中，因现有案情并未明确描述恒通公司是否就对丙公司提供担保依法作出决议，故无法得出确定性的结论。

8. 不会自动解除。

《民法典》第 725 条规定，租赁物在承租人按照租赁合同占有期限内发生所有权变动的，不影响租赁合同的效力。

本案中,枫桥公司将枫叶写字楼整体转让给另一公司后,原租赁合同概括转移至新所有权人,对新所有权人继续有效,不会当然解除。

9. 可以行使优先购买权。

依据《民法典》第726条的规定,出租人出卖租赁房屋的,承租人享有以同等条件优先购买的权利。

本案中,虽然甲公司仅仅承租了第16层,且枫桥公司将枫叶写字楼整体转让,但是因甲公司承租的第16层与枫叶写字楼的其他楼层是可分的、使用功能上是相对独立的,故只要满足同等条件,甲公司即可以行使优先购买权。

备注:关于该问题,最高人民法院《关于承租部分房屋的承租人在出租人整体出卖房屋时是否享有优先购买权的复函》(2005年7月26日)中指出,目前法律和司法解释对此均无明确规定,经研究认为,目前处理此类案件,可以从以下两个方面综合考虑。第一,从房屋使用功能上看,如果承租人承租的部分房屋与房屋的其他部分是可分的、使用功能可相对独立的,则承租人的优先购买权应仅及于其承租的部分房屋;如果承租人的部分房屋与房屋的其他部分是不可分的、使用功能整体性较明显的,则其对出租人所卖全部房屋享有优先购买权。第二,从承租人承租的部分房屋占全部房屋的比例看,承租人承租的部分房屋占出租人出卖的全部房屋一半以上的,则其对出租人出卖的全部房屋享有优先购买权;反之,则不宜认定其对全部房屋享有优先购买权。

10. 可以把18楼层转租给海涛公司。

依据《民法典》第716条的规定,承租人经出租人同意,可以将租赁物转租给第三人……承租人未经出租人同意转租的,出租人可以解除合同。

本案中,无论丙公司是否经枫桥公司同意,其均有权将18楼层转租,且其未经同意擅自转租不会影响租赁合同的效力;只不过,若其未经同意擅自转租,则枫桥公司有权解除其与丙公司的租赁合同。

5 CASE ① （28分）

| 案 情 |

2018年A、B、C、D、E出资设立甲公司，章程规定B、C、D公司成员出任董事会成员，E公司法定代表人张三担任甲公司的法定代表人。E公司以自有房屋（评估300万元）进行出资并过户，其余款项8年缴足，其他人员5年缴足。

股东B为了担保债权人赵六的债务把股权转让给了赵六，将赵六记载于股东名册，并办理了工商登记。

2019年某月甲公司经过E公司法定表人张三的提议，建议巫某担任公司总经理，并担任公司法定代表人，股东会半数以上表决权通过。

后来甲公司经营状况不错，有盈余，遂打算进行分红。股东会就分红按照实缴还是认缴比例无法达成一致，无法继续召开股东会。巫某无法调解各个股东间的矛盾，2020年某月，股东会召开会议决定解聘巫某的总经理职务，经过全体股东一致同意，巫某不服，发生纠纷。

经查明，E公司自有房屋出资实际上为李四所有，由于登记错误而在E公司名下，E公司法定代表人对此知情。

| 问 题 |

1. 甲公司能否善意取得E公司提供的房屋？（4分）
2. 利润分配表决，股东是按照实缴比例还是认缴比例，为什么？（6分）
3. B和赵六之间的担保是否有效？（4分）
4. 巫某担任总经理和法定代表人是否生效？（4分）
5. B公司对外转让股权，其他股东是否具有优先购买权？（4分）
6. 解聘巫某的总经理职务是否有效？（6分）

① 2021年主观题考试中，本题与第6题为“二选一”的选做题。

| 参考答案 |

1. 不能。

首先,E 公司出资的房屋实际归李四所有,故其出资行为属无权处分;其次,张三既是 E 公司的法定代表人,又是甲公司的法定代表人,法定代表人的个人意志可以推定为公司意志,张三对此知情,可视为甲公司亦知情,因此认定甲公司属于非善意,不符合善意取得的构成要件。据此,甲公司不能取得 E 公司提供的房屋。

2. 按照认缴比例。

依据法律规定,股东认缴的出资未届履行期限,对未缴纳部分的出资表决权,应当根据公司章程来确定。公司章程没有规定的,应当按照认缴出资的比例确定。本案中,章程没有进行相关规定,故各股东应该按照认缴出资比例行使。

3. 答案一:有效。本案中,当事人已经完成财产权利变动的公示,B 和赵六之间的担保行为属于股权让与担保。如果债务人 B 不履行到期债务,债权人赵六请求优先受偿的,人民法院应予支持。

答案二:有效。行为人与相对人以虚假的意思表示实施的民事法律行为无效;以虚假的意思表示隐藏的民事法律行为的效力,依照有关法律规定处理。本案中,如果把股东 B 和赵六之间的担保行为理解为隐藏的民事法律行为,则二者之间的股权转让行为无效,股权让与担保有效。

阅卷标准:言之有理,酌情给分。

4. (1)巫某担任总经理不生效。巫某担任总经理应经甲公司董事会聘任,而非股东会。(2)巫某担任法定代表人不生效。法定代表人的变更,应修改章程,必须经代表 2/3 以上表决权的股东通过。本案中,股东会仅半数表决权通过,故该决议不成立。此外,公司法定代表人依照公司章程的规定,由董事长、执行董事或者经理担任,并依法登记。巫某担任总经理并未生效,故其担任法定代表人亦不能生效。

5. 答案一:股权让与担保中,B 公司与债权人的真实意思表示系担保,不会产生股权转让的效力,故不侵犯其他股东的优先购买权。因此,其他股东不具有优先购买权。

答案二:现行法律并未规定在股权让与担保中,其他股东是否享有优先购买权。故依有限公司人合性、封闭性的特点,应给予其他股东优先购买权。

阅卷标准:言之有理,酌情给分。

6. 答案一:无效。依职权法定主义,总经理应由该公司董事会解聘,而非股东会解聘,故辞退无效。

答案二:有效。依实质重于形式的原则,因全体股东一致同意解聘,可推定为董事会的意志,故辞退有效。

阅卷标准:言之有理,酌情给分。

6 CASE **(28 分)**

| **案 情** |

甲县政府于2013年10月10日作出第76号《关于同意取缔市集中式饮用水源一、二级保护区排污的批复》文件,文件中明确由甲县生态环境局负责组织实施对在该水源保护区内的惠源公司等9个排污口的关停工作,但没有制定对于关停补偿的相关文件。为保护水源地,惠源公司于2014年开始正式关停。惠源公司于2018年向甲县政府投诉,申请对其按照国家政策给予一次性经济补偿或者迁址另建,免除关停未经营期间的税费及土地使用费等。

2020年5月15日,甲县政府作出《关于甲县惠源公司等五家企业投诉问题的结案报告》,结论是“决定用司法途径解决投诉问题”。惠源公司于2020年7月20日向甲县政府提出搬迁补偿申请书,要求甲县政府履行职责,对惠源公司案给予货币补偿,但甲县政府未予答复。

2020年11月9日,惠源公司向法院提起诉讼,要求判决甲县政府对其进行补偿。甲县政府辩称,原告未在合理期限内提出陈述申辩,原告的起诉已超过诉讼时效,且关闭该企业受益地是乙县,与甲县没有关系,应找乙县请求补偿。

附件一:《水污染防治法》第66条第1款规定:“禁止在饮用水水源二级保护区内新建、改建、扩建排放污染物的建设项目;已建成的排放污染物的建设项目,由县级以上人民政府责令拆除或者关闭。”

附件二:《环境保护法》第31条规定:“国家建立、健全生态保护补偿制度。国家加大对生态保护地区的财政转移支付力度。有关地方人民政府应当落实生态保护补偿资金,确保其用于生态保护补偿。国家指导受益地区和生态保护地区人民政府通过协商或者按照市场规则进行生态保护补偿。”

| **问 题** |

根据案情回答(如有不同处理意见,请列明):

1. 本案法院级别管辖如何确定?请谈谈你的理由。(6分)
2. 惠源公司起诉关停行为的,被告如何确定?(4分)
3. 惠源公司的起诉是否超过起诉期限?(4分)
4. 惠源公司提出的行政补偿请求是否合理?(4分)
5. 被告主张自己不是行政补偿主体是否准确?(4分)
6. 法院如何判决?(6分)

| **参考答案** |

1. 由中级人民法院管辖。

《行政诉讼法》第 15 条规定："中级人民法院管辖下列第一审行政案件：（一）对国务院部门或者县级以上地方人民政府所作的行政行为提起诉讼的案件；（二）海关处理的案件；（三）本辖区内重大、复杂的案件；（四）其他法律规定由中级人民法院管辖的案件。"

本案诉的是县政府不履行支付行政补偿的法定职责，县政府是被告，因此，由中级人民法院管辖。

2. 甲县政府为被告。

《行政诉讼法》第 26 条第 1 款规定："公民、法人或者其他组织直接向人民法院提起诉讼的，作出行政行为的行政机关是被告。"第 5 款规定："行政机关委托的组织所作的行政行为，委托的行政机关是被告。"

本案中，作出第 76 号《关于同意取缔市集中式饮用水源一、二级保护区排污的批复》文件的是县政府，该文件中明确由甲县生态环境局负责组织实施对在该水源保护区内的惠源公司等 9 个排污口的关停工作，属于县政府委托甲县生态环境局实施关停工作，根据"谁委托，谁被告"的规则，应当由甲县政府作为被告。

3. 没有超过。

《行政诉讼法》第 47 条第 1 款规定："公民、法人或者其他组织申请行政机关履行保护其人身权、财产权等合法权益的法定职责，行政机关在接到申请之日起两个月内不履行的，公民、法人或者其他组织可以向人民法院提起诉讼。法律、法规对行政机关履行职责的期限另有规定的，从其规定。"《行政诉讼法解释》第 66 条规定："公民、法人或者其他组织依照行政诉讼法第四十七条第一款的规定，对行政机关不履行法定职责提起诉讼的，应当在行政机关履行法定职责期限届满之日起六个月内提出。"

依照上述规定，对于法律、法规没有规定行政机关履职期限的，行政机关在接到履职申请之日起 2 个月内未履职的，相关权利人可以在 2 个月期限届满后的 6 个月内，对行政机关的不作为行为提起行政诉讼。惠源公司于 2020 年 7 月 20 日向县政府提出搬迁补偿申请书，要求县政府履行补偿职责，县政府收到后至今未予答复，属于未履行法定职责。惠源公司于 2020 年 11 月 9 日向法院提起诉讼，系在县政府收到履职申请 2 个月期限届满之后 6 个月内提起的，并未超过起诉期限。

4. 合理。

本案县政府作出的关停批复属于行政许可的撤回，应当给予被许可人合理的补偿。《水污染防治法》第 66 条第 1 款规定："禁止在饮用水水源二级保护区内新建、改建、扩建排放污染物的建设项目；已建成的排放污染物的建设项目，由县级以上人民政府责令拆除或者关闭。"惠源公司系位于饮用水水源二级保护区范围内的已建成的排放污染物的建设项目，甲县政府为环境公共利益需要有权对其作关停批复，符合法律规定。但是惠源公司在其经营场所被划入水库饮用水水源二级保护区范围之前，已合法取得营业许可，并在被关闭前持续正常经营，其依法取得的行政许可受法律保护。

根据《行政许可法》第 8 条的规定,行政机关为了公共利益的需要依法变更或者撤回已经生效的行政许可,应当对由此给公民、法人或者其他组织造成的财产损失给予补偿。惠源公司基于行政许可行为产生的信赖利益损失有权获得适当、合理的补偿。

5. 不准确。

《环境保护法》第 31 条第 3 款规定:“国家指导受益地区和生态保护地区人民政府通过协商或者按照市场规则进行生态保护补偿。”甲县政府系案涉生态保护地所在地政府,根据上述规定,其负有行政补偿职责。同时,根据《行政许可法》第 8 条的规定,甲县政府作为县级人民政府,为了公共利益的需要关闭惠源公司企业,事实上撤回了行政许可,亦负有补偿职责。

6. 责令甲县政府在一定期限内对惠源公司的补偿申请重新作出处理。

《行政诉讼法解释》第 91 条规定:“原告请求被告履行法定职责的理由成立,被告违法拒绝履行或者无正当理由逾期不予答复的,人民法院可以根据行政诉讼法第七十二条的规定,判决被告在一定期限内依法履行原告请求的法定职责;尚需被告调查或者裁量的,应当判决被告针对原告的请求重新作出处理。”行政机关在实际给付之前尚有优先判断或者裁量余地的,应待行政机关先行处理后,法院再对其是否合法以及明显不当进行审查。在行政机关没有就补偿作出决定的情况下,不宜由法院运用司法权判定补偿的具体数额一事。

2020年国家统一法律职业资格考试

主观题（回忆版）*

---

* 根据《2021年国家统一法律职业资格考试公告》，2021年主观题考试中的"中国特色社会主义法治理论"科目调整为"习近平法治思想"科目。因此，本套试卷收录原第2～6题。

1 CASE **(34分)**

|案　情|

刘某和任某欲种植沉香,于是在国家森林里面砍伐林木(1200棵)。王某是森林公安局的侦查人员,其在2016年2月进行调查时发现刘某是其初中同学,碍于情面没有管,刘某、任某继续种植。

2017年3月,王某以此事为由找刘某帮自己装修新房,给了刘某50万元用于装修,但是要求装修费用要到100万元。刘某找某装修公司进行装修,装修实际费用120万元。刘某只给了装修公司的负责人钟某100万元,装修公司不同意。当钟某向刘某再要20万元的时候,刘某对钟某说:"房主是混黑社会的,如果你还坚持要20万元,小心捣毁你的公司。"钟某害怕,就不敢再要了。事后刘某告知王某装修花了120万元,王某听到后说:"太贵了,我再给你10万元吧。"然后又给了刘某10万元。

龚某喜欢爬山,有一天他和洪某爬山时看到了沉香,于是两人想占为己有,在偷窃过程中被刘某发现。洪某逃离,龚某为了窝藏沉香,对刘某说:"如果你们敢抓我,我就举报你们滥伐林木!"刘某因此放弃,龚某拿走了价值2万元的沉香。

后来,洪某举报刘某、任某砍伐林木,林业局工作人员郑某、赵某上山检查,刘某和任某实施暴力阻拦,赵某和郑某反击,互相殴打。在该次事件中,赵某受轻伤,但无法查清是谁所致;刘某受重伤,系赵某和郑某所为,但无法查清是谁所致;任某受轻伤,系刘某要打击郑某,结果打到了同伙任某。

|问　题|

请根据《刑法》及相关规定,分析刘某、任某、王某、龚某、洪某、赵某和郑某的行为性质(包括罪名、犯罪金额等),并说明理由。有不同观点的,可以同时答出不同的观点。

| **参考答案** |

(一)关于第一段事实

刘某、任某构成滥伐林木罪的共同犯罪,王某构成徇私枉法罪。

我国《刑法》规定,两人以上共同故意犯罪的构成共同犯罪,没有采伐许可证,违反《森林法》的规定,滥伐林木,数量较大的行为成立滥伐林木罪。本案中刘某、任某因种植沉香,砍伐了1200棵林木的行为符合我国《刑法》关于滥伐林木罪的构成要件,依法成立滥伐林木罪。

我国《刑法》规定,司法工作人员徇私枉法、徇情枉法,对明知是有罪的人而故意包庇不使他受追诉的行为构成徇私枉法罪。本案中王某因刘某是其初中同学,徇情枉法,依法成立徇私枉法罪。

(二)关于第二段事实

1. 王某索取贿赂的行为成立受贿罪,既遂数额为60万元。

依据我国《刑法》及相关规定,国家工作人员利用职务便利,索取他人财物的行为成立受贿罪。本案中,王某要求被管理人员低价提供房屋装修财产性利益,索取财物,成立索贿型的受贿罪。既遂数额为60万元(120万元-50万元-10万元=60万元)。

2. 刘某依法构成行贿罪,既遂数额为60万元。构成诈骗罪,既遂数额为20万元。实施数罪并罚。

依据我国《刑法》及相关规定,为了谋取不正当利益,给予国家工作人员以财物的行为是行贿罪;以非法占有为目的,虚构事实、隐瞒真相,使被害人基于错误认识处分财物的行为成立诈骗罪。本案中刘某为了使自己伐木的事情不被追究,给王某提供价值120万元的装修(只收60万元)的行为依法成立行贿罪。刘某以编造虚假事实的手段使装修公司负责人钟某少收20万元装修款的行为依法成立诈骗罪。

(三)关于第三段事实

1. 龚某、洪某成立盗窃罪的共同犯罪,属于犯罪未遂。

我国《刑法》规定,以非法占有为目的,窃取公私财物数额较大的行为成立盗窃罪。由于意志以外的原因未得逞的属于犯罪未遂。本案中龚某、洪某共同故意窃取沉香的行为符合盗窃罪的构成要件,依法成立盗窃罪,但未得逞,属于未遂。

2. 龚某另成立敲诈勒索罪,既遂数额2万元。洪某不构成敲诈勒索罪。

我国《刑法》规定,以非法占有为目的,实施恐吓使对方基于恐吓行为产生恐惧心理交付财物的行为成立敲诈勒索罪。本案中,龚某以违法犯罪相挟,强迫刘某、任某放弃对沉香的占有,根据《刑法》第274条的规定,构成敲诈勒索罪,既遂数额为2万元。由于洪某逃离,对龚某实行的敲诈行为不知情,因此龚某的行为属于实行过限,洪某不构成敲诈勒索罪。

(四)关于第四段事实

1. 洪某构成立功,可以从轻或者减轻处罚。洪某举报刘某、任某砍伐林木的行为符合我国《刑法》"揭发他人犯罪行为,查证属实的"属于立功的规定,可以对其从轻或者减轻处罚。(有的考生仅写了"立功"的知识点,也是得分的,至少给3分。)

2. 刘某、任某成立妨害公务罪的共同犯罪。

依据《刑法》及相关规定，以暴力方式阻碍国家机关工作人员依法执行职务的行为构成妨害公务罪。本案中刘某、任某以暴力方法阻碍国家机关工作人员赵某、郑某依法执行职务的行为依法成立妨害公务罪。

3. 赵某、郑某反击的行为不构成犯罪，属于正当防卫。

我国《刑法》规定，为了使本人的人身免受正在进行的不法侵害，而采取的制止不法侵害的行为，对不法侵害人造成损害的，属于正当防卫，不负刑事责任。赵某、郑某对刘某、任某暴力伤害行为的反击属于正当防卫。由于导致刘某重伤，因此就赵某、郑某的行为是否过当，存在观点展示：

观点一：不过当。由于不能查明重伤结果具体是由谁造成的，两人也不是共同犯罪，根据存疑有利于被告人原则，二人对重伤结果均不负责，所以，不过当。

观点二：过当，赵某、郑某要对重伤结果负责。两人的行为属于共同犯罪，客观上对共同防卫行为造成的重伤结果要负责，属于防卫过当。

我赞同观点一，不过当。因为在防卫限度上，即使造成重伤或重大损害结果，只要防卫行为与不法侵害相差不悬殊，赵某、郑某不存在明显过激行为，就不属于防卫过当。

4. 任某的轻伤系刘某所致，刘某属于偶然防卫，关于承担何种责任，存在如下几种观点：

观点一：承担故意伤害罪的刑事责任。

刘某客观上制止了任某正在进行的妨害公务、伤害赵某和郑某的行为，符合防卫的客观要件。虽然存在打击错误，但根据法定符合说，认为刘某具有伤害的犯罪故意，所以其应承担故意伤害罪的刑事责任（也可以分析妨害公务罪轻伤既遂的刑事责任，言之有理即可得分）。

观点二：不承担故意伤害罪的刑事责任。

刘某客观上制止了任某正在进行的妨害公务、伤害赵某和郑某的行为，符合防卫的客观要件。虽然存在打击错误，但根据具体符合说，认为刘某没有犯罪故意，所以其不承担故意伤害罪的刑事责任。

我赞同观点一，法定符合说更符合司法实践，刘某应该承担故意伤害罪的刑事责任。

5. 关于赵某的轻伤，无法查明是谁所致。刘某和任某成立妨害公务罪与故意伤害罪的想象竞合，择一重罪论处。

我国《刑法》规定，一个犯罪行为既符合妨害公务罪的构成要件，又符合故意伤害罪的构成要件的，属于想象竞合。对于想象竞合犯，应从一重罪论处。

2 CASE （30分）

| 案 情 |

林某明知洪某(已受刑罚)实施犯罪,而为其提供网游网站,并将玩家充值到游戏里的1.2万元转走。林某明知张某(已受刑罚)实施犯罪,而为其提供网游网站,并窃取玩家账号和密码,将账户内的资金转走。

甲市B区公安局进行侦查后,认为林某明知他人利用信息网络实施犯罪,仍为其提供网站,构成帮助犯,并将案件移送甲市B区检察院审查起诉,甲市B区检察院向甲市B区法院提起公诉。

本案证据:物价局出具的价格认定书、供述、讯问录音录像、邀请有专门知识的人对鉴定意见发表的意见等。

| 问 题 |

1. 本案属于利用计算机实施犯罪,利用计算机实施犯罪如何确定管辖?(4分)

2. 犯罪嫌疑人的供述笔录与讯问录音录像存在本质性差异,法院应该以哪个为准?讯问录音录像能否作为认定案件的依据?(6分)

3. 价格机构出具的价格认定书属于何种证据类型?其是否可以作为本案证据?(6分)

4. 针对电子证据的收集,法院应审查哪些内容?(4分)

5. 针对检察院提供的证据,应该如何质证?(4分)

6. 专家辅助人对鉴定报告提出的意见属于什么性质?其是否可以作为认定案件的依据?法院应如何处理?(6分)

| **参考答案** |

1. 被告人的居住地、网络架设地、服务器所在地、被害人财产损失地等的法院均有管辖权。

依据《刑事诉讼法》及相关规定，针对或者利用计算机网络实施的犯罪，犯罪地包括犯罪行为发生地的网站服务器所在地，网络接入地，网站建立者、管理者所在地，被侵害的计算机信息系统及其管理者所在地，被告人、被害人使用的计算机信息系统所在地，以及被害人财产遭受损失地，犯罪地的法院均有管辖权。所以本案中，林某的居所地、网络架设地、服务器所在地、被害人财产损失地等的法院均享有管辖权。

2. (1)法院会结合控辩双方提供的所有证据及被告人的全部供述和辩解进行综合判定。法院应当排除非法取得的证据，以排除后的证据为准。

依据《刑事诉讼法》及证据相关规定，被告人庭前供述与录音录像不一致很可能是出现了非法取证的行为，若能够证明证据系非法获取的，应当依法排除。此外，法官应当审查被告人庭前供述与录音录像的真实性，若庭前供述有其他证据印证，可以采纳庭前供述；若录音录像有其他证据印证，可以采纳录音录像。

(2)如果讯问的过程是非法的，则讯问录音录像不能作为认定案件的依据。

依据《刑事诉讼法》及相关理论，如果讯问笔录没有经过被告人的核对确认，则其不得作为定案的根据。如果讯问的过程是非法的，则同步录音录像属于“毒树之果”，也应当被排除，不能将其作为认定案件的依据。

3. 价格认定书不属于《刑事诉讼法》规定的证据种类。其属于检验报告，法官应结合整体证据并参照鉴定意见的审查规定确定能否将其作为本案证据。

依据《刑事诉讼法》及相关规定，价格认定书不属于法定的证据种类。《刑诉解释》第 100 条规定：“因无鉴定机构，或者根据法律、司法解释的规定，指派、聘请有专门知识的人就案件的专门性问题出具的报告，可以作为证据使用。对前款规定的报告的审查与认定，参照适用本节的有关规定。经人民法院通知，出具报告的人拒不出庭作证的，有关报告不得作为定案的根据。”本案中，物价部门出具的价格认定书即为由有专门知识的人就案件的专门性问题出具的报告，该价格认定书可以作为证据使用，对其的审查与认定参照鉴定意见的程序规定。

4. 本案的被告人主要利用网站实施犯罪，依据《刑事诉讼法》及相关规定，对电子邮件、电子数据交换、网上聊天记录、博客、微博、手机短信、电子签名、域名等电子数据，法院应当着重审查以下内容：

(1)是否移送原始存储介质；在原始存储介质无法封存、不便移动或者依法应当由有关部门保管、处理、返还时，提取、复制电子数据是否由 2 人以上进行，是否足以保证电子数据的完整性，有无提取、复制过程及原始存储介质存放地点的文字说明和签名。

(2)收集程序、方式是否符合法律及有关技术规范。经勘验、检查、搜查等侦查活动收集的电子数据，是否附有笔录、清单，并经侦查人员、电子数据持有人、见证人签名；没有持有人签名的，是否注明原因。远程调取境外或者异地的电子数据的，是否注明相关情况；对电子数据的规格、类别、文件格式等的注明是否清楚。

(3)电子数据的内容是否真实,有无删除、修改、增加等情形。

(4)电子数据与案件事实有无关联。

(5)是否全面收集与案件事实有关联的电子数据。对电子数据有疑问的,应当进行鉴定或者检验。

5.本案中,检察院提供了如下证据:物价局出具的价格认定书、供述、讯问录音录像、邀请有专门知识的人对鉴定意见发表的意见等。依据《刑事诉讼法》及相关规定,在法庭调查阶段,根据“谁主张,谁举证”的规则,应当由公诉人首先举证,一般是一证一质,证据较多的,可以成组出示证据。

举证时一般先通过讯问本案被告人,询问相关证人等方式出示言词证据,再向法庭出示物证、书证等实物证据。在公诉方举证完毕后,辩护方可以举证,由公诉方质证,公诉人应当紧紧围绕辩护方证据的客观性、真实性、合法性进行有针对性的质证并听从甲市B区法院法官的指挥。

6.(1)专家辅助人可以对鉴定意见发表意见,专家辅助人不是法定的诉讼参与人,其对鉴定意见发表的专业意见不是法定证据,但可以作为参考材料。

依据《刑事诉讼法》及相关规定,可以用于证明案件事实的材料是证据。证据包括物证,书证,证人证言,被害人陈述,犯罪嫌疑人、被告人供述和辩解,鉴定意见,勘验、检查、辨认、侦查实验等笔录,视听资料、电子数据。本案中专家辅助人对鉴定报告提出的意见不是法定意见,可以作为参考材料。

(2)不能作为认定案件的依据。

依据《刑事诉讼法》及相关规定,证据必须经过查证属实,才能作为定案的根据。本案中的专家辅助人的意见不属于法定证据,仅能作参考材料,不能作为认定案件的依据。

(3)法院应结合全案证据进行裁判,对于专家辅助人发表的意见可以进行参考,但不能将其作为定案依据。

3 CASE （56 分）

| 案 情 |

甲公司的住所地在东上市西山区，该公司有两个股东 A 和 B，各持股 50% 。甲公司拥有南下市北山区一地块的土地使用权，该地块正在准备拆迁。东下市西河区的乙公司是北上市南海区的明达公司的全资子公司，主营房地产业务。

A 和 B 以个人的名义找到乙公司，与乙公司协商，A 和 B 以该地块的使用权出资，设立承接该开发的项目公司。双方达成《协议》，约定：

①以乙公司为项目运营的商事载体；

②A、B 不涉及乙公司管理事务，包括投资、以土地使用权设定质押等；

③A、B 可以分得 40%（各 20%）的房产；

④A、B 分得房产后，即应无偿转回乙公司名下；

⑤如在履行协议过程中发生争议，由被告所在地法院管辖。

协议签订后，乙公司对股权进行了变更，并根据股权的调整进行了工商变更登记。

乙公司将该土地使用权抵押给了丙公司，融资租赁 2 台铲车。为获得更多融资款，乙公司将公司动产与丁公司签订了动产浮动抵押协议，并办理了登记，为实现担保物权，丁公司要求乙公司提供担保，乙公司找来了自然人 C 和 D 提供连带保证。后在经营过程中，乙公司将 2 台铲车卖给了自然人 E，并获得 1950 万元货款。后因为铲车的质量问题和设计缺陷，E 一直与乙公司进行交涉但未果。

乙公司为体现自己落实了《民法典》中的营利法人的社会责任，承诺每年向“青少年基金会”捐款 1000 万元，并在媒体上宣传。为获取更多融资款，乙公司与戊信托商签订协议，由担保人庚和抵押人辛（以其价值 1500 万元的房子抵押，已办理抵押登记）提供担保，但庚和辛并不知道对方的存在。楼盘建成之后，乙公司陆续对外销售了约 15% 的房屋。自然人 F 购买房屋后发现房屋的面积、容积率、配套设施均与宣传有很大差距。

A 和 B 发现乙公司大规模融资，又迅速对外销售房产，产生怀疑，于是向法院起诉乙公司违约，后撤回起诉。之后乙公司经营不佳，A 和 B 申请对乙公司进行重整，要求乙公司交付约定的 40% 的房屋。

| 问 题 |

1. 甲公司的债权人能否直接要求 A、B 承担连带责任？为什么？（5 分）

2. A、B 起诉乙公司要求其交付 40% 的房产，由哪个（些）法院管辖？（5 分）

3. A、B 能否主张撤销乙公司的房屋买卖合同？（5 分）

4. 乙公司的债权人是否有权直接主张撤销乙公司向“青少年基金会”的捐款？乙公司是否能够任意撤销对“青少年基金会”的捐款？（6 分）

5. 自然人 E 针对 2 台铲车的质量问题和设计上的缺陷，应该向谁主张权利？如果可以，主张

何种责任？（6分）

6. 丁公司对2台铲车的抵押权能否对抗E？（5分）

7. 辛代乙公司向戊信托商支付相当于其提供的抵押房产价值的1500万元后，其是否可以向庚主张权利？（5分）

8. 自然人F就房屋面积、结构设计等与宣传内容不符事宜，可以寻求何种救济方式？能否依据《消费者权益保护法》主张3倍的惩罚性赔偿？（6分）

9. 若乙公司到期无法偿还借款，丁公司应如何行使其担保物权？（5分）

10. 鉴定的启动方式及鉴定机构如何确定？当事人对鉴定意见提出异议申请重新鉴定的，法院应如何处理？（8分）

| **参考答案** |

1. 不能。

依据《公司法》及相关规定,公司股东滥用公司法人独立地位和股东有限责任,逃避债务,严重损害公司债权人利益的,应当对公司债务承担连带责任。

本案中,A、B 和乙公司约定合伙开发,既没有逃避债务,也不能看出严重损害了债权人的利益,且根据应当慎用公司人格否定制度的原则,甲公司的债权人不能直接要求 A、B 承担连带责任。

2. 东下市西河区人民法院。

根据《民事诉讼法》及相关规定,合同或者其他财产权益纠纷的当事人可以书面协议选择被告住所地、合同履行地、合同签订地、原告住所地、标的物所在地等与争议有实际联系的地点的人民法院管辖,但不得违反《民事诉讼法》对级别管辖和专属管辖的规定。

本案中,A、B 与乙公司签订了合作开发房地产合同,书面约定发生纠纷由被告所在地法院管辖,且上述约定不违反级别管辖和专属管辖的规定,故本案由东下市西河区人民法院管辖。

3. 不能。

根据《民法典》及相关规定,当事人均具有相应的民事行为能力,意思表示真实,不违反法律、行政法规的强制性规定且不违背公序良俗的,民事法律行为有效。具有欺诈、胁迫、重大误解、显失公平等情形的,民事法律行为可撤销。

本案中,乙公司卖房属于有权处分,而且没有法律规定的无效或者可撤销的事由,A、B 当然不能要求撤销该合同。

4. (1)不能。根据《民法典》及相关规定,债务人以放弃其债权、放弃债权担保、无偿转让财产等方式无偿处分财产权益,或者恶意延长其到期债权的履行期限,影响债权人的债权实现的,债权人可以请求人民法院撤销债务人的行为。

本案中,虽然乙公司向基金会捐赠 1000 万元,但是其房屋仅仅出售了 15%,且债权人丁公司与戊信托商的债权都有相应的担保,因此,乙公司向基金会捐赠 1000 万元的行为并不会影响债权人债权的实现,其债权人无权行使撤销权撤销该捐赠行为。

(2)不能。根据《民法典》及相关规定,赠与人在赠与财产的权利转移之前可以撤销赠与。经过公证的赠与合同或者依法不得撤销的具有救灾、扶贫、助残等公益、道德义务性质的赠与合同,不适用前述规定。

本案中,乙公司将财产捐赠给基金会的合同属于具有公益性质的赠与合同,那么此时乙公司不能行使任意撤销权来撤销该赠与合同。

5. (1)乙公司。依据《民法典》及相关规定,无权处分不会影响买卖合同的效力。

本案中,乙公司没有所有权而将设备出卖属于无权处分,但是无权处分并不影响买卖合同的效力。所以自然人 E 应向乙公司主张权利。

(2)违约责任。依据《民法典》及相关规定,当事人一方履行合同义务不符合约定的,应当承担赔偿损失等违约责任。

本案中，乙公司交付的设备存在严重的质量问题和设计缺陷，依据合同的相对性，E 可以向乙公司主张违约责任。

6. 能。根据《民法典》及相关规定，以动产抵押的，不得对抗正常经营活动中已支付合理价款并取得抵押财产的买受人。本案中，乙公司为房地产开发企业，其正常的经营范围为房地产开发活动，出卖设备并不在其正常经营范围之内。所以乙公司为丁公司设立的动产浮动抵押权可以对抗自然人 E。

7. 答案一：不能。依据《民法典》及相关规定，提供担保的第三人承担担保责任后，有权向债务人追偿。本案中，庚、辛不构成连带共同担保，辛替乙公司归还了 1500 万元的债务之后，只能向债务人追偿，不可以向其他担保人追偿。

答案二：可以。根据民法通说理论，提供担保的第三人承担担保责任后，有权向债务人追偿，也可以要求其他担保人承担其应当承担的份额，可以按照内部份额比例向其他担保人追偿。本案中，辛替乙公司清偿债务后，既可以向债务人追偿，也可以按照内部份额比例向庚追偿。

8. (1)依据《民事诉讼法》及相关规定，购房人 F 可以通过和解、调解、达成有效的仲裁协议或者提起诉讼的方式获得救济。

(2)观点一：可以。根据《消费者权益保护法》及相关规定，经营者提供商品或者服务有欺诈行为的，应当按照消费者的要求增加赔偿其受到的损失，增加赔偿的金额为消费者购买商品的价款或者接受服务的费用的 3 倍。

本案中，乙公司的宣传和其实际交付的房屋明显不符，成立欺诈，F 可以依据上述规定主张 3 倍的惩罚性赔偿。

观点二：不可以。最高人民法院《关于审理商品房买卖合同纠纷案件适用法律若干问题的解释》中没有关于 3 倍赔偿的明文规定。

本案中，F 不能主张 3 倍的惩罚性赔偿。

9. 先就乙公司的抵押实现债权，未获清偿的部分要求 C、D 承担保证责任。

根据《民法典》及相关规定，当债务人自己提供的物保与保证并存，且当事人未约定如何实现债权时，债权人应当先就债务人提供的物保实现债权，再要求保证人承担保证责任。

本案属于混合担保，由于债务人乙公司自己提供了物保，因此债权人丁公司行使权利就有顺序限制，必须先就乙公司的抵押实现债权，才能再要求 C 和 D 对未获清偿的部分承担保证责任。

10. (1)鉴定的启动方式：可以依当事人申请启动鉴定，法院可以依职权启动鉴定。

依据最高人民法院《关于民事诉讼证据的若干规定》及相关规定，人民法院在审理案件过程中认为待证事实需要通过鉴定意见证明的，应当向当事人释明，并指定提出鉴定申请的期间。如果是人民法院认为审理案件需要的证据，应当依职权委托鉴定。

因此，可以依当事人申请启动鉴定，法院也可以依职权启动鉴定。

(2)鉴定机构确定：

①当事人申请鉴定的，法院应当组织当事人协商确定鉴定人，如果协商不成，则由人民法院指定。

②法院依职权委托鉴定的,在询问当事人意见后,由法院指定鉴定机构。

依据最高人民法院《关于民事诉讼证据的若干规定》及相关规定,人民法院准许鉴定申请的,应当组织双方当事人协商确定具备相应资格的鉴定人。当事人协商不成的,由人民法院指定。人民法院依职权委托鉴定的,可以在询问当事人的意见后,指定具备相应资格的鉴定人。

(3)法院处理方式:

①当事人对鉴定书的内容有异议的,应当在人民法院指定期间内以书面方式提出。

②对于当事人的异议,人民法院应当要求鉴定人作出解释、说明或者补充。人民法院认为有必要的,可以要求鉴定人对当事人未提出异议的内容进行解释、说明或者补充。

③当事人在收到鉴定人的书面答复后仍有异议的,人民法院应当通知有异议的当事人预交鉴定人出庭费用,并通知鉴定人出庭。有异议的当事人不预交鉴定人出庭费用的,视为放弃异议。

4 CASE ① (28分)

| 案 情 |

甲公司为一家集体所有制转制的有限责任公司,有股东4人,分别为郑一、关二、刘三、工会,持股比例分别为15%、8%、26%、51%。工会已登记为法人,代表甲公司全体职工持股。郑一担任董事长和法定代表人,关二任总经理。工会委派曹四、谢五任甲公司董事,与郑一、关二、刘三共同组成董事会。职工股东曹四将其股权对外转让给赵七,但未告知工会。工会知情后,召开全体职工会撤销曹四董事的委派。

后甲公司有意增资3000万元,拟定的增资方案为全部增资均由乙公司认缴,出资款分三期实缴,第一期在合同签订后支付200万元,第二期在办理股权变更登记后支付800万元,剩余出资在第三期支付,增资后乙公司持有甲公司60%的股权。甲公司针对上述增资事宜召开股东会,全体职工股东参加:(1)关二不同意本次增资;(2)刘三主张优先认购500万元增资;(3)持股0.5%的职工股东黄十一主张按其持有的股权优先认购增资;(4)其他股东同意上述增资方案。股东会最终决议通过该增资方案(同意人所占股权比例为73.5%),后乙公司登记为甲公司股东,并依约实缴前两期出资。后乙公司委派到甲公司的董事善八,在乙公司的指示下与乙公司的全资子公司丙公司签订了700万元的无息借款合同,借款期限为8年。后乙公司经营陷入困境,一年多以来,乙公司与甲公司原有股东因经营理念不合等矛盾剧增,后甲公司原股东在未通知乙公司的情况下,召开股东会,通过了解除乙公司股东资格的股东会决议。

| 问 题 |

1. 职工股东曹四将其股权对外转让给赵七的行为的效力如何?(4分)
2. 工会召开全体职工会撤销曹四董事的委派,是否产生曹四董事资格丧失的效力?(5分)
3. 甲公司针对增资的股东会决议的效力如何?(4分)
4. 刘三、黄十一关于增资认缴的主张是否可以获得支持?(5分)
5. 甲公司与丙公司签订的借款合同的效力如何?(4分)
6. 解除乙公司股东资格的股东会决议的效力如何?(6分)

① 在2020年主观题考试中,本题与第5题为"二选一"的选做题。

| 参考答案 |

1. 不发生股权转让的效力(或者无效)。

答案一:本案中,工会作为甲公司合法登记的法人,代表全体职工持股,工会作为"集合股东"(全体职工股的代表),在公司内部行使股东权利,参与公司的管理。对于工会管理的职工股转让问题,由于公司实行职工持股计划本来就具有维系企业与职工关系的目的,并且职工股股东相对于普通股股东,享受了诸多的优惠条件,因而,对职工股股权的转让应当进行一定的限制。实践中一般根据公司章程、职工持股会章程等进行转让,且一般通过内部转让、回购等形式完成转让。职工私下将职工股转让给他人是无效的。

答案二(参考即可,不作为标准答案):依据《公司法》及相关规定,有限责任公司的股东对外转让股权的,章程有规定的依规定,没有规定的需要经过其他股东过半数同意。

本案中,职工股东曹四将其股权对外转让,但是其没有告知工会,题干也未提及经过了郑一、关二、刘三等的同意,可以看出曹四对外转让股权的行为没有经过其他股东过半数的同意。因此,曹四对外转让股权的行为不发生效力。

2. 工会召开全体职工会撤销曹四董事的委派,产生了曹四董事资格丧失的效力。

根据《公司法》及相关规定,有限责任公司的股东会选举和更换非由职工代表担任的董事、监事,决定有关董事、监事的报酬事项。董事会中的职工代表由公司职工通过职工代表大会、职工大会或者其他形式民主选举产生。可见,《公司法》将职工董事的任免权赋予了职工大会。

本案中,曹四作为职工董事由职工大会选举和罢免,曹四被职工大会撤销任命后丧失了在甲公司的董事资格。

曹四是职工大会选出的职工董事,职工大会作出决议免除其职工董事的资格,符合《公司法》的规定。

3. (1)甲公司增资3000万元的决议有效。

根据《公司法》第43条第2款的规定,股东会会议作出增加注册资本的决议,必须经代表2/3以上表决权的股东通过。

本案中,就甲公司的增资方案,虽然股东关二明确表示反对,但代表73.5%表决权的其他股东均同意,故该增资决议有效。

(2)由乙公司认购全部新增股本的决议不成立。

根据《公司法》第34条的规定,公司新增资本时,股东有权优先按照实缴的出资比例认缴出资。但是,全体股东约定不按照出资比例优先认缴出资的除外。

本案中,甲公司增资3000万元,其他股东有权按实缴的出资比例行使优先认购权,如果违反此认购比例,涉及公司股权架构的重新搭建问题,则需要全体股东一致同意。关于由乙公司认购全部增资的方案,有股东关二反对、刘三主张优先认购权等,故同意此方案的表决结果未达到《公司法》规定的通过比例,该决议不成立。

4. 刘三的主张可以得到支持;黄十一的主张不能得到支持。

(1)刘三的主张可以得到支持。

根据《公司法》第 34 条的规定，公司新增资本时，股东有权优先按照实缴的出资比例认缴出资。但是，全体股东约定不按照出资比例优先认缴出资的除外。本案中，刘三实缴的出资比例为 26%，在此范围即 780 万新股的范围内，刘三有优先认购权。在无其他约定的情况下，刘三主张优先认购 500 万股并未超出法定范围，该主张可以得到支持。

(2)黄十一的主张不能得到支持。

根据《公司法》第 34 条的规定，公司新增资本时，享有优先认购权的是公司的股东。本案中，黄十一的职工股并非由黄十一直接持有的，而是由工会作为集体持股平台统一持有的并将工会登记为股东。黄十一既然不是甲公司的直接股东，那么自然无权主张股东的优先认购权。

5. 有效。

依据《公司法》第 21 条及最高人民法院《关于适用〈中华人民共和国公司法〉若干问题的规定(五)》第 1 条的规定，公司的控股股东、董事利用关联关系损害公司利益，给公司造成损失的，应当承担赔偿责任。

本案中，善八以甲公司名义与丙公司签署的无息借款合同，属于控股股东善八实施的关联交易，但法律并不否认关联交易的效力，只是因此给公司造成的损失，行为人需要对公司承担赔偿责任。甲公司与乙公司签订合同并不违反法律的禁止性规定，所以合同是有效的。

6. 无效。

依据《公司法》及相关司法解释的规定，有限责任公司的股东未履行出资义务或者抽逃全部出资，经公司催告缴纳或者返还，其在合理期间内仍未缴纳或者返还出资的，公司可以以股东会决议解除该股东的股东资格。

本案中，乙公司虽然利用其股东身份与甲公司发生了关联交易，损害了甲公司的利益；但是，乙公司没有不履行出资义务的行为，因此解除乙公司的股东资格是于法无据的。

本案中，乙公司已经实际缴纳了 1000 万元的出资，并且题目并未说明甲公司进行了催告，也没有乙公司拒不缴纳出资的相关表述，所以，不能解除乙公司的股东资格，甲公司股东会解除其股东资格的行为无效。

5 CASE （28分）

｜案　情｜

甲市乙区人民政府为了进行旧城改造，发布了国有土地征收补偿公告，对所划定的区域内的国有土地进行征收补偿。乙区人民政府与乙区管委会签订《征收补偿授权协议书》，授权乙区管委会以乙区人民政府的名义实施征收补偿事务。

黄某是一名个体工商户，在公告所划定的区域内有厂房，该厂房登记在黄某名下，评估公司评估该房屋的价值为260万元，黄某与乙区管委会签订了《资产收购协议》，约定补偿数额为300万元，同时协议中约定，如果发生争议，双方先协商解决，协商不成的，任何一方均有权向仲裁机构申请仲裁。后黄某认为补偿数额过低，向法院提起诉讼要求确认协议无效。

经法院查明，乙区管委会是甲市人民政府设立的派出机构，乙区管委会经乙区人民政府授权实施征收事宜。因黄某认为补偿数额过低，所以其向乙区人民政府申请公开其他被征收人的补偿数额，乙区人民政府以涉及第三人隐私为由拒绝公开。

｜材　料｜

《国有土地上房屋征收与补偿条例》(国务院于2011年1月21日发布并施行)

第二条　为了公共利益的需要，征收国有土地上单位、个人的房屋，应当对被征收房屋所有权人(以下称被征收人)给予公平补偿。

第八条　为了保障国家安全、促进国民经济和社会发展等公共利益的需要，有下列情形之一，确需征收房屋的，由市、县级人民政府作出房屋征收决定：

(一)国防和外交的需要；

(二)由政府组织实施的能源、交通、水利等基础设施建设的需要；

(三)由政府组织实施的科技、教育、文化、卫生、体育、环境和资源保护、防灾减灾、文物保护、社会福利、市政公用等公共事业的需要；

(四)由政府组织实施的保障性安居工程建设的需要；

(五)由政府依照城乡规划法有关规定组织实施的对危房集中、基础设施落后等地段进行旧城区改建的需要；

(六)法律、行政法规规定的其他公共利益的需要。

第二十九条　房屋征收部门应当依法建立房屋征收补偿档案，并将分户补偿情况在房屋征收范围内向被征收人公布。

审计机关应当加强对征收补偿费用管理和使用情况的监督，并公布审计结果。

｜问　题｜

根据案情回答(如有不同处理意见，请列明)：

1. 本案的原告是谁？为什么？(4分)

2. 本案的被告是谁？为什么？(4分)

3.《资产收购协议》是否属于行政协议？为什么？(5分)

4. 本案约定的仲裁协议是否有效？为什么？(5分)

5. 如何确定本案诉讼时效？为什么？(5分)

6. 乙区人民政府以涉及第三人隐私为由拒绝黄某的公开申请的行为是否合法？(5分)

| 参考答案 |

1. 黄某是原告。

依据最高人民法院《关于审理行政协议案件若干问题的规定》及相关规定,行政机关为了实现行政管理或者公共服务目标,与公民、法人或者其他组织协商订立的具有行政法上权利义务内容的协议,属于行政协议。行政协议是具体行政行为,对其可提起诉讼。在行政诉讼中,签订协议的一方当事人是原告,行政机关恒定为被告。

本案中,黄某是房屋所有权人,也是行政协议的行政相对人,与被诉协议具有利害关系,所以黄某是原告。

2. 区政府是被告。

依据《行政诉讼法》及相关司法解释的规定,(1)行政机关组建并赋予行政管理职能但不具有独立承担法律责任能力的机构,以自己的名义作出行政行为,当事人不服提起诉讼的,应当以组建该机构的行政机关为被告。(2)授权依据只能是法律、法规或者规章;根据法律规定,委托行政的,委托机关为被告。

本案中,乙区管委会是受区人民政府的委托,甲市乙区人民政府通过《征收补偿授权协议书》授权乙区管委会以乙区人民政府的名义开展征收工作,但是因为授权依据必须是法律、法规、规章,而区人民政府授权乙区管委会没有法律依据,所以视为区人民政府委托了乙区管委会。所以本案的被告是乙区人民政府。

3.《资产收购协议》属于行政协议。

依据最高人民法院《关于审理行政协议案件若干问题的规定》及相关规定,行政协议是指行政机关为实现公共利益或者行政管理目标,在法定职责范围内,与公民、法人或者其他组织协商订立的具有行政法上权利义务内容的协议。

本案中,区人民政府为了行政管理及公共利益的需要,乙区管委会与黄某签订的具有行政法上权利义务内容的协议属于行政协议。

4. 约定的仲裁协议无效。

依据最高人民法院《关于审理行政协议案件若干问题的规定》,行政协议约定仲裁条款的,人民法院应当确认该条款无效。

因此,本题中约定的仲裁条款违反了相关法律及司法解释的规定,是无效的。

5. 本案的诉讼时效为 3 年。

根据最高人民法院关于《审理行政协议案件若干问题的规定》第 25 条规定,公民、法人或者其他组织对行政机关不依法履行、未按照约定履行行政协议提起诉讼的,诉讼时效参照民事法律规范确定;对行政机关变更、解除行政协议等行政行为提起诉讼的,起诉期限依照行政诉讼法及其司法解释确定。本案中,黄某并不是对行政机关变更、解除行政协议等行政行为提起诉讼,所以,诉讼时效参照民事法律规范确定。

6. 区人民政府拒绝公开是违法的。

依据《政府信息公开条例》及相关规定,涉及商业秘密、个人隐私等公开会对第三方合法权益造成损害的政府信息,行政机关不得公开。但是,第三方同意公开或者行政机关认为不公开会对公共利益造成重大影响的,予以公开。

本案中,乙区人民政府以涉及被征收人的隐私为由拒绝公开,没有征求被征收人的意见,也没有衡量社会公共利益,这是违法的。对于涉密的信息,区人民政府应当书面征求第三方的意见,第三方同意公开的,就公开;如果第三方不同意公开,但不公开会损害社会公共利益的,予以公开。

2019 年国家统一法律职业资格考试

主观题(回忆版)*

* 根据《2021 年国家统一法律职业资格考试公告》,2021 年主观题考试中的“中国特色社会主义法治理论”科目调整为“习近平法治思想”科目。因此,本套试卷收录原第 2 ~6 题。

1 CASE （36 分）

| 案　情 |

1995 年 7 月，在甲市生活的洪某与蓝某共谋抢劫。蓝某事前打探了被害人赵某的行踪后，二人决定在同年 7 月 13 日 20:00 拦路抢劫赵某的财物。在事前两人进行了商议，做了详细规划。到了两人约定的那天，洪某 19:55 到达了现场，但蓝某迟迟未出现。当赵某出现后，洪某决定独自实施抢劫。于是，洪某使用事先准备的凶器，击打赵某的后脑部，导致赵某昏倒在地、不省人事。此时，蓝某到达现场，与洪某一起取走了赵某身上价值 2 万余元的财物。随后，蓝某先离开了现场，洪某误以为赵某已经死亡，便将赵某扔到附近的水库，导致赵某溺死（经鉴定赵某死前头部受重伤）。公安机关一直未能破案。后洪某逃至乙市，使用假名在某保险公司做保险代理。（事实一）

2016 年 9 月，洪某被保险公司辞退后回到甲市。由于没有经济来源，洪某打算从事个体经营。洪某使用虚假的产权证明作担保，从 A 银行贷款 30 万元用于经营，后因经营不善而难以偿还贷款。为了归还贷款，洪某想租车用于质押骗取他人借款。洪某从 B 汽车租赁公司的员工钱某那里得知，所有的汽车都装有 GPS 系统，如果他将汽车开出去质押，超过一段时间 B 公司就可以找到汽车，将其开回。洪某心想，即使自己欺骗了 B 公司，租赁期届满时 B 公司也可以将汽车追回，因而不会有财产损失。于是，洪某于 2017 年 3 月 12 日以真实身份与 B 公司签订了租车合同，租用了一辆奥迪车，约定租期为一周，并在租车时交付了租金。租到车辆后，洪某伪造了奥迪车的车辆行驶证与购车发票，并找到 C 小额贷款公司的负责人孙某，提出用自己的奥迪车贷款。孙某信以为真，将奥迪车留在公司（但没有办理质押手续），借给洪某 50 万元，要求洪某一星期后归还本息。一周后，B 公司发现洪某没有归还所租用的汽车，B 公司通过 GPS 发现了汽车的位置，并于深夜将车子开走。洪某用从 C 公司借来的 50 万元归还了 A 银行的贷款 30 万元。孙某发现自己上当后报警。（事实二）

公安机关以洪某犯诈骗罪为由在网上通缉洪某，洪某通过公安部网上发布的通缉令推断，公安部并未掌握他 1995 年的犯罪事实。于是洪某便找到甲市环保局的副局长白某，并给白某 5 万元，试图让他为自己说情。白某与公安局副局长李某联系，李某假意答应大事化小，但通过联系白某套取了洪某的住所，在第二天带领警察将洪某抓捕归案。在讯问中，洪某承认了自己对 C 公司的诈骗行为，否认对 B 公司的合同诈骗行为，而且并未如实交代自己 1995 年的犯罪事实。但洪某交代了自己的另一桩罪行，检举了黄某和程某的犯罪过程。（事实三）

洪某主动交代的另一桩犯罪事实发生于 2016 年 10 月，他进入政府部门办公室，发现办公桌上有一个信封，于是趁无人之际将其拿走。打开后发现里面有 8000 元现金和一张背后写有密码的银行卡。洪某拿走现金后将银行卡交给其妻青某：“这是我捡来的银行卡，你拿去商城买点衣服吧。”青某对于该卡的来源并不知情，也未按照嘱咐去商场买衣服，而是从自动提款机中取了 4 万元，对此洪某并不知情。（事实四）

洪某称黄某与程某的犯罪事实是他在和程某喝酒时,程某酒醉说出的。当时黄某要求程某去伤害自己的前妻周某。程某问到什么程度,黄某说:“伤她一条手臂,造成轻伤即可,事成之后我给你30万元。”黄某先行支付了10万元,程某按约定前往小巷堵住周某去路,大喊:“有人雇我来伤你,给我40万元,不然我真的照做。”周某说:“你不要骗我,我才不相信你!”程某掏出水果刀去刺周某,周某慌乱中用手臂抵挡导致自己身受轻伤。但周某身患白血病,因血流不止而身亡。程某对此并不知情,而黄某却一清二楚。(事实五)

事后程某向黄某讨要报酬,黄某说:“我只是让你伤她你却杀了她,没钱给你。”程某气急败坏,将黄某打成重伤,然后离去。(事实六)

在公安机关的持续讯问下,洪某最终交代了自己于1995年所犯的罪行(公安机关知晓该案件,却没有特定的犯罪嫌疑人人选)。(事实七)

| 问 题 |

请根据《刑法》及相关规定,按照案情描述顺序对上述各行为人的行为进行定性(包括犯罪性质即罪名、犯罪形态、共同犯罪、数罪并罚等),并说明理由。有观点争议的,可以同时答出不同的观点和理由。

| 参考答案 |

(一)关于事实一

1. 洪某、蓝某构成抢劫罪的共同犯罪,既遂数额为2万元。

我国《刑法》规定,两人以上共同故意犯罪的属于共同犯罪;以非法占有为目的,以暴力、胁迫或者其他方式强取他人财物的行为成立抢劫罪。本案中洪某、蓝某事前共谋抢劫,虽然蓝某迟到,但并没有脱离共犯。根据共犯理论,一人既遂,另一人也既遂,既遂数额为2万元。

2. 洪某适用抢劫罪(致人重伤)的法定加重刑,蓝某也适用此加重刑。

我国《刑法》规定,在抢劫过程中致人重伤、死亡的,属于抢劫罪的结果加重犯,处10年以上有期徒刑、无期徒刑或者死刑。洪某对赵某的重伤负责,依法成立抢劫罪(致人重伤)的结果加重犯,蓝某属于共犯,蓝某参与了抢劫行为即共谋行为、打探被害人行踪的行为等,对洪某实施暴力有认识,故对重伤结果应当承担刑事责任。

3. 洪某处理赵某"尸体"的行为属于事前故意。

依据我国刑法理论,有犯罪故意的第一行为没导致实害结果,之后缺乏犯罪故意的第二行为才导致了实害结果的情形属于事前故意。赵某的死亡是与洪某的前一行为(故意实施的暴力重伤行为)有因果关系,还是与洪某的后一行为(过失实施的将"尸体"扔进水库的行为)有因果关系,根据不同理论有如下两种观点:

观点一:赵某的死亡与故意实施的暴力重伤行为有因果关系。洪某、蓝某只需要承担抢劫罪(致人死亡)的加重刑事责任。前后两行为属于多因一果。

观点二:赵某的死亡与抛尸行为有因果关系。洪某、蓝某在抢劫罪(致人重伤)的范围内成立共同犯罪,洪某成立抢劫罪(致人重伤)与过失致人死亡罪,数罪并罚,蓝某成立抢劫罪(致人重伤)。前一行为仅构成抢劫罪(致人重伤),而非抢劫罪(致人死亡),后一行为(抛尸)构成过失致人死亡罪,蓝某没有参与后一行为,仅承担前一行为导致的结果即可。

我赞同观点一。

后一行为属于前一行为的继续,两行为共同作用导致死亡结果的发生,洪某、蓝某均成立抢劫罪(致人死亡)的加重刑事责任。

或者:

我赞同观点二。

死亡结果是抛尸行为导致的,鉴定结果表明赵某系溺亡,而非重伤致死,所以洪某、蓝某在抢劫罪(致人重伤)的范围内成立共同犯罪,洪某成立抢劫罪(致人重伤)与过失致人死亡罪,数罪并罚,蓝某构成抢劫罪(致人重伤)。

(二)关于事实二

1. 洪某对A银行不构成骗取贷款罪/贷款诈骗罪,无罪。

我国《刑法》规定,以欺骗手段取得银行贷款,给银行或者其他金融机构造成重大损失的行为构成骗取贷款罪,本罪不能具有非法占有的目的。本案中,洪某使用虚假的产权证明作担保,从A银行贷款30万元用于经营,但是洪某具有归还目的,并且后来也归还了30万元贷款,并没有给银行造成重大损失,所以不成立骗取贷款罪。在贷款之初洪某没有非法占有的目的,故也不成立贷款诈骗罪。

2. 洪某对 B 公司和 C 公司均构成合同诈骗罪。

我国《刑法》规定,以非法占有为目的,在签订、履行合同过程中,骗取对方当事人财物,数额较大的行为构成合同诈骗罪。本案中,洪某一开始便不想归还 B 公司的汽车,而是想将其质押以骗取 C 公司 50 万元,表明洪某对汽车具有排除意思和利用意思,具有非法占有目的,因此洪某对 B 公司和 C 公司都构成合同诈骗罪。如果认定 C 小额贷款公司属于金融机构(扩大解释),则洪某对 C 公司成立贷款诈骗罪。

3. B 公司将汽车开回的行为不构成盗窃罪。

我国《刑法》规定,以非法占有为目的,窃取公私财物数额较大的行为成立盗窃罪。本案中,B 公司对汽车具有所有权,B 公司不知道汽车由 C 公司合法占有,以为由洪某占有,缺乏犯盗窃罪的故意,因此不构成盗窃罪。

(三)关于事实三

1. 洪某构成行贿罪,具有坦白、特别自首、立功等法定量刑情节。

我国《刑法》规定,行贿罪是指为谋取不正当利益,给予国家工作人员以财物的行为。在量刑方面规定:被采取强制措施的犯罪嫌疑人如实供述司法机关还未掌握的本人其他罪行的,以自首论。犯罪分子有揭发他人犯罪行为,查证属实的,属于立功。洪某找到白某给予 5 万元的行为完全符合行贿罪的构成要件。洪某被动归案,如实供述对 C 公司的诈骗事实的行为符合我国《刑法》关于坦白的规定。洪某主动交代了公安机关尚未掌握的另一起犯罪事实的行为符合我国《刑法》关于准自首的规定。洪某检举了黄某与程某的一起犯罪事实的行为符合我国《刑法》关于立功的规定。

2. 白某构成受贿罪(斡旋受贿)。

我国《刑法》规定,国家工作人员利用本人职权或者地位形成的便利条件,通过其他国家工作人员职务上的行为,为请托人谋取不正当利益,索取请托人财物或者收受请托人财物的,属于斡旋受贿,以受贿罪论处。本案中,白某客观上有利用国家工作人员地位形成的便利条件,通过其他国家工作人员(李某)职务上的行为,为请托人洪某谋取不正当利益而收取 5 万元的受贿行为,主观上有受贿故意,故白某构成受贿罪。

3. 李某不构成犯罪。

犯罪是指作出违反法律规定的行为而应受到刑罚处罚。本案中李某假装答应受贿,实际上是为了抓获洪某,依据《刑法》第 13 条犯罪的概念,不构成犯罪。

(四)关于事实四

洪某依法成立盗窃罪,青某依法成立信用卡诈骗罪。

以非法占有为目的,窃取他人财物数额较大的行为成立盗窃罪。盗窃信用卡并使用的,依照盗窃罪定罪处罚。冒用他人信用卡的行为成立信用卡诈骗罪。本案中洪某盗窃现金 8000 元和信用卡成立盗窃罪。青某冒用他人信用卡,依法成立信用卡诈骗罪。

（五）关于事实五

1. 黄某、程某在故意伤害罪范围内成立共同犯罪，黄某成立故意杀人罪，程某成立故意伤害罪（致人死亡）。

我国《刑法》规定，两人以上共同故意犯罪成立共同犯罪。故意非法剥夺他人生命的行为构成故意杀人罪，故意非法损害他人身体健康的行为构成故意伤害罪。本案中黄某、程某共谋对周某实施伤害行为，在故意伤害罪范围内成立共犯。黄某明知周某患有白血病，还教唆程某实施伤害行为，依法承担故意杀人罪的刑事责任，程某砍人的介入因素为白血病特殊体质，但是这不影响因果关系的成立，程某的行为完全符合我国《刑法》关于故意伤害罪（致人死亡）的构成要件。

2. 程某成立敲诈勒索罪，属于未遂形态。

我国《刑法》规定，以非法占有为目的，对他人实行威胁（恐吓），索取他人财物，数额较大或者多次敲诈勒索的行为成立敲诈勒索罪，由于意志之外的原因未得逞的，构成犯罪未遂。本案中，程某勒索周某40万元的行为完全符合《刑法》关于敲诈勒索罪的规定，由于没有得逞，属于未遂形态。

3. 洪某成立重大立功。

我国《刑法》规定，犯罪分子有检举、揭发他人重大犯罪行为，经查证属实的成立重大立功。本案中，洪某检举了黄某与程某的杀人犯罪事实，并经公安查证属实，构成重大立功，可以减轻或者免除处罚。

（六）关于事实六

程某成立故意伤害罪（致人重伤）。

我国《刑法》规定，故意非法损害他人身体健康的行为构成故意伤害罪，在故意伤害过程中致人重伤、死亡的承担法定加重刑。本案中程某的行为完全符合我国《刑法》的规定，依法成立故意伤害罪（致人重伤）。

（七）关于事实七

洪某所犯抢劫罪已过追诉时效，不应追究该罪的刑事责任。

我国《刑法》规定的追诉时效最长为20年，超过20年未被追诉的，则不再追究犯罪嫌疑人的刑事责任。本案中，洪某1995年所犯之罪，在当时并未立案，不适用追诉时效的延长制度。2016年洪某交代此犯罪事实之时，已过最长追诉时效20年，如果不经最高人民检察院核准，不应追究洪某犯抢劫罪的刑事责任。

2 CASE **(27分)**

| 案 情 |

王某系A市人民法院刑事审判庭的法官。2016年9月,王某在审理本市吴某抢劫案的过程中,违反法律规定认为吴某有立功情节,对吴某减轻处罚判处有期徒刑10年,吴某的弟弟为此向王某行贿50万元。王某为规避法律让其侄子王小六收钱并保管。

2018年11月,A市监察委接到举报后对王某立案调查,调查中另查明王某在担任审判监督庭法官时有徇私舞弊减刑的犯罪行为,A市监察委对本案调查终结,移送检察机关审查起诉,检察机关以王某涉嫌受贿罪和徇私舞弊减刑罪向A市人民法院提起公诉,同时以王小六构成掩饰、隐瞒犯罪所得罪另案起诉。

在法院审理期间,王某改变了在监察委调查和检察机关审查起诉期间不认罪的态度,主动承认了被指控的犯罪并自愿接受处罚,法院按照认罪认罚从宽的规定,对王某从轻作出了判决。

一审判决后检察机关没有抗诉,王某未上诉,一审判决发生法律效力。

| 问 题 |

1. 本案在管辖上有无问题?请说明理由。(6分)

2. 王小六涉嫌掩饰、隐瞒犯罪所得罪,在未经立案调查或侦查的前提下,检察机关能否径行起诉?为什么?(6分)

3. 如本案中王某的行为既涉及监察机关管辖的犯罪又涉及公安机关、检察机关管辖的犯罪,关于管辖处理的原则是什么?(6分)

4. A市人民法院按照认罪认罚从宽的规定对王某从轻作出判决是否符合法律规定?请说明理由。(9分)

| **参考答案** |

1.(1)立案管辖:监察委立案调查,移送检察院审查起诉没有问题。

依据《监察法》第 11 条第 2 项的规定,监察委员会依法对涉嫌贪污贿赂、滥用职权、玩忽职守、权力寻租、利益输送、徇私舞弊以及浪费国家资财等职务违法和职务犯罪进行调查。本案中王某系法官,其行为属于国家工作人员职务犯罪。监察委立案调查王某涉嫌受贿罪于法有据。

(2)审判管辖:违反了回避制度,应当报上一级人民法院。

根据《刑诉解释》第 18 条的规定,有管辖权的人民法院因案件涉及本院院长需要回避等原因,不宜行使管辖权的,可以请求移送上一级人民法院管辖。本案王某系 A 市人民法院法官,A 市人民法院不宜行使管辖权,故 A 市人民法院审判此案违反法律规定。

2.不能。

根据《人民检察院刑事诉讼规则》第 356 条的规定,人民检察院办理公安机关已经移送起诉的案件,若发现遗漏罪行或依法应当移送起诉的同案犯罪嫌疑人的,应要求公安机关补充侦查或补充移送起诉。对于犯罪事实清楚,证据确实、充分的,检察院可以径行起诉。本案中,若公安机关对王小六案件没有立案侦查,即没有收集相关证据,检察院不可直接径行起诉。

3.原则是以监察委为主,其他机关予以协助。

依据《监察法》第 34 条的规定,人民法院、人民检察院、公安机关、审计机关等国家机关在工作中发现公职人员涉嫌贪污贿赂、失职渎职等职务违法或者职务犯罪的问题线索,应移送监察机关,由监察机关依法调查处置。被调查人既涉嫌严重职务违法或职务犯罪,又涉嫌其他违法犯罪的,一般应当由监察机关为主调查,其他机关予以协助。如本案中王某的行为既涉及监察机关管辖的犯罪,又涉及公安机关、检察机关管辖的犯罪,一般应当由监察机关为主调查,其他机关予以协助。

4.符合。

理由:根据《刑诉解释》第 347 条的规定,"认罪"是指犯罪嫌疑人、被告人自愿如实供述自己的罪行,对指控的犯罪事实没有异议。"认罚"是指犯罪嫌疑人、被告人真诚悔罪,愿意接受处罚。根据《关于适用认罪认罚从宽制度的指导意见》第 5 条的规定,认罪认罚从宽制度贯穿刑事诉讼全过程,适用于侦查、起诉、审判各个阶段。

本案中,犯罪嫌疑人王某虽然在监察委调查和检察机关审查起诉期间不认罪,但是在法院审理期间,主动承认了被指控的犯罪并自愿接受处罚,这符合认罪认罚从宽的阶段性要求,只不过对王某从宽处罚的幅度可以酌情降低。故 A 市人民法院按照认罪认罚从宽的规定,对王某从轻作出判决符合法律规定。

3 CASE （52 分）

| 案 情 |

甲公司向乙公司借款 8000 万元。在还款期限到来之前,双方签订了以物抵债协议。约定将甲公司的办公楼过户给乙公司,以抵偿该笔债务,但未办理过户登记。

甲公司的债权人丙认为,办公楼的市值为 1.2 亿元,该以物抵债协议中约定的价格过低,遂向法院提起诉讼,要求撤销该以物抵债协议。诉讼中,乙公司认为,甲公司还有大量财产可以偿还丙公司债务,丙公司主张撤销的理由并不成立。

其后,甲公司又向丁公司借款,这时甲公司财产已经全部抵押或出质。无奈,甲公司股东 A 在未与其妻子商量的情况下,向丁公司提供了保证。

丁公司认为,这种保证尚无法保障甲公司履行义务。于是甲公司又将一张以自己为收款人的汇票出质,在背书“出质”字样后,交付给丁公司。但出票人在汇票上记载有“不得转让”的字样。

为获得更多融资,甲公司又与戊公司签订生产车间租赁合同。在与戊公司签订租赁合同时,因某个车间尚有原材料、半成品没有清点,戊公司便使用了这些原材料和半成品。

甲公司的债权人罗马轮胎公司认为,虽然甲公司不能偿还到期债务,但是甲公司因在履行与戊公司的租赁合同的过程中,没有清点清楚财产,存在财产混同,遂罗马轮胎公司在向法院要求偿还债务的同时,还主张甲公司与戊公司存在“人格混同”,要求戊公司承担连带清偿责任。

在案件审理过程中,法院根据罗马轮胎公司的请求对甲公司的财产进行保全。另外,在甲公司与买受人乙公司的一份轮胎买卖合同中,乙公司已经支付货款,但甲公司一直没有交付轮胎。于是乙公司起诉甲公司,要求其履行轮胎的交付义务,并获得胜诉判决。胜诉判决生效后,乙公司认为,甲公司交付的轮胎的质量大不如前,于是又向法院提起请求解除合同、返还货款并赔偿损失的诉讼。

此外,为了周转资金,甲公司利用其控股地位,从其全资子公司多次无偿调取资金,各个子公司之间如果出现资金短缺,甲公司就在其所有全资子公司之间统一调度资金使用,且关联公司之间账目不清。

甲公司某全资子公司的债权人庚公司、辛公司因到期债权不能获得清偿,向法院申请对甲公司及其所有全资子公司进行合并重整。

| 问 题 |

1. 以物抵债协议的效力如何？为什么？(5 分)

2. 在丙公司提起的撤销“以物抵债”协议的诉讼中,各方当事人的诉讼地位如何？(5 分)

3. 债务人甲公司有大量财产可以清偿债务,这是否构成行使撤销权的障碍？为什么？(5 分)

4. 甲公司股东 A 在未与其妻子商量的情况下,担任了保证人。该债务是否为夫妻共同债务？为什么？(5 分)

5. 因票据上有“不得转让”的记载，甲公司对丁公司的出质是否有效？为什么？（5分）

6. 罗马轮胎公司认为甲公司在履行与戊公司的租赁合同的过程中，没有清点清楚财产，存在财产混同，要求戊公司承担连带责任的主张是否成立？为什么？（5分）

7. 庚公司、辛公司是否可以请求法院对甲公司及其所有全资子公司进行合并重整？为什么？（5分）

8. 乙公司在获得生效判决后，又提起请求解除合同、返还货款并赔偿损失的诉讼，是否构成重复起诉？为什么？（5分）

9. 假设对甲公司及其全资子公司可以进行合并重整，则重整程序开始后，对于相关公司已经开始的民事诉讼程序有什么影响？（6分）

10. 合并重整程序开始后，对于所有债权人的影响是什么？（6分）

| **参考答案** |

1. 答案一：有效。甲公司向乙公司借款8000万元，借款期限未到，双方就签订了以物抵债协议，但并未办理过户登记，根据《民法典》第215条"当事人之间订立有关设立、变更、转让和消灭不动产物权的合同，除法律另有规定或者当事人另有约定外，自合同成立时生效；未办理物权登记的，不影响合同效力"的规定，乙公司不能取得不动产所有权，但是合同已经成立并生效。

答案二：无效。依据《民法典》及相关规定，以物抵债协议属于要式合同，协议以履行特定行为即过户为生效要件。本案中，虽然甲乙双方意思表示一致，但并未办理过户登记，因此协议并未生效。

2. 依据《民法典》第539条"债务人以明显不合理的低价转让财产、以明显不合理的高价受让他人财产或者为他人的债务提供担保，影响债权人的债权实现，债务人的相对人知道或者应当知道该情形的，债权人可以请求人民法院撤销债务人的行为"的规定，各方当事人的诉讼地位如下：

(1)丙公司作为债权人，依法提起诉讼，属于原告。

(2)甲公司是债务人，不当处分财物，理应属于被告。

(3)乙公司作为财产处分的受让人，主动参与诉讼或者被追加参与诉讼，应列为第三人。因乙公司对丙公司和甲公司没有独立的诉讼请求，只是与案件的审理结果有利害关系，所以其应属于无独立请求权的第三人。

3. 构成。

依据《民法典》及相关规定，债务人以明显不合理的低价转让财产、以明显不合理的高价受让他人财产或者为他人的债务提供担保的，只有在影响债权人的债权实现的情况下，债权人才可以行使撤销权。

本案中，如果债务人甲公司有其他大量财产可以清偿丙公司的债务，那么丙公司的债权实现就没有受到影响，丙公司就不能行使撤销权。

4. 不是夫妻共同债务。

《民法典》第1064条规定："夫妻双方共同签名或者夫妻一方事后追认等共同意思表示所负的债务，以及夫妻一方在婚姻关系存续期间以个人名义为家庭日常生活需要所负的债务，属于夫妻共同债务。夫妻一方在婚姻关系存续期间以个人名义超出家庭日常生活需要所负的债务，不属于夫妻共同债务；但是，债权人能够证明该债务用于夫妻共同生活、共同生产经营或者基于夫妻双方共同意思表示的除外。"

本案中，股东A所负的保证债务是在婚姻存续期间产生的，既未基于夫妻共同意思表示，亦未被其妻子事后追认，且并不是为了家庭共同生活、共同生产经营的需要，故该债务不是夫妻共同债务。

5. 甲公司对丁公司的出质有效，但丁公司不享有票据权利，仅能要求甲公司承担违反质押合同的违约责任。

甲公司将汇票出质并交付给丁公司，根据《民法典》第441条"以汇票、本票、支票、债券、存款单、仓单、提单出质的，质权自权利凭证交付质权人时设立；没有权利凭证的，质权自办理出质登记时设立。法律另有规定的，依照其规定”的规定，该背书不影响质权设立。

但出票人在该汇票上记载有“不得转让”字样，根据《票据法》第 27 条第 1、2 款的规定，持票人可以将汇票权利转让给他人或者将一定的汇票权利授予他人行使。出票人在汇票上记载“不得转让”字样的，汇票不得转让。同时根据最高人民法院《关于审理票据纠纷案件若干问题的规定》第 52 条和《票据法》第 27 条的规定，出票人在票据上记载“不得转让”字样，其后手以此票据进行贴现、质押的，通过贴现、质押取得票据的持票人主张票据权利的，人民法院不予支持。因此，丁公司虽取得汇票，但不得主张票据权利。根据区分原则，甲公司与丁公司的质押合同不存在效力瑕疵，成立生效，丁公司虽不得主张票据权利，但可以要求甲公司承担违反质押合同的违约责任。

6. 不成立。

根据《民法典》第 178 条第 3 款的规定，连带责任，由法律规定或者当事人约定。罗马轮胎公司若想主张财产混同，要求戊公司承担连带清偿责任，则必须存在相应的法律规定或当事人约定。如果没有相应的法律依据，则要求承担连带责任的主张不能成立。

7. 答案一：可以。依据我国《公司法》及《全国法院破产审判工作会议纪要》的相关规定，公司人格和股东人格是否混同的判断标准为是否具有独立意志和独立利益。本案中甲公司与其全资子公司系关联公司，且两者之间的账目混乱不清，存在相互任意调动财产的情况，由此可以认定两者的财产混同，这种财产混同导致人格混同，当严重损害债权人公平获得清偿的时候，可以进行关联企业实质合并破产重整。

答案二：不可以。依据我国《公司法》及相关规定，公司具有独立的法人人格，享有独立的法人财产权，股东以其认缴的出资额或者认购的股份为限承担责任。如果支持合并重整，将会损害关联企业中个别成员以及其债权人的合法权益。所以，不可以进行关联企业实质合并破产重整。

8. 答案一：构成重复起诉。依据《民事诉讼法》及相关司法解释，如果前后两个诉讼的当事人、诉讼标的相同，且后诉的诉讼请求实质上否定了前诉的判决结果，就属于重复起诉。本案中如果己公司并无证据证明甲公司交付的轮胎质量下降属于“新证据”，则己公司再行起诉就属于重复起诉。

答案二：不构成重复起诉。依据《民事诉讼法》及相关司法解释，如果前后两个诉讼的当事人、诉讼标的相同，且后诉的诉讼请求实质上否定了前诉的判决结果，就属于重复起诉。本案中在前诉的判决生效后，在履行合同过程中出现了轮胎质量下降的“新事实”，己公司再起诉不构成重复起诉，因为前诉和后诉的诉讼标的和诉讼请求不一致。

9. 导致诉讼程序中止，案件涉及的诉讼保全措施全部解除。

依据我国《企业破产法》及相关规定，人民法院受理破产申请后，有关债务人财产的保全措施应当解除，执行程序应当中止。已经开始而尚未终结的有关债务人的民事诉讼或者仲裁应当中止；在管理人接管债务人的财产后，该诉讼或者仲裁继续进行。所以影响就是已经进行的民事诉讼程序中止，已经进行的执行程序中止，案件涉及的诉讼保全措施全部解除。

10. 依据《企业破产法》及相关规定，合并重整程序开始后，应公平地对待其所有债权人，影响有两点：

(1)在实体上，债权人不得单独请求或者接受甲公司或其他全资子公司的清偿。

(2)在程序上，债权人可以向财产管理人申报债权，若对记载的债权有异议时，则可以要求法院进行确认。

4 CASE[1] （27分）

｜案　情｜

甲公司由A公司、B公司、C公司和D公司四个股东共同组建，其中A公司持股51%、B公司持股37%、C公司持股10%以及D公司持股3%。甲公司的注册资本为1000万元且各股东均已经实缴出资。B公司所持的37%的股份中有17%是其为E公司代持的，双方签订代持协议，实际由E公司出资。对代持股一事A公司、C公司以及D公司均知晓且并不反对；另E公司还派代表参加过甲公司的股东会会议，但甲公司对E公司代表参加股东会会议一事未置可否。

甲公司董事会由5名董事组成，5名董事由A公司委派2名、B公司委派2名以及C公司委派1名，D公司不委派代表；其中A公司委派的2名董事中，一人出任董事长，B公司委派的2名董事中有一人实际为E公司指派。

现甲公司拟引入新的股东乙公司，拟增资1000万元全部由乙公司认购，A公司、B公司和D公司均放弃优先认缴权。C公司表明：

（1）行使自己实缴出资比例部分的优先认缴权；

（2）要求行使其他原股东放弃的优先认缴权的份额。但A公司、B公司和D公司均反对C公司行使其他股东放弃部分的优先认缴权。

B公司向D公司借款，B公司以其自有的甲公司的20%的股权向D公司出质；B公司又向丙公司借款，以其剩余的股权即为E公司代持的17%的股权向丙公司出质。两次股权质押均办理了登记，同时丙公司对代持一事不知情。现因B公司到期未清偿债务，D公司向法院主张实现担保物权。另查明，E公司的债权人丁公司请求法院强制执行E公司的财产，法院查明了B公司代持E公司股权的事实，因此法院对该代持的17%的股权进行处置。

｜问　题｜

1. 甲公司增资时，股东C公司是否有权在实缴出资比例范围内行使优先认缴权？（4分）

2. 甲公司增资时，股东C公司是否有权优先认缴其他股东放弃的优先认缴部分份额？（4分）

3. D公司能否取得该股权质权？为什么？（4分）

4. 丙公司能否取得该股权质权？为什么？（5分）

5. 当实际出资人E公司得知名义股东B公司代持的17%的股权被法院强制执行时，实际出资人E公司应如何救济？若进入执行程序，E公司又该如何救济？（5分）

6. 如果E公司的债权人丁公司对名义股东B公司代持的17%的股权申请强制执行，B公司、C公司、D公司、E公司以及丙公司是否有权提出执行异议？（5分）

---

[1] 在2019年主观题考试中，本题与第5题为“二选一”的选做题。

| **参考答案** |

1. 甲公司增资时，股东C公司有权在实缴出资比例范围内行使优先认缴权。

根据《公司法》第34条的规定，公司新增资本时，股东有权优先按照实缴的出资比例认缴出资。但是，全体股东约定不按照出资比例分取红利或者不按照出资比例优先认缴出资的除外。

本案中，甲公司在增资时，全体股东并没有对实缴出资范围内的认购权进行约定，所以股东的新股认购权应适用法定规则。

2. 甲公司增资时，股东C公司无权优先认缴其他股东放弃的优先认缴部分份额。

根据《公司法》第34条的规定，对增发的新股，原股东有权按约定比例或实缴出资比例，主张对新增资本的相应部分行使优先认购权，另有约定的除外。对于其他股东放弃优先认缴的部分，法律并未明确规定再次享有优先认购权。因此，C公司主张对其他三个股东所放弃的优先认缴部分行使优先认购权，于法无据。

3. D公司可以取得该股权质权。

《民法典》第443条第1款规定："以基金份额、股权出质的，质权自办理出质登记时设立。"

本案中，B公司将其自有的20%的股权质押给D公司，且已经进行了登记。

4. 丙公司可以取得该股权质权。

依据《公司法》及相关司法解释的规定，名义股东将登记于其名下的股权转让、质押或者以其他方式处分，实际出资人以其对于股权享有实际权利为由，请求认定处分股权行为无效的，人民法院可以参照《民法典》第311条的规定处理(善意取得制度)。本案中，丙公司取得质权的过程符合善意取得要件。

5. (1)在实现担保物权的审理程序中，E公司可以提出异议。

根据《民诉解释》第369条的规定可知，人民法院应当就主合同的效力、期限、履行情况，担保物权是否有效设立、担保财产的范围、被担保的债权范围、被担保的债权是否已届清偿期等担保物权实现的条件，以及是否损害他人合法权益等内容进行审查。被申请人或者利害关系人提出异议的，人民法院应当一并审查。丙公司向法院申请实现担保物权，适用的是《民事诉讼法》的特别程序。由此可知，E公司在审理程序中可以提出异议，法院应当一并审查。

(2)若进入执行程序，E公司认为损害到自己的利益，可以根据《民事诉讼法》第238条的规定向执行法院提起执行标的的异议，主张被执行股权是自己所有的。如执行异议被裁定驳回，可以提起执行异议之诉，不服一审判决的还可以上诉。

6. (1)B公司无权提出执行异议。B公司与E公司之间存在代持股协议，该代持股协议不存在无效等瑕疵事由，因此有效，故B公司与E公司应受该代持股协议的约束。B公司不能向E公司主张股权是自己的，也就无权对被执行人E公司主张执行异议。

(2)C公司无权提出执行异议。本案中，C公司与B公司、E公司并无实际牵连关系。

(3)D公司无权提出执行异议。根据第3问的论述可知，D公司是对B公司自己享有的20%的股权享有质权，而对于B公司代持E公司的17%的股权无质权，因此无权提出执行异议。

(4)E公司无权提出执行异议。本案中是E公司的债权人丁公司对E公司的财产申请执行，

E 公司作为被执行人无权对执行标的提出执行异议。若执行机关的执行行为存在违法,则可以对执行行为提出执行异议,但本案未涉及,故 E 公司无权提出执行异议。

(5)丙公司有权提出执行异议。根据第 4 问的论述可知,丙公司对 B 公司代持的 17% 的股权享有质权,因此其有权提出执行异议。

5 CASE （27 分）

| 案 情 |

建设单位在李某的门前设有消防设施，市公安消防支队对其消防设施抽查后作出建设工程消防验收备案结果通知。李某认为消防栓的设置和建设影响了其生活而消防支队却验收合格，严重侵犯了其合法权益，遂向法院起诉，请求依法撤销市公安消防支队作出的建设工程消防验收备案结果通知；依法判令被告责令报批单位依据国家标准限期整改。市公安消防支队辩称：建设工程消防验收备案结果通知的性质属于技术性验收，不属于人民法院的受案范围，请求驳回原告的起诉。一审法院裁定驳回了李某的起诉。李某上诉，在二审期间，市公安消防支队撤销了该通知，原告撤诉。

| 材 料 |

《消防法》①第 4 条规定："……县级以上地方人民政府公安机关对本行政区域内的消防工作实施监督管理，并由本级人民政府公安机关消防机构负责实施……"

《消防法》第 13 条规定："按照国家工程建设消防技术标准需要进行消防设计的建设工程竣工，依照下列规定进行消防验收、备案：……（二）其他建设工程，建设单位在验收后应当报公安机关消防机构备案，公安机关消防机构应当进行抽查。依法应当进行消防验收的建设工程，未经消防验收或者消防验收不合格的，禁止投入使用；其他建设工程经依法抽查不合格的，应当停止使用。"

| 问 题 |

1. 建设工程消防验收备案结果通知是否属于行政诉讼的受案范围？为什么？（4 分）

2. 建设工程消防验收备案结果通知属于什么性质的行为？（4 分）

3. 被告能否在二审中撤销建设工程消防验收备案结果通知？（4 分）

4. 二审中上诉人申请撤诉的，法院准许上诉人撤诉的条件是什么？如法院不允许上诉人撤诉，二审的审理对象是什么？（5 分）

5. 若建设工程消防验收备案结果通知被撤销，建设单位如何救济自己的权利？（5 分）

6. 若原告请求被告责令建设单位限期整改能够得到二审法院的支持，法院应如何裁判？为什么？（5 分）

---

① 《消防法》已于 2019 年修正、2021 年修改。

| **参考答案** |

1. 属于。

依据我国《行政诉讼法》及相关规定，公民、法人或者其他组织认为行政机关和行政机关工作人员的行政行为侵犯其合法权益的，可以向人民法院提起诉讼。

本案中，建设工程消防验收备案结果通知属于公安机关进行消防工作实施监督管理职权而作出的具有行政法意义上的约束力的具体行政行为，属于行政诉讼的受案范围。

2. 属于行政确认。

依据行政法相关理论，行政确认是指行政主体依法对行政相对人的法律地位、法律关系或有关法律事实进行甄别，给予确定、认定、证明并予以宣告的具体行政行为。

本案中，建设工程消防验收备案结果通知的内容可视为消防机构在事实上确认了消防工程质量合格，行政相对人与行政机关也将受到该行为的约束，符合行政确认的特征。

3. 可以。

依据《行政诉讼法》及相关规定，被告撤销、部分撤销或者变更被诉具体行政行为处理结果的属于改变其所作的具体行政行为，同时法律并不禁止行政机关在审理期间（包括一审、二审及再审）改变其所作的具体行政行为。

本案中，被告在二审中撤销建设工程消防验收备案结果通知属于“被告改变其所作的具体行政行为”，故被告可以在二审中撤销自己作出的行政行为。

4. (1) 依据最高人民法院《关于行政诉讼撤诉若干问题的规定》第 8 条第 1 款的规定，第二审或者再审期间行政机关改变被诉具体行政行为，当事人申请撤回上诉或者再审申请的，参照该规定。故二审法院允许上诉人撤诉的条件与一审法院准许原告撤诉的条件相同，即申请撤诉是当事人真实意思表示；被告改变被诉具体行政行为，不违反法律、法规的禁止性规定，不超越或者放弃职权，不损害公共利益和他人合法权益；被告已经改变或者决定改变被诉具体行政行为，并书面告知人民法院；第三人无异议。

(2) 如法院不允许上诉人撤诉，二审的审理对象为一审裁定与建设工程消防验收备案结果通知。

依据《行政诉讼法》及相关规定，人民法院审理上诉案件，应当对原审人民法院的判决、裁定和被诉行政行为进行全面审查，不受上诉范围的限制。本案中，原审人民法院已作出驳回起诉的裁定，建设工程消防验收备案结果通知为被诉行政行为，故两者均属于二审的审理对象。

5. 建设单位可以针对行政机关撤销该通知的行为申请行政复议或提起行政诉讼，也可以就其因撤销该通知的行为遭受的损失申请国家赔偿。

行政诉讼，是指公民、法人或者其他组织认为行使国家行政权的机关和组织及其工作人员所实施的具体行政行为，侵犯了其合法权利，依法向人民法院起诉，人民法院在当事人及其他诉讼参与人参加的情况下，依法对被诉具体行政行为进行审查并作出裁判，从而解决行政争议的制度。

国家赔偿，是指国家机关及其工作人员因行使职权给公民、法人及其他组织的人身权或财产权造成损害,依法应给予的赔偿。国家赔偿由侵权的国家机关承担。

6. 法院应当裁定撤销一审裁定,并指令原审法院继续审理本案。

依据《行政诉讼法解释》及相关规定,第二审人民法院经审理认为原审人民法院不予立案或者驳回起诉的裁定确有错误且当事人的起诉符合起诉条件的,应当裁定撤销原审人民法院的裁定,指令原审人民法院依法立案或者继续审理。

本案中,若原告请求被告责令建设单位限期整改能够得到支持,表明被诉的建设工程消防验收备案结果通知属于行政诉讼的受案范围,应当进行实体审查,即一审驳回起诉的裁定确有错误,故二审法院应当裁定撤销一审裁定,并指令原审法院继续审理。

2024年

国家统一法律职业资格考试

主观题通关包

冲刺必做20题

法律考试中心／组编
张博／主编

法律出版社
—— 北京 ——

目　　录

习近平法治思想[1]

1 CASE （本题 32 分）

｜材料一｜

全面建设社会主义现代化国家，必须有一支政治过硬、具备领导现代化建设能力的干部队伍。要深入总结和学习运用中国共产党一百年的宝贵经验，教育引导广大党员、干部坚持共产主义远大理想和中国特色社会主义共同理想，不忘初心、牢记使命，为党和人民事业不懈奋斗。

（摘自习近平《新发展阶段贯彻新发展理念必然要求构建新发展格局》）

｜材料二｜

坚持党的领导，不是一句空的口号，必须具体体现在党领导立法、保证执法、支持司法、带头守法上。一方面，要坚持党总揽全局、协调各方的领导核心作用，统筹依法治国各领域工作，确保党的主张贯彻到依法治国全过程和各方面。另一方面，要改善党对依法治国的领导，不断提高党领导依法治国的能力和水平。

（摘自习近平《论坚持人民当家作主》）

｜材料三｜

新的征程上，我们必须紧紧依靠人民创造历史……站稳人民立场，贯彻党的群众路线，尊重人民首创精神，践行以人民为中心的发展思想，发展全过程人民民主，维护社会公平正义，着力解决发展不平衡不充分问题和人民群众急难愁盼问题，推动人的全面发展、全体人民共同富裕取得更为明显的实质性进展！

（摘自习近平《在庆祝中国共产党成立 100 周年大会上的讲话》）

｜问　题｜

根据上述材料，结合依法治国总目标，谈谈习近平法治思想对中国特色社会主义法治现代化国家建设的作用或意义/谈谈你对中国式现代化的理解。

｜要　求｜

1. 没有观点论述和表达，照抄材料不得分；

2. 观点正确，表述完整、准确；

3. 总字数不少于 600 字。

---

① 本册收录的案例、案情与解析答案内容所参照的法律法规不受颁布时间影响。本册还收录了延考地区回忆版试题供考生进行练习。

| 参考答案 |

习近平法治思想体系完整,是党领导法治建设高质量发展的思想旗帜,是全面依法治国的根本遵循。要想实现中国式现代化,只有在习近平法治思想指导下,坚持党的集中统一和权威领导,以人民为中心,坚持科学立法、严格执法、公正司法、全民守法,才能引领和保障中国特色社会主义现代化乘风破浪、行稳致远。(6分)

坚持党的领导是发展社会主义的根本保证,是中国式现代化的必由之路,党的中心任务就是团结带领全国各族人民全面建成社会主义现代化强国、实现第二个百年奋斗目标,以中国式现代化全面推进中华民族伟大复兴。要坚持党总揽全局、协调各方的领导核心作用,统筹依法治国各领域工作,使党的意志通过法定程序上升为国家意志,把党的领导贯彻到中国式现代化的全过程和各方面,确保中国式现代化朝正确的方向前进。正如材料所言,坚持党的领导不是依据空话,要落实到各个方面。(7分)

坚持以人民为中心是全面依法治国的根本立场,是中国式现代化的本质要求。中国式现代化是人口规模巨大的现代化,是全体人民共同富裕的现代化。必须坚持人民至上,站稳人民立场、把握人民愿望、尊重人民创造、集中人民智慧,依法保障人民的合法权益,让人民真正感受到幸福、获得满足,实现物质文明和精神文明相协调的现代化。如材料所言,依靠人民创造历史……站稳人民立场。(7分)

坚持科学立法、严格执法、公正执法、全民守法是推进全面依法治国的重要环节,是中国式现代化的重要保障。立法上,要加强宪法实施、完善立法体制,加强重点领域立法;执法上,要公正文明执法、强化监督制约、完善依法决策机制;司法上,要优化权力配置、深入严格司法,加强人权保障;守法上,要加大全民普法力度,推进全民守法。如材料所言,具体体现在党领导立法、保证执法、支持司法、带头守法上。(6分)

综上,应当在习近平法治思想指导下,坚持中国共产党领导的社会主义现代化,坚持社会主义法治现代化,发展全过程人民民主,形成强大合力。只有如此,才能全面建成社会主义现代化强国、实现第二个百年奋斗目标,以中国式现代化全面推进中华民族伟大复兴。(6分)

2 CASE （本题 34 分）

| 材料一 |

十年来，国家积极推进卫生健康立法，强化公共卫生法治保障。制定基本医疗卫生与健康促进法，修改药品管理法，制定疫苗管理法，“把人民群众的生命安全和身体健康放在首位”，完善药品审评审批制度、储备供应制度，强化疫苗研制、生产、流通、预防接种等全过程监管。

| 材料二 |

我们深入贯彻以人民为中心的发展思想，在幼有所育、学有所教、劳有所得、病有所医、老有所养、住有所居、弱有所扶上持续用力……建成世界上规模最大的教育体系、社会保障体系、医疗卫生体系……人民群众获得感、幸福感、安全感更加充实、更有保障、更可持续，共同富裕取得新成效。

（摘自习近平《高举中国特色社会主义伟大旗帜　为全面建设社会主义现代化国家而团结奋斗——在中国共产党第二十次全国代表大会上的报告》）

| 材料三 |

打官司难是过去老百姓反映强烈的一个问题。党的十八大以来，人民法院实行立案登记制改革，长期困扰群众的“立案难”问题已经成为历史。为了让老百姓解决纠纷更便捷、更普惠，成本更低廉，选择更多元，人民法院建成“一站式多元解纷和诉讼服务体系”，在国际上独树一帜，走出了一条中国特色司法为民之路。

| 问　题 |

结合上述材料及全面依法治国的根本立场，谈谈在习近平法治思想的科学指引下，如何让人民群众切实感受到社会主义法治的温暖和方便。

| 要　求 |

1. 没有观点论述和表达，照抄材料不得分；

2. 观点正确，表述完整、准确；

3. 总字数不少于 600 字。

| **参考答案** |

习近平法治思想是对党领导法治建设丰富实践和宝贵经验的科学总结,是在法治轨道上推进国家治理体系和治理能力现代化的根本遵循,是引领法治中国建设实现高质量发展的思想旗帜。以人民为中心是中国特色社会主义法治的本质要求,我们要从立法、司法、执法角度着手,让人民群众切实感受到社会主义法治的温暖和方便。(6 分)

从立法角度看,要科学立法,立法为民。比如,对于材料一中所述的卫生健康领域的立法,我国针对药品贵、打疫苗难等问题进行改革,让人民群众的医疗需求能够得到良好的满足。近几年我国完善了医疗保障体系,健全了宪法和法律的实施,完善了现行“一元多层”的立法体制,坚持科学立法、民主立法、依法立法,在习近平法治思想的指导下,让法律更符合宪法精神、反映人民意志、得到人民拥护。(8 分)

从执法角度看,要依法执政,执法为民。我们要实现好、维护好、发展好广大人民根本利益。一是通过行政手段,打击市场乱象。二是通过严格执法、规范执法让人民感受到社会主义法治的温度和方便,正如材料二中所言,通过对教育体系、社会保障体系、医疗卫生体系的完善,让人民群众有获得感、幸福感和安全感。(7 分)

从司法角度看,要公正司法,司法为民。我国司法机关应当注重提高司法公信力,让人民群众在每一个司法案件中感受到公平正义,保障人民群众的合法利益。材料三中人民法院建成“一站式多元解纷和诉讼服务体系”就体现了司法为民的重要性。(7 分)

综上所述,为了让人民群众切实感受到社会主义法治的温暖和方便,必须坚持依法治国、依法执政、依法行政共同推进,法治国家、法治政府、法治社会一体建设,实现科学立法、严格执法、公正司法、全民守法,推进国家治理体系和治理能力现代化。(6 分)

3 CASE （本题 36 分）

｜材料一｜

全面依法治国必须正确处理政治和法治、改革和法治、依法治国和以德治国、依法治国和依规治党的关系。社会主义法治必须坚持党的领导，党的领导必须依靠社会主义法治。“改革与法治如鸟之两翼、车之两轮”，要坚持在法治下推进改革，在改革中完善法治。要坚持依法治国和以德治国相结合，实现法治和德治相辅相成、相得益彰。要发挥依法治国和依规治党的互补性作用，确保党既依据宪法法律治国理政，又依据党内法规管党治党、从严治党。

（摘自 2018 年 8 月 24 日习近平《必须长期坚持、不断丰富发展全面依法治国新理念新思想新战略》）

｜材料二｜

改革开放至今已经 40 年了，我们一直在实践和探索，在坚持中国共产党领导和我国社会主义制度的前提下，在社会主义道路、理论、制度、文化上进行了一系列革命性变革，开辟了中国特色社会主义道路，使我国发展大踏步赶上时代……中国特色社会主义在中国取得巨大成功表明，社会主义没有灭亡，也不会灭亡，而且焕发出蓬勃生机活力。科学社会主义在中国的成功，对马克思主义、科学社会主义的意义，对世界社会主义的意义，是十分重大的。

（摘自 2018 年 1 月 5 日习近平《坚持和发展中国特色社会主义要一以贯之》）

｜材料三｜

人民性是中国特色社会主义司法制度的本质属性，要求我们把实现好、维护好、发展好最广大人民根本利益作为出发点和落脚点，把解决实际问题的多少、人民群众是否满意、社会是否普遍认同作为最大政绩，努力以为民谋利、为民尽责的实际成效取信于民。

｜问　题｜

根据材料，结合习近平法治思想，谈谈你对党的领导、人民当家作主、依法治国有机统一的理解。

｜要　求｜

1. 没有观点论述和表达，照抄材料不得分；

2. 观点正确，表述完整、准确；

3. 总字数不少于 600 字。

| **参考答案** |

习近平法治思想是在法治轨道上推进国家治理体系和治理能力现代化的根本遵循，是引领法治中国建设实现高质量发展的思想旗帜。只有在党的领导下依法治国、厉行法治，人民当家作主才能充分实现，国家和社会生活法治化才能有序推进。党的领导、人民当家作主和依法治国统一于建设中国特色社会主义民主政治的伟大实践之中，决不能把它们分割开来或对立起来。(6分)

中国共产党的领导是人民当家作主和依法治国的根本保证，社会主义法治必须坚持党的领导，党的领导必须依靠社会主义法治。要坚持发挥党总揽全局、协调各方的领导核心作用，切实保证国家一切权力属于人民，坚持依法治国和依法行政。(8分)

以人民为中心是全面依法治国的根本立场，人民当家作主是社会主义民主政治的本质要求。在党的领导下，把实现好、维护好、发展好最广大人民根本利益作为出发点和落脚点。通过党领导人民创造各种有效的当家作主的民主形式，坚持依法治国，才能充分实现人民当家作主的权利，实现公平正义，保障人民群众的权益，从而巩固和发展党的执政地位。(8分)

依法治国是党领导人民治理国家的基本方略，要把依法治国作为党领导人民治理国家的基本方式。法治兴则国家兴，法治衰则国家乱。依法治国与人民民主、党的领导是紧密联系、相辅相成、相互促进的。依法治国不仅从制度上、法律上保证人民当家作主，而且也从制度上、法律上保证党的执政地位。(8分)

总之，全面推进依法治国是关系我们党执政兴国、关系人民幸福安康、关系党和国家长治久安的重大战略问题，是完善和发展中国特色社会主义制度、推进国家治理体系和治理能力现代化的重要方面。因此，必须要坚持党的领导、人民当家作主和依法治国有机统一。(6分)

刑　法

4 CASE （本题 33 分）

｜案　情｜

赵某与罗某因口角产生仇恨，赵某遂出资 2 万元雇请钱某去教训一下罗某。（事实一）

钱某同意，回家后将此事告诉其妻孙某，并让孙某为自己放风。孙某说，"我才不去呢，你自己去吧"，但提示钱某说，"把人打伤就行了，别把人打死了"，钱某答应。为此，钱某准备了一根用软实的厚胶布缠好的硬木棒。后钱某又找到外甥李某（15 周岁）帮忙，商量好一起去伤害罗某，答应事成之后分给李某 5000 元。（事实二）

为了保险起见，钱某找到周某，骗周某说，"我要去罗某家盗窃，你帮我去放风吧"。周某起初不答应，钱某就恐吓周某说，"盗窃的事也告诉你了，你要不去的话，我明儿灭你的口"，周某被迫同意。（事实三）

第二天晚上，钱某与李某一起进入罗某家，周某在门外放风。钱某见床上有一人睡觉，认为是罗某，遂持硬木棒朝该人身上击打数下，见其没再动弹便停止下来。钱某先行离开后，李某暗想"不如砸死算了"，遂操起一个板凳，朝该人头上猛砸几下。（事实四）

李某在钱某走后，为了破坏现场，将房间内的一个电炉插上，并在上面扔了一个纸箱，想引火烧毁罗某家。李某出门后，钱某问李某："你在后面磨蹭什么？"李某答："我把屋里的电炉插上了，隔一会儿起火烧他个精光，免得留下证据。"钱某听到后也没说什么。（事实五）

二人发现门外没有周某的踪影。原来，周某见钱某、李某入户之后，越想越害怕，不一会儿就逃回家中。（事实六）

当晚，罗某家发生火灾，引起相邻数间房屋被烧毁。事后查明，当天罗某因事出差，睡在床上的是罗某患有心脏病的妻子张某，张某因遭受殴击（尸检证明身体伤情为轻伤、头部伤情为重伤），引发心脏病当场身亡，并未死于火灾。但不能查明是何处伤情引发心脏病。（事实七）

｜问　题｜

1. 对于事实一、事实四、事实七分析：关于致张某死亡的事实，赵某、钱某、李某三人构成何罪？说明理由。

2. 对于事实二分析：孙某与钱某是否构成共同犯罪？说明理由。

3. 结合事实三、事实六分析：周某与钱某、李某是否构成共同犯罪？如构成犯罪，构成何罪？犯罪形态如何？说明理由。

4. 对于事实五分析：李某引发火灾的行为如何定性？钱某是否需对此行为负责？说明理由。

5. 事实五中，如果死者不是被打死的，而是死于窒息（被烟呛死）的，那么这种情形在理论上称为什么？针对这一死亡结果在理论上有几种处理意见？

| **法理透析** |

1. 本题考查的考点比较综合，涉及故意伤害罪、故意杀人罪、共同犯罪和观点展示的相关考点。

2. 共同犯罪中的帮助犯是指为正犯犯罪提供帮助。

3. 具体符合说和法定符合说是法考核心考点，命题会结合认识错误进行考查，具体的认识错误是指同一犯罪构成内的错误。

4. 事实认识错误中的事前故意。

| **参考答案** |

1.【结论】赵某、钱某、李某三人在故意伤害罪范围内成立共同犯罪，赵某、钱某构成故意伤害罪（致人死亡），李某构成故意杀人罪。（2 分）

【理由】我国刑法规定，在共同犯罪中，两人以上共同实施犯罪行为是共同正犯。本案中，赵某、钱某、李某实施的共同行为与被害人死亡结果具有因果关系，其行为符合我国刑法关于故意伤害罪的构成要件，依法成立故意伤害罪（致人死亡）的共同犯罪。李某主观上系杀人故意，符合我国《刑法》第 232 条“故意杀人”的规定，成立故意杀人罪。（3 分）

2.【结论】孙某与钱某不构成共同犯罪。（2 分）

【理由】我国刑法规定，二人以上共同故意犯罪是共同犯罪。共同犯罪行为，除实行犯的行为是由刑法明文规定的以外，还有其他共同犯罪人的行为，如组织行为、教唆行为和帮助行为。本案中，孙某客观上没有实施上述行为，只是附和孙某，不能构成共同犯罪。其知情不举亦不属于犯罪。（3 分）

3.（1）构成共同犯罪。周某与钱某在非法侵入住宅罪范围内构成共同犯罪，周某与李某在故意杀人罪的范围内构成共同犯罪。（2 分）

我国刑法规定，共同犯罪必须具有共同的犯罪故意，即有共同犯罪的认识因素和意志因素。本案中，周某为钱某提供了物理帮助和心理帮助，主观上具有故意，是钱某实施的盗窃罪（入户盗窃）的帮助犯。周某也为李某提供了物理帮助和心理帮助，主观上依旧具有故意。李某的非法侵入住宅罪与故意杀人罪是牵连犯，以故意杀人罪论处，所以，周某是李某实施的故意杀人罪的帮助犯。（2 分）

（2）既遂形态。周某在正犯实行之后逃离，没有切断因果关系，不能认定为共犯脱离，因而其仍需对正犯造成的结果承担责任，系犯罪既遂。（4 分）

4.【结论】李某引发火灾的行为构成放火罪，钱某需要负责。（2 分）

【理由】我国刑法规定，行为人负有实施某种积极行为的特定的法律义务，并且能够实行而不实行的行为即为不作为。本案中，李某引发火灾的行为构成放火罪，其放火是为破坏二人实施共同伤害行为的现场，系因共同犯罪行为而引起。钱某具有制止义务而不制止，构成放火罪，系不作为形式的共同放火罪。（3 分）

5.（1）在刑法理论上称之为事前故意。（4 分）

（2）依据刑法理论，事前故意是指行为人误认为第一个行为造成结果，出于其他目的实施第

二个行为,实际上第二个行为才导致预期结果的发生。(2 分)

观点一:将前后两个行为视为一体,视为对因果关系的认识错误处理,只要发展过程在相当的因果关系内,就仅成立故意杀人罪(既遂)。(2 分)

观点二:如果在实施第二个行为时相信死亡结果已经发生,则成立故意杀人罪(未遂)与过失致人死亡罪的想象竞合,二者择一重罪处罚。(2 分)

5 CASE **（本题 33 分）**

｜**案　情**｜

张三某晚在道路上驾驶机动车，不慎撞上李四驾驶的小轿车，李四被卡在车内无法动弹，李四车内的王五当场死亡、赵六受重伤。张三逃逸。赵六被送去医院后，因伤势过重死亡。医生表明即便赵六被及时送医也会死亡。交警对李四的车进行切割，试图将李四救出。（事实一）

次日，醉酒后的张三（血液中的酒精含量为 182mg/100mL）与杨某各自驾驶摩托车飙车。张三发现涂某车辆被天桥掉下的石柱砸到时紧急制动，摩托车侧翻猛烈撞向涂某车左前门一侧，后张三逃离。20 分钟后，交警将涂某抬出车时发现其已死亡。现无法查明涂某被张三撞击前是否已死亡，也无法查明涂某被张三撞击前所受创伤是否为致命伤。（事实二）

杨某离开现场后，路上遇到妇女周某，杨某一把夺过其项链，周某在后面紧追不舍。此时杨某的朋友孙某开车路过，将杨某带上车逃离。（事实三）

杨某在逃跑的过程中又遇到了张三，二人决定再"大干一场"。经过预谋，杨某入室实施盗窃，张三在外面望风。杨某在盗窃的过程中发现了一位穿睡衣的女子丁某，杨某将丁某强奸，后为了防止丁某报警将丁某勒死。事后，杨某告知张三只盗窃了 5000 元。（事实四）

两天之后，杨某在街上遇到仇人董某，将其杀死后发现其身上携带现金 3 万元，于是将其拿走。（事实五）

｜**问　题**｜

1. 根据事实一，分析张三的行为定性。

2. 根据事实二，分析张三、杨某的刑事责任。

3. 根据事实三，分析杨某、孙某的刑事责任。

4. 根据事实四，分析张三和杨某的刑事责任。

5. 根据事实五，分析杨某的刑事责任，如存在不同观点，请分别分析。

| 法理透析 |

1. 考查的是交通肇事罪。交通肇事罪是指违反交通运输管理法规，因而发生重大事故，致人重伤、死亡或者使公私财产遭受重大损失的行为。交通肇事罪逃逸致人死亡要求死亡结果和逃逸构成因果关系。

2. 考查的是危险驾驶罪以及存疑有利于被告人原则。

3. 考查的是抢夺罪。抢夺罪要求不能使用暴力，使用暴力则构成抢劫罪。并且，抢夺罪要求数额较大或者多次抢夺，解题时要注意题干中的抢夺数额。

4. 考查的是共同犯罪中的实行过限。在共同犯罪中，实现过限者需要对其超出共同犯罪合意的部分负责。其他共同犯罪者不需要对过限行为负责。

5. 主要考查观点展示，需要写出具体罪名、观点以及结论才能拿全分。

| 参考答案 |

1. 张三违反交通管理法规，致一人（王五）死亡、赵六重伤，构成交通肇事罪。（3 分，理由 1 分，结论 2 分）张三驾车逃逸，属于交通肇事逃逸，但是由于即便及时送医也无法避免赵六的死亡结果，因此赵六的死亡结果不能归属于张三的逃逸行为，张三承担交通肇事逃逸致人死亡的刑事责任。（3 分，“逃逸”1 分，“不是逃逸致人死亡”1 分，理由 1 分）

2. 刑法规定，血液中酒精含量大于等于 80mg/100mL 的驾驶人员驾驶机动车即可构成危险驾驶罪。张三醉酒驾驶机动车，构成危险驾驶罪，和杨某二人成立共同犯罪。（2 分，罪名 1 分，共同犯罪 1 分）由于无法查明涂某被张三撞击前是否已死亡，也无法查明涂某被张三撞击前所受创伤是否为致命伤，根据存疑有利于被告人的原则，张三、杨某都不对涂某的死亡结果负责。（4 分，“存疑有利于被告人”2 分，结论 2 分）

3. 杨某成立抢夺罪。刑法规定，以非法占有为目的，夺取他人财物的行为成立抢劫罪。本案中，杨某夺取周某项链的行为符合抢夺罪的构成要件。（2 分，理由 1 分，结论 1 分）由于已经取得财物，成立抢夺罪既遂。（2 分）孙某在杨某既遂后帮助杨某逃走，依法成立窝藏罪。（2 分）

4. 杨某和张三成立盗窃罪的共同犯罪，属于入户盗窃。（2 分）杨某强奸丁某并勒死丁某的行为依法成立强奸罪与故意杀人罪，与盗窃罪数罪并罚。刑法规定，违背妇女意志，压制妇女反抗强行发生关系的，成立强奸罪，非法剥夺他人生命的，成立故意杀人罪。（结论 2 分，理由 3 分）杨某强奸并杀人的行为超出了与张三的合意，属于实行过限，对张三只定盗窃罪。（2 分）

5. 杨某成立故意杀人罪与盗窃罪（或侵占罪），数罪并罚。此处需要观点展示，分别写出来（故意杀人罪得 3 分，观点和结论对应各得 3 分）。

6 CASE （本题 30 分）

| 案　情 |

张三、李四是小学同学，相识多年。某日，二人共谋抢劫便利店。张三进入便利店假装买货，在收银员二狗开柜门的时候李四冲进店中，夺走柜中的财物（里面有 2 万元现金）。二人开车准备离开。（事实一）

二狗大叫“别走”，张三迅即启动汽车驶向公路，二狗扑向张三车前风挡，抓住雨刮器。李四对张三说：“太危险了，要出人命了，要不停车？”张三说：“停车不是自寻死路吗？”仍然加速，致二狗摔倒在地。（事实二）

张三看二狗摔倒在地一动不动，以为二狗死了，就对李四说：“糟糕，应该死了，我们还是把他埋掉吧，省得被发现。”李四下车后发现二狗其实没有死，但是李四害怕二狗醒来后认出自己，就没有告知张三，张三和李四就在偏僻的地方把二狗埋了。二狗被埋以后窒息死亡。（事实三）

李四离开后，张三从二狗的衣服中找到了二狗母亲的电话，对其谎称绑架了二狗，要求其交 30 万元赎金，否则就撕票。二狗的母亲遂借了 30 万元交赎金。（事实四）

后李四在网上钱庄赌博，输掉了很多钱，于是萌生了盗窃的念头。他在购物的时候，在联想手机（价值 1000 元）盒中塞入了一台 iPhone 11（价值 1 万元），在收银员没有发现的情况下结账离开了。（事实五）

| 问　题 |

1. 在事实一中，张三和李四的行为应该定什么罪？
2. 关于事实二，张三和李四是否构成故意杀人罪的共犯？
3. 关于事实三，张三的行为属于什么性质？对其行为有几种观点？
4. 关于事实四，张三构成何罪？
5. 关于事实五，李四构成何罪？

| 法理透析 |

1. 考查的知识点是抢夺罪。抢劫罪要求使用暴力,而抢夺罪不要求使用暴力。使用暴力夺取的构成抢劫罪,没有使用暴力夺取的构成抢夺罪。

2. 考查的知识点是犯罪的故意。直接故意是指行为人明知自己的行为必然或者可能发生危害结果,并且希望危害结果的发生,以及明知必然发生危害结果而放任结果发生的心理态度。间接故意是指行为人明知自己的行为可能发生危害结果,并且放任这种结果发生的心理态度。

3. 考查的知识点是事前的故意。事前故意是指行为人故意实施某种危害行为,自以为已实现其犯罪目的,但在实施其他行为时才实现最初犯罪意图的情形。在事前的故意中存在观点展示。

4. 考查的知识点是诈骗罪和敲诈勒索罪的想象竞合。诈骗罪是指虚构事实、隐瞒真相,使受害人陷入错误认识而处分财物的行为。敲诈勒索罪是指以恶害相告,使被害人非自愿地交出财物。

5. 考查的知识点是盗窃罪和诈骗罪的区别。盗窃罪被害人无处分意识,诈骗罪被害人是有处分意识的,只不过处分意识因诈骗行为而出错。

| 参考答案 |

1. 张三、李四构成抢夺罪的共同犯罪。(2 分)

《刑法》第 267 条规定:“抢夺公私财物,数额较大的,或者多次抢夺的,处三年以下有期徒刑、拘役或者管制,并处或者单处罚金;数额巨大或者有其他严重情节的,处三年以上十年以下有期徒刑,并处罚金;数额特别巨大或者有其他特别严重情节的,处十年以上有期徒刑或者无期徒刑,并处罚金或者没收财产。携带凶器抢夺的,依照本法第二百六十三条的规定定罪处罚。”张三和李四以非法占有为目的,趁二狗不备,公然夺取财物,数额较大,符合抢夺罪的构成要件。(3 分)

2. 不构成。张三构成故意杀人罪,李四不构成故意杀人罪。(2 分)

本题中,张三明知道自己加速可能会导致二狗死亡,但为了逃跑而放任危害结果的发生,属于间接故意。李四主观上并不希望危害结果的发生,二狗死亡的结果已经超出其故意的内容,所以李四不构成故意杀人罪。(3 分)

3. 张三的行为属于事前的故意。(2 分)

观点一:张三构成故意杀人罪(既遂),定一罪即可。张三主观上有杀害二狗的概括的故意,客观上导致了二狗的死亡,因果关系不中断。所以张三成立故意杀人罪(既遂)。(4 分)

观点二:张三构成故意杀人罪(未遂)与过失致人死亡罪,数罪并罚。张三主观上有杀害二狗的故意,但是该故意在停车后就结束了。在指示李四掩埋尸体的时候,张三没有杀害二狗的故意,对其死亡只能是过失。(4 分)

4. 张三构成诈骗罪和敲诈勒索罪的想象竞合,择一重罪处罚。(2 分)

本题中,张三虚构绑架事实,获得赎金,符合诈骗罪的构成要件;同时,张三的行为符合敲诈勒索罪的构成要件,但不构成绑架罪,因为其没有绑架人质的行为。(3 分)

5. 李四构成诈骗罪。(2分)

诈骗罪是指虚构事实、隐瞒真相,使被害人陷入错误认识而处分财物的行为。本题中,李四通过将昂贵的手机放入便宜的手机盒中,使收银员在结账时产生认识错误,发生了财产损失。收银员此时已经认识到其处分了一台手机,但是对于手机的具体品牌和型号发生了认识错误,也就是说收银员具有处分手机的意识,因此不构成盗窃罪。(3分)

刑事诉讼法

7 CASE （本题30分）

| 案 情 |

李某与王某系甲市A县某工地工友，同住一个职工宿舍。后二人因生活作息问题发生口角，李某因此怀恨在心。某日午休，李某趁王某熟睡之机，用木棍对着王某头部猛击。王某惊醒之后大声呼救，李某被其他舍友拉开。王某因被钝器打击头部而受伤，随即向A县公安局报案。A县公安局对此案以故意伤害罪立案，侦查终结并移送A县检察院审查起诉。A县检察院向A县法院提起公诉。

A县法院经过庭前审查认为案件事实清楚，决定开庭。鉴于李某申请排除非法证据，A县法院在开庭前召开了庭前会议，在听取控辩双方的意见后，发现如果该证据不排除会导致庭审中断，于是在庭前会议中排除了证据。A县法院依法组成合议庭，公开开庭审理了此案。庭审过程中，证人吴一以担心被告人报复为由拒绝出庭作证。审判庭考虑到吴一是唯一目击证人，对查明案件事实很重要，且被告人李某要求与王某质证，遂发布拘传令将吴一拘传到庭。经审理，法庭发现李某在审查起诉阶段有翻供行为，检察机关指控被告人李某犯罪的事实有不清楚之处，证据不够确实充分，于是决定将案件退回检察机关补充侦查，并作出延期审理的决定。检察机关补充侦查后，将补充的证据材料移送人民法院。A县法院恢复审判并作出一审判决，认定李某犯故意伤害罪，判处有期徒刑5年。

一审判决后，李某向甲市中级法院提出上诉。经过审理，甲市中级法院认为原判决事实不清、证据不足，于是裁定撤销原判，发回A县法院重审。A县法院另行组成合议庭审理此案，最终仍判处被告人李某犯故意伤害罪，但是判处有期徒刑3年。检察机关对该判决提起抗诉，最终甲市中级法院判决被告人李某犯故意伤害罪，并判处有期徒刑6年。

| 问 题 |

1. A县法院经过庭前审查认为案件事实清楚，决定开庭。请问该法庭的庭前审查活动是否正确？

2. A县法院庭前会议对非法证据的处理是否正确？为什么？

3. 法院直接将案件退回检察机关补充侦查的做法是否正确？为什么？

4. 检察机关抗诉后，甲市中级法院的改判加刑行为是否违背上诉不加刑原则？为什么？

5. 在检察机关抗诉后，二审法院在审查程序上应如何处理？

| 法理透析 |

1. 庭前审查应当是程序性审查而非实质性审查。

2. 法庭审理阶段的补充侦查一般由检察机关建议，法院只有在被告人提出新的立功线索的情况下才可以建议检察院补充侦查，而不能主动将案件退回检察机关补充侦查。

3. 被告人或者其法定代理人、辩护人、近亲属提出上诉，人民检察院未提出抗诉的案件，第二审人民法院发回重新审判后，除有新的犯罪事实且人民检察院补充起诉的以外，原审人民法院不得加重被告人的刑罚。

| 参考答案 |

1. 该法庭的庭前审查活动不正确。(2 分)根据《刑事诉讼法》及相关司法解释规定，庭前审查应当是程序性审查而非实质性审查。本案中，该法庭经过庭前审查认为案件事实清楚而决定开庭，表明该法院在庭前审查活动中进行了实质性审查。因此，其庭前审查活动不正确。(4 分)

2. 不正确。(2 分)按照《刑事诉讼法》及相关司法解释规定，庭前会议就非法证据等问题只是了解情况、听取意见，不能作出决定。对于可能导致庭审中断的程序性事项，法院可以在庭前会议后依法作出处理，但不能在庭前会议中处理。(4 分)

3. 法院直接退回检察机关补充侦查的做法是不正确的。(2 分)根据《刑事诉讼法》及相关司法解释规定，法庭审理阶段的补充侦查一般由检察机关建议，法院只有在被告人提出新的立功线索的情况下才可以建议检察院补充侦查，而不能主动将案件退回检察机关补充侦查。(4 分)

4. 违反上诉不加刑原则。(2 分)根据《刑事诉讼法》及相关司法解释规定，被告人或者其法定代理人、辩护人、近亲属提出上诉，人民检察院未提出抗诉的案件，第二审人民法院发回重新审判后，除有新的犯罪事实且人民检察院补充起诉的以外，原审人民法院不得加重被告人的刑罚。对前述规定的案件，原审人民法院对上诉发回重新审判的案件依法作出判决后，人民检察院抗诉的，第二审人民法院不得改判为重于原审人民法院第一次判处的刑罚。本案中，检察院抗诉的，甲市中级法院改判时不得重于 A 县法院第一次判处的 5 年有期徒刑。(4 分)

5. (1)甲市中级法院应当由审判员组成合议庭进行审理。(2)甲市中级法院应当开庭审理。(3)甲市中级法院应当在 2 个月以内审结。(4)甲市中级法院应当根据审理的情况作出判决：如果事实清楚、证据确实充分，维持原判。由于本案是以事实不清证据不足发回重审的，因此，如果事实不清、证据不足，应当在查清基础上改判。程序错误的，应当发回重审。适用法律错误、量刑错误的，应当改判。但受制于上诉不加刑原则，法院即使想加重刑罚的，也只能维持原判。(一般情况下要写 3 点，每点 2 分。)

8 CASE **（本题30分）**

| 案 情 |

2020年10月2日午夜，A市某区公安人员在辖区内巡逻时，发现路边停靠的一辆轿车内坐着3个形迹可疑的年轻人（朱某、尤某、何某），即上前盘查。其在该车后备箱中发现盗窃机动车工具，遂将3人带回区公安分局作进一步审查。案件侦查终结后，区检察院向区法院提起公诉。

【证据】朱某在侦查中供称，其作案方式是3人乘坐尤某的汽车在街上寻找作案目标，确定目标后由朱某、何某下车盗窃，得手后共同分赃。作案过程由尤某策划、指挥。其在法庭调查中承认起诉书指控的犯罪事实，但声称在侦查中因刑讯受伤。

尤某在侦查中与朱某的供述基本相同，但不承认作案由自己策划、指挥。其在法庭调查中翻供，不承认参与盗窃机动车的犯罪，声称对朱某盗窃机动车毫不知情，并声称在侦查中因刑讯受伤。

何某始终否认参与犯罪。其声称以前从没有与A市的朱某、尤某共同盗窃，其在被抓获当天从C市老家来A市玩，与原先偶然认识的朱某、尤某一起吃完晚饭后坐在车里闲聊，后被公安机关抓获。还声称在侦查中因刑讯受伤。

公安机关在朱某、尤某供述的十几起案件中核实认定了A市发生的3起案件，并循线索找到了被害人，取得了当初的报案材料和被害人陈述。他们调取到某一案发地录像，该录像显示了朱某、尤某盗窃汽车的经过。根据朱某、尤某在侦查阶段的供述，公安机关认定何某在2010年3月19日参与了1起盗窃机动车案件。

何某辩护人称在案卷材料中看到朱某、尤某、何某受伤后包有纱布的照片，并提供了4份书面材料。（1）何某父亲的书面证言：2010年3月19日案发前后，何某因打架被当地公安机关告知在家等候处理，不得外出。何某未离开C市。（2）2010年4月5日，公安机关发出行政处罚通知书。（3）C市某机关工作人员赵某的书面证言：2010年3月19日案发前后，赵某经常与何某在一起打牌，何某随叫随到，其间未离开C市。（4）何某女友范某的书面证言：2010年3月，何某一直在家，偶尔与朋友打牌，未离开C市。

【法庭审判】庭审中，3名被告人均称受到侦查人员刑讯。辩护人提出，其在案卷材料中看到朱某、尤某、何某受伤后包有纱布的照片，被告人供述系通过刑讯逼供取得，属于非法证据，应当予以排除，要求法庭调查。公诉人反驳，被告人受伤系因抓捕时3人有逃跑和反抗行为造成，与讯问无关，但未提供相关证据证明。法庭认为，辩护人意见没有足够根据，即开始对案件进行实体审理。

法庭调查中，根据朱某供述，法庭认定尤某为策划、指挥者，系主犯。

审理中，何某辩护人向法庭提供了证明何某没有作案时间的4份书面材料。法庭认为，公诉方提供的有罪证据确实充分，辩护人提供的材料不足以充分证明何某在案发时没有来过A市，且材料不具有关联性，不予采纳。

最后,法院采纳在侦查中朱某、尤某的供述笔录,被害人陈述,报案材料,监控录像作为定案根据,认定尤某、朱某、何某构成盗窃罪(尤某为主犯),分别判处有期徒刑9年、5年和3年。

| 问 题 |

1. 法院对于辩护人提出排除非法证据的请求的处理是否正确?为什么?

2. 如法院对证据合法性有疑问,应当如何进行调查?

3. 法院对尤某犯罪事实的认定是否已经达到事实清楚、证据确实充分?为什么?

4. 现有证据能否证明何某构成犯罪?为什么?

5. 如何判断证据是否具有关联性?法院认定何某辩护人提供的4份书面材料不具有关联性是否适当?为什么?

| **法理透析** |

1. 最高人民法院、最高人民检察院、公安部、国家安全部、司法部《关于办理刑事案件严格排除非法证据若干问题的规定》第23条规定："人民法院向被告人及其辩护人送达起诉书副本时，应当告知其有权申请排除非法证据。被告人及其辩护人申请排除非法证据，应当在开庭审理前提出，但在庭审期间发现相关线索或者材料等情形除外。人民法院应当在开庭审理前将申请书和相关线索或者材料的复制件送交人民检察院。"第25条第1款规定："被告人及其辩护人在开庭审理前申请排除非法证据，按照法律规定提供相关线索或者材料的，人民法院应当召开庭前会议。人民检察院应当通过出示有关证据材料等方式，有针对性地对证据收集的合法性作出说明。人民法院可以核实情况，听取意见。"

2. 最高人民法院、最高人民检察院、公安部、国家安全部、司法部《关于办理刑事案件严格排除非法证据若干问题的规定》第31条规定："公诉人对证据收集的合法性加以证明，可以出示讯问笔录、提讯登记、体检记录、采取强制措施或者侦查措施的法律文书、侦查终结前对讯问合法性的核查材料等证据材料，有针对性地播放讯问录音录像，提请法庭通知侦查人员或者其他人员出庭说明情况。被告人及其辩护人可以出示相关线索或者材料，并申请法庭播放特定时段的讯问录音录像。侦查人员或者其他人员出庭，应当向法庭说明证据收集过程，并就相关情况接受发问。对发问方式不当或者内容与证据收集的合法性无关的，法庭应当制止。公诉人、被告人及其辩护人可以对证据收集的合法性进行质证、辩论。"第34条规定："经法庭审理，确认存在本规定所规定的以非法方法收集证据情形的，对有关证据应当予以排除。法庭根据相关线索或者材料对证据收集的合法性有疑问，而人民检察院未提供证据或者提供的证据不能证明证据收集的合法性，不能排除存在本规定所规定的以非法方法收集证据情形的，对有关证据应当予以排除。对依法予以排除的证据，不得宣读、质证，不得作为判决的根据。"

3. 最高人民法院、最高人民检察院、公安部、国家安全部、司法部《关于办理死刑案件审查判断证据若干问题的规定》第5条第1款、第2款规定，办理死刑案件，对被告人犯罪事实的认定，必须达到证据确实、充分。证据确实、充分是指：(1)定罪量刑的事实都有证据证明；(2)每一个定案的证据均已经法定程序查证属实；(3)证据与证据之间、证据与案件事实之间不存在矛盾或者矛盾得以合理排除；(4)共同犯罪案件中，被告人的地位、作用均已查清；(5)根据证据认定案件事实的过程符合逻辑和经验规则，由证据得出的结论为唯一结论。

而本案仅根据同案犯朱某供述即认定尤某为策划指挥者，无其他证据印证。

4. 根据《刑事诉讼法》第55条第2款的规定，证据确实、充分，应当符合以下条件：(1)定罪量刑的事实都有证据证明；(2)据以定案的证据均经法定程序查证属实；(3)综合全案证据，对所认定事实已排除合理怀疑。最高人民法院、最高人民检察院、公安部、国家安全部、司法部《关于办理死刑案件审查判断证据若干问题的规定》第1条规定：办理死刑案件，必须严格执行刑法和刑事诉讼法，切实做到事实清楚，证据确实、充分，程序合法，适用法律正确，确保案件质量。

5. 证据的关联性，指的是作为证据的事实与案件事实之间存在某种联系。关联性是实质性和证明性的结合。关联性不涉及证据的真假和证明价值，其侧重的是证据与证明对象之间的形式性关系,即证据相对于证明对象是否具有实质性,以及证据对于证明对象是否具有证明性。在厘清案件待证事实的情况下,要判断某项证据是否具有实质性,主要就要考查当事人提出该证据的证明目的,考查该证明目的是否有助于证明本案中的争议事实。如果特定证据的证明目的并非指向本案的待证事实,则该证据不具有实质性,也就没有关联性。不具有关联性的证据有类似行为、品格证据、特定的诉讼行为、特定的事实行为、被害人过去的行为等。

| **参考答案** |

1. 不正确。(2 分)因为根据最高人民法院、最高人民检察院、公安部、国家安全部、司法部《关于办理刑事案件严格排除非法证据若干问题的规定》,法庭应当启动对证据是否为非法取得的调查程序。本案被告人均称供述系刑讯逼供所得,辩护人提出了排除非法证据的请求,并有一定证据支持,法院在公诉人没有证据支持的情况下,不调查即采纳公诉人的解释,是不正确的。(4 分)

2. 根据最高人民法院、最高人民检察院、公安部、国家安全部、司法部《关于办理刑事案件严格排除非法证据若干问题的规定》,法庭应进行如下调查:(1)应要求公诉人向法庭提供讯问笔录、原始讯问过程的录音录像或者其他证据,提请法庭通知讯问时其他在场人员或者其他证人出庭作证。(2)仍不能排除刑讯逼供嫌疑的,公诉人应提请法庭通知本案讯问人员出庭作证。(3)公诉人当庭不能举证的,可以建议延期审理。(4)控辩双方可以就被告人供述的合法性进行质证、辩论。(5)对被告人供述的合法性,如果公诉人不提供证据加以证明,或者已提供的证据不够确实、充分,则该供述不能作为定案根据。(6 分)

3. 没有。(2 分)因为根据最高人民法院、最高人民检察院、公安部、国家安全部、司法部《关于办理死刑案件审查判断证据若干问题的规定》,共同犯罪案件中,被告人的地位、作用均已查清,是证据确实、充分的基本要素。本案仅根据同案犯朱某供述即认定尤某为策划指挥者,无其他证据印证。(4 分)

4. 不能。(2 分)因为根据《刑事诉讼法》和最高人民法院、最高人民检察院、公安部、国家安全部、司法部《关于办理死刑案件审查判断证据若干问题的规定》,认定有罪,必须达到证据确实充分。法庭认定何某犯罪的证据中,朱某、尤某在侦查中的供述笔录尚未排除刑讯逼供可能;被害人陈述笔录和车辆被盗时的报案材料只能证明车辆被盗,不能证明谁是盗车者;监控录像只证明朱某、尤某实施了其中 1 起案件。何某辩护人提供的犯罪时何某不在现场的 4 份证据,法庭没有查明其真伪。因此,现有证据没有排除何某没有犯罪的可能性,不能得出唯一的结论,认定何某犯罪的证据不确实充分。(4 分)

5. (1)判断证据是否具有关联性的依据主要有两点:第一,该证据是否用来证明本案的争点问题,与案件证明对象之间是否存在客观联系;第二,该证据是否能够起到证明的作用,即是否具有对案件事实的证明价值。(3 分)

(2)不适当。因为这些材料与案件证明对象之间存在客观联系,指向何某是否有罪的争点问题;同时,这些材料具有证明案件事实的证明价值,能够实际起到使指控的犯罪事实更无可能存在的证明作用。(3 分)

9 CASE （本题30分）

| 案 情 |

顾某（中国籍）常年居住M国，以丰厚报酬诱使徐某（另案处理）两次回国携带毒品甲基苯丙胺进行贩卖。2014年3月15日15时，徐某在B市某郊区交易时被公安人员当场抓获。侦查中徐某供出了顾某。我方公安机关组成工作组，按照与该国的司法协助协定赴该国侦查取证，由M国警方抓获了顾某，对其进行了讯问取证和住处搜查，并将顾某及相关证据移交我方。

检察院以走私、贩卖毒品罪对顾某提起公诉。鉴于被告人顾某不认罪并声称受到刑讯逼供，要求排除非法证据，一审法院召开了庭前会议，通过听取控辩双方的意见及调查证据材料，审判人员认定非法取证不成立。开庭审理后，一审法院认定顾某两次分别贩卖了一包甲基苯丙胺和一包重7.6克的甲基苯丙胺，因此其被判处有期徒刑6年6个月。顾某不服提出上诉，二审法院以事实不清为由发回重审。原审法院重审期间，检察院对其中重量不明的那包甲基苯丙胺明确为重2.3克并作出了补充起诉。据此，原审法院以顾某两次分别贩卖2.3克、7.6克毒品改为对其判处有期徒刑7年6个月。顾某不服判决再次上诉到二审法院。

| 问 题 |

1. M国警方移交的证据能否作为认定被告人有罪的证据？对控辩双方提供的境外证据，法院应当如何处理？

2. 本案一审法院庭前会议对非法证据的处理是否正确？为什么？

3. 发回原审法院重审后，检察院对重量为2.3克的一包甲基苯丙胺补充起诉是否正确？为什么？

4. 发回重审后，原审法院的改判加刑行为是否违反上诉不加刑原则？为什么？

5. 此案再次上诉后，二审法院在审理程序上应如何处理？

| **法理透析** |

1. 刑事司法协助的主体,是指请求提供刑事司法协助和接受请求提供刑事司法协助的司法机关。它包括请求国的司法机关和接受请求国的司法机关。在主张刑事司法协助狭义说的国家,刑事司法协助的主体一般仅指法院;在主张刑事司法协助广义说的国家,刑事司法协助的主体除了法院外,还有检察机关、公安机关。我国主张刑事司法协助广义说,因此,我国的公安机关、检察机关和人民法院,都是刑事司法协助的主体。

2.《刑事诉讼法》第187条第2款规定:"在开庭以前,审判人员可以召集公诉人、当事人和辩护人、诉讼代理人,对回避、出庭证人名单、非法证据排除等与审判相关的问题,了解情况,听取意见。"该规定构建了我国的庭前会议制度,并将其与非法证据排除联系起来。庭前会议就非法证据等问题只是了解情况、听取意见,不能作出决定。

3. 补充起诉,是指检察机关向法院提起公诉后,发现遗漏的同案犯或遗漏的罪行时,对原起诉予以补充的诉讼活动。根据情况,检察机关可以不撤回起诉书,制作补充起诉书,提交给法院;也可以先撤回原起诉书,在补充侦查后,重新制作起诉书。

4. 根据我国《刑事诉讼法》第237条的规定,第二审人民法院审理被告人或者他的法定代理人、辩护人、近亲属上诉的案件,不得加重被告人的刑罚。人民检察院提出抗诉或者自诉人提出上诉的,不受前述规定限制。根据上述规定,上诉不加刑原则仅应用于被告人一方上诉的案件。对于人民检察院抗诉或者自诉人提出上诉的案件,或者既有被告人的上诉又有人民检察院的抗诉、自诉人的上诉的案件,被告人是否加刑不受上诉不加刑原则的限制。

| **参考答案** |

1. M国警方移交的证据可以作为认定被告人有罪的证据。(2分)

我国《刑事诉讼法》规定,我国司法机关可以进行刑事司法协助,我国警方赴M国请求该国警方抓捕犯罪嫌疑人、取证属于司法协助的范围,本案司法协助程序符合规范,符合办理刑事案件程序规定。因此,我国法院应当认可境外证据的证据效力。(2分)

对来自境外的证据材料,人民检察院应当随案移送有关材料来源、提供人、提取人、提取时间等情况的说明。经人民法院审查,相关证据材料能够证明案件事实且符合刑事诉讼法规定的,可以作为证据使用,但提供人或者我国与有关国家签订的双边条约对材料的使用范围有明确限制的除外;材料来源不明或者真实性无法确认的,不得作为定案的根据。(2分)

2. 不正确。(2分)按照《刑事诉讼法》的规定,庭前会议就非法证据等问题只是了解情况、听取意见,不能作出决定。(3分)

3. 不正确。(2分)本案第二审法院基于原审法院认定的一包甲基苯丙胺数量不明,以事实不清为由发回重审,重审中检察机关明确为2.3克,只是补充说明不是补充起诉。补充起诉适用于检察机关在法院宣告判决前发现有遗漏的同案犯罪嫌疑人或者罪行可以一并起诉和审理的情形。(3分)

4. 违反上诉不加刑原则。(2分)第二审人民法院发回原审人民法院重新审理的案件,除有新的犯罪事实,人民检察院补充起诉的以外,原审人民法院不得加重被告人的刑罚。本案补充说

明原先重量不明的那包甲基苯丙胺重量为2.3克是原有的指控内容,不是新增加的犯罪事实。(3分)

5.(1)组成合议庭不开庭审理,但应当讯问被告人,听取辩护人、诉讼代理人意见。(2)鉴于本案系发回重审后的上诉审,第二审法院不得以事实不清为由再发回原审法院重新审理。(3)如果认为原判认定事实和适用法律正确、量刑适当,应当裁定驳回上诉,维持原判;如果认为原判适用法律有错误或量刑不当,应当改判,但受上诉不加刑原则的限制。(4)第二审人民法院应当在2个月以内审结。(9分)

民　法

10 CASE　**（本题30分）**

｜案　情｜

2015年8月24日，张三、李四与王五合开了栗子有限责任公司（以下简称栗子公司）。2016年4月20日，栗子公司与包菜公司签订了建设工程施工合同，将其货仓建设工程发包给包菜公司。

为了工程建设需要，栗子公司向A银行贷款4000万元，并以其闲置的一处写字楼设置了抵押权，并办理了抵押权登记。后A银行缺乏办公场所，于是与栗子公司商定，如果栗子公司无法按照约定履行还款义务，该写字楼归A银行所有。击退汽车制造公司（以下简称击退公司）以30辆汽车为A银行设定了抵押权，并办理了抵押登记，但不久后击退公司就将该批汽车出卖给了鸭脖公司。

2016年5月，栗子公司与芝士公司订立了一份买卖合同，约定由栗子公司出卖4万件防腐剂，12月底交货即可。后来由于国家法律禁止了该种防腐剂用作食品防腐，栗子公司生产的防腐剂被相关部门没收销毁。栗子公司遂于2017年1月1日发了一份解除通知给芝士公司，表示无法履行合同并主张解除合同。芝士公司收到通知后认为栗子公司无权解除合同。

2017年3月包菜公司与大豆房地产开发公司（以下简称大豆公司）订立了《蔬菜小区建设工程施工合同》，同时朱某为该合同的履行提供了保证，明确如果包菜公司违约，担保人朱某需要向大豆公司赔偿其因此受到的损失。后包菜公司采用不合格的劣质建筑材料导致工程出现问题，给大豆公司造成了1000万元的损失。两公司后来协议解除了《蔬菜小区建设工程施工合同》。大豆公司直接要求朱某承担1000万元的损失。

2018年12月3日，大豆公司对外开始销售蔬菜小区，主要卖点为C小学（该小学为本市著名的小学）学区房。钱得乐为了让自己的孩子上C小学，与大豆公司订立了房屋买卖合同，合同中特别约定大豆公司保证该房屋属于C小学学区房。该套房于2018年12月15日完成了房屋产权登记。2019年1月25日，教育部门发布《更改小区分片的决定》，导致蔬菜小区对应的小学变更为B小学。钱得乐因此要求与大豆公司解除合同。

2019年1月4日，蔬菜小区业主委员会与牛羊物业公司（以下简称物业公司）签订了为期3年的物业服务合同。2019年2月24日，该小区业主大会认为物业公司服务存在重大缺陷，按照法定程序作出解聘通知，业主委员会将通知送达物业公司，物业公司认为蔬菜小区无权单方解除合同。

｜问　题｜

1. A银行能否取得写字楼所有权？

2. 击退公司出卖汽车是否需要经过A银行同意？鸭脖公司能否获得汽车所有权？

3. 栗子公司能否以履行不能为由主张解除合同？

4. 钱得乐是否有权以情势变更为由与大豆公司解除合同？

5. 蔬菜小区是否有权单方解除物业服务合同？

| 法理透析 |

1. 本题考查的是设立抵押权后又达成的无法到期清偿后以物抵债的协议的效力。根据我国《民法典》及相关司法解释的规定，抵押权人在债务履行期限届满前，与抵押人约定债务人不履行到期债务时抵押财产归债权人所有的，只能依法就抵押财产优先受偿。

2. 本题考查的是动产抵押后又转让的效力。根据《民法典》第406条的规定，抵押人可以转让抵押物，只需要通知抵押权人即可，不需要经过抵押权人的同意。

3. 本题考查的是合同法定解除权。根据《民法典》第563条的规定，有下列情形之一的，当事人可以解除合同：(1)因不可抗力致使不能实现合同目的；(2)在履行期限届满前，当事人一方明确表示或者以自己的行为表明不履行主要债务；(3)当事人一方迟延履行主要债务，经催告后在合理期限内仍未履行；(4)当事人一方迟延履行债务或者有其他违约行为致使不能实现合同目的；(5)法律规定的其他情形。以持续履行的债务为内容的不定期合同，当事人可以随时解除合同，但是应当在合理期限之前通知对方。

4. 本题考查的是情势变更。情势变更应当为合同成立后、履行完毕前发生的当事人在订立合同时无法预见的、非不可抗力造成的不属于商业风险的重大变化。

5. 本题考查的是小区业主单方解除物业服务合同。《民法典》第946条第1款规定，业主依照法定程序共同决定解聘物业服务人的，可以解除物业服务合同。决定解聘的，应当提前60日书面通知物业服务人，但是合同对通知期限另有约定的除外。

| 参考答案 |

1. 不能。(2分)根据我国《民法典》及相关司法解释的规定，抵押权人在债务履行期限届满前，与抵押人约定债务人不履行到期债务时抵押财产归债权人所有的，只能依法就抵押财产优先受偿。本案中，A银行与栗子公司约定到期不能履行还款义务时，由A银行获得该写字楼的所有权，属于《民法典》规定的流押，只能就该写字楼优先受偿，不能直接取得该写字楼的所有权。(4分)

2. 无须经过A银行的同意，鸭脖公司可以获得汽车所有权。(2分)

根据《民法典》第406条的规定，抵押人可以转让抵押物，只需要通知抵押权人即可，不需要经过抵押权人的同意。同时，《民法典》第404条规定，以动产抵押的，不得对抗正常经营活动中已经支付合理价款并取得抵押财产的买受人。本案中，击退公司与鸭脖公司之间的合同有效且完成了交付，故鸭脖公司可以获得汽车所有权，并且不需要经过抵押权人银行的同意。(4分)

3. 栗子公司可以以履行不能为由主张解除合同。(2分)

本案中，栗子公司生产的防腐剂被列为国家禁止生产的产品，并且生产的防腐剂也被没收销毁了，属于不可抗力。因此，根据《民法典》第563条的规定，栗子公司拥有法定的合同解除权。(4分)

4. 不能。(2分)根据《民法典》第533条第1款的规定，情势变更应当为合同成立后、履行完毕前发生了当事人在订立合同时无法预见的、不属于商业风险的重大变化。(3分)

本案中，学区的改变是订立合同时可能预见的，且学区的变更也是发生在房屋已经过户以

后，而非履行过程中，因此钱得乐不可以情势变更为由请求解除合同。（1分）

5. 蔬菜小区有权利单方解除物业服务合同。（2分）

《民法典》第946条第1款规定，业主依照法定程序共同决定解聘物业服务人的，可以解除物业服务合同。（2分）决定解聘的，应当提前60日书面通知物业服务人，但是合同对通知期限另有约定的除外。蔬菜小区的业主可以提前60日书面通知物业服务人解聘。（2分）

11 CASE （本题32分）

| 案　情 |

王老师是一家知名教育机构的外语培训老师,2010年9月决定开一家手机公司。

王老师凭着自己多年积攒的人脉,找到了甲公司,甲公司出资5000万元,王老师出资500万元,共同成立了斧子科技有限责任公司(以下简称斧子公司)。王老师担任总经理,负责公司的运营。

2011年1月,斧子公司发布第一台手机“斧子1”,获得了一定的市场好评。当年斧子公司一共卖掉了100万台“斧子1”手机,盈利300万元。后来马思思决定入股,以A市一处价值1亿元的别墅入股。

看到了市场前景,王老师决定扩大产量。2012年1月,斧子公司在A市B区租赁了C公司的一间厂房,租期10年,年租金为500万元。

2011年3月,为了生产更好的手机,斧子公司与榔头公司签订融资租赁合同,由榔头公司购买3台最先进的光刻机,出租给斧子公司使用,租期5年,期满后租赁物归榔头公司。之后双方办理了租赁物交易登记。但是,榔头公司要求斧子公司选择美国砍刀公司的光刻机,否则不予合作。另外,斧子公司与蜜蜂贷款公司签订借款合同,借款15亿元,10年还清,以斧子公司名下的别墅作为抵押,但未办理抵押登记。同时,斧子公司还提供了连带保证人李跑跑。后来斧子公司发现3台光刻机中,能正常使用的只有2台,而且工作效率也严重低下。

2012年3月,斧子公司研发的新品“斧子2 pro”手机上市,并凭借优秀的设计和流畅的手机系统畅销于市。当年“斧子2 pro”手机一共卖出了1000万台,公司盈利20亿元。

斧子公司获得成功后与三叶公司签订了合作协议,约定斧子公司每年保证至少卖出1000万台斧子手机,三叶公司向斧子手机提供最优质的屏幕。如果斧子公司未按照协议约定卖出相应的手机数量,三叶公司有权解除协议或者要求斧子公司按照协议约定的数量向三叶公司补齐差价。

2013年1月,斧子公司开会决定,自研操作系统,做真正独立的斧子手机。2013年9月,斧子公司推出自研的操作系统,并发布了“斧子3”手机。但“斧子3”手机的市场表现并不理想,只卖出了50万台。因为过于乐观,斧子公司盲目扩大生产,当年损失5亿元。与斧子公司合作的三叶公司提出和斧子公司解除协议。斧子公司认为只要重新使用安卓系统,斧子手机还能大卖,所以不同意解除协议,且愿意支付950万个屏幕的费用给三叶公司。

2014年3月,斧子公司推出了最新的“斧子4”手机,获得了市场好评。当年“斧子4”手机卖出了1100万台,盈利10亿元。

2014年9月,斧子手机陆续出现了着火和爆炸的现象,经查是电池供应商提供的电池出了问题。斧子手机爆炸导致小张右胳膊严重烧伤。小张要求斧子公司赔偿,但斧子公司认为手机爆炸是电池供应商的责任,与斧子手机无关,拒绝赔偿。

2015年1月,斧子公司出现资金紧张,无法按时支付厂房租金。C公司留置了斧子公司的一批货物。斧子公司与C公司协商,要求C公司先将货物还给斧子公司,待货物卖出后即支付租金。后该批货物还未卖出,斧子公司就宣布资不抵债,进入破产程序。C公司向法院主张其对该批货物有留置权,应当优先受偿。

| 问 题 |

1. 三叶公司主张解除协议的诉讼请求是否能够得到法院支持?为什么?

2. 斧子公司能否以光刻机质量存在严重问题而无法正常使用为由,主张减轻其相应的租金支付义务?

3. C公司对货物有优先受偿权吗?为什么?

4. 斧子公司拒绝赔偿小张的主张能否得到法院支持?为什么?

5. 斧子公司与蜜蜂贷款公司的抵押合同是否有效?为什么?

| **法理透析** |

1. 本题考查的是合同解除。合同解除包括合同的法定解除和合同的约定解除。本题考查的是合同的约定解除权。

2. 本题考查的是融资租赁合同。根据我国《民法典》第 742 条的规定，出租人干预选择租赁物的，承租人可以请求减免其相应的租金。

3. 本题考查的是留置权的要件之一，即占有留置物。《民法典》第 457 条规定，留置权人对留置财产丧失占有或者留置权人接受债务人另行提供担保的，留置权消灭。

4. 本题考查的是产品责任。产品缺陷既可以找生产者承担侵权责任，又可以找销售者承担相应的合同瑕疵担保责任。

5. 本题考查合同的成立生效和物权行为的成立生效的区别。合同有效的要件包括：当事人之间的意思表示一致，当事人是完全民事行为能力人且合同内容不违反法律的禁止性规定。合同只需要满足以上条件即可成立生效。

| **参考答案** |

1. 能。(2 分)

我国《民法典》第 562 条规定，当事人协商一致，可以解除合同。当事人可以约定一方解除合同的事由。解除合同的事由发生时，解除权人可以解除合同。第 563 条规定，有下列情形之一的，当事人可以解除合同：(1)因不可抗力致使不能实现合同目的；(2)在履行期限届满前，当事人一方明确表示或者以自己的行为表明不履行主要债务；(3)当事人一方迟延履行主要债务，经催告后在合理期限内仍未履行；(4)当事人一方迟延履行债务或者有其他违约行为致使不能实现合同目的；(5)法律规定的其他情形。以持续履行的债务为内容的不定期合同，当事人可以随时解除合同，但是应当在合理期限之前通知对方。(4 分)本案中，根据斧子公司和三叶公司签订的合作协议的约定，如果斧子公司没有按照协议要求卖出 1000 万台“斧子 3”手机，那么三叶公司有权解除协议或者要求斧子公司补齐差价。也就是说，三叶公司享有约定的合同解除权。三叶公司既然选择解除协议，就可以得到法院支持。(3 分)

2. 可以。(2 分)根据我国《民法典》第 742 条的规定，出租人干预选择租赁物的，承租人可以请求减免其相应的租金。本案中，榔头公司干预斧子公司选择美国砍刀公司的光刻机，故在光刻机出现严重问题而无法正常使用时，斧子公司有权主张减轻相应的租金义务。(4 分)

3. 没有优先受偿权。(2 分)

《民法典》第 457 条规定，留置权人对留置财产丧失占有或者留置权人接受债务人另行提供担保的，留置权消灭。C 公司将留置的这批手机还给了斧子公司，丧失了对留置财物的占有，其留置权消灭，故其没有对该批货物的优先受偿权。(4 分)

4. 不能。(2 分)

《民法典》第 1202 条规定，因产品存在缺陷造成他人损害的，生产者应当承担侵权责任。第 612 条规定，出卖人就交付的标的物，负有保证第三人对该标的物不享有任何权利的义务，但是法律另有规定的除外。本案中，斧子公司既是生产者又是销售者，其产品缺陷造成他人损害，所

以其有义务对造成的损害承担侵权责任或者违约责任。(4分)

5. 有效。(2分)

根据我国《民法典》及相关民法理论,合同有效的要件包括:当事人之间的意思表示一致,当事人是完全民事行为能力人且合同内容不违反法律的禁止性规定。处分行为无效不影响负担行为的效力。(2分)本案中,虽然斧子公司与蜜蜂贷款公司之间未就抵押的房产进行登记,抵押权不成立。但是抵押合同是双方当事人的真实意思表示,不违反法律的禁止性规定,所以抵押合同有效。(1分)

商　法

12 CASE （本题28分）[①]

| 案　情 |

2018年2月，白桦公司设立，公司股东为绿枫公司、红枫公司、李某。白桦公司注册资本为1000万元，绿枫公司认缴800万元，红枫公司认缴150万元，李某认缴50万元。李某与绿枫公司、红枫公司达成约定，李某以技术、劳务及其所有的某公司的净资产经会计师事务所评估后作价出资，李某的货币出资部分由绿枫公司代为出资。各股东应当在2018年8月之前完成出资。

白桦公司设立后，李某受白桦公司委托，代表白桦公司与摩文公司签订合同，想要获取摩文公司的一项专项技术用于公司生产经营。但是摩文公司拒绝把该项技术转让给白桦公司使用，李某多次与摩文公司进行谈判均未果。与此同时，白桦公司与达尔公司签订合同，约定达尔公司向白桦公司交付生产经营所必需的原材料，达尔公司按期向白桦公司交付了全部货物，但是白桦公司一直拖着拒绝支付价款。在最终谈判失败后，李某告诉达尔公司已不需要这些货物，并催促其尽快卖掉。然而，这些货物基于市场需求原因，根本就没有卖出去的可能性。

红枫公司决定把全部股权转让给关联企业紫枫公司，自己退出公司。白桦公司、绿枫公司与李某对此都知情同意，也办理了股东变更登记，白桦公司登记股东变为绿枫公司、紫枫公司和李某。

2018年5月，绿枫公司提议召开股东会，并通过了两项决议：第一项决议是进行公司减资。决定公司注册资本减为100万元，各股东同比例减资，绿枫公司出资减为80万元，红枫公司出资减为15万元，李某出资减为5万元。股东会认为公司没有开展实质性生产经营，因此无须编制资产负债表及财产清单，也没有通知达尔公司等债权人公司，但还是在当地报纸上公告了减少注册资本的决议。后来在某个股东的运作下，公司登记机关对减资后的白桦公司进行了股东、注册资本的变更登记。第二项决议是延长股东出资期限至2020年12月31日。

2018年7月，白桦公司资不抵债。达尔公司为获取货物价款，向法院起诉白桦公司并申请强制执行。

| 问　题 |

1. 李某以技术、劳务及其所有的某公司的净资产经会计师事务所评估后作价出资，是否合法？为什么？关于李某的货币出资由绿枫公司代为支付的协议是否有效？为什么？

2. 红枫公司股权转让行为是否合法，为什么？

---

① 本题为2020年新疆延考卷回忆版改编题目。——编者注

3. 白桦公司的减资决议是否有效，为什么？

4. 在达尔公司要求白桦公司支付货款的诉讼中，由于白桦公司资不抵债，达尔公司可否追加绿枫公司和李某为被执行人？绿枫公司和李某能否以股东会决议延长股东出资期限为由，拒绝达尔公司的请求？为什么？

5. 达尔公司能否向红枫公司主张权利，为什么？

| 法理透析 |

1. 股东出资方式包括货币和非货币形式。非货币主要是指实物、知识产权、土地使用权等可以用货币估价并可以依法转让的财产。对于作为出资的非货币财产应当评估作价。股东不得以劳务、信用、自然人姓名、特许经营权等出资。

2. 对于有限责任公司的股东对外转让股权,公司章程有规定的依规定,没有规定的需要经过其他股东过半数同意。

3. 公司债权人请求未履行或者未全面履行出资义务的股东在未出资本息范围内对公司债务不能清偿的部分承担补充赔偿责任的,人民法院应予支持;未履行或者未全面履行出资义务的股东已经承担上述责任,其他债权人提出相同请求的,人民法院不予支持。

| 参考答案 |

1. (1)李某以技术、劳务出资不合法,以其所有的某公司的净资产经会计师事务所评估后作价出资是合法的。(2 分)

根据《公司法》的规定,股东的出资方式包括货币和非货币形式。非货币主要是指实物、知识产权、土地使用权等可以用货币估价并可以依法转让的财产。对于作为出资的非货币财产应当评估作价。股东不得以劳务、信用、自然人姓名、特许经营权等出资。(2 分)

本案中,李某以技术、劳务出资不合法,而以其所有的某公司的净资产出资尽管没有在我国《公司法》中规定为出资形式,但公司实践中运用较多,并且已经经过了会计师事务所的评估作价,所以出资合法。(1 分)

(2)李某的货币出资由绿枫公司代为支付的协议有效。(1 分)

根据《公司法》的规定,股东以货币出资的,应当将货币出资足额存入有限责任公司在银行开设的账户。本案中,李某与绿枫公司之间的代为支付协议属于二者之间的内部约定,并没有法律规定的无效情形,即为有效。(2 分)

2. 合法。(1 分)

依据《公司法》及相关规定,对于有限责任公司的股东对外转让股权,公司章程有规定的依规定,没有规定的需要经过其他股东过半数同意。(2 分)

本案中,红枫公司决定把全部股权转让给紫枫公司,白桦公司、绿枫公司与李某对此都知情并一致同意,也办理了股东变更登记,因此,红枫公司对外转让股权的行为合法有效。(1 分)

3. 无效。(1 分).

依据《公司法》的规定,股东会作出减少注册资本的决议,必须经代表 2/3 以上表决权的股东通过。(由于是回忆版,有可能题干表述不完整,本题只提到了绿枫公司提议召开股东会,随即便作出了决议,注意必须经 2/3 多数表决才可以通过)

另外,公司决定减少注册资本时,必须编制资产负债表及财产清单。公司应当自作出减少注册资本决议之日起 10 日内通知债权人,并于 30 日内在报纸上公告。债权人自接到通知书之日起 30 日内,未接到通知书的自公告之日起 45 日内,有权要求公司清偿债务或者提供相应的担保。(2 分)

本案中，白桦公司作出减资决议后，没有编制资产负债表及财产清单、没有通知债权人，仅就决议本身进行公告，侵犯了公司债权人的利益，所以该决议无效。(1 分)

4. 达尔公司可以追加绿枫公司和李某为被执行人，二者不能以股东会决议延长股东出资期限为由拒绝。(2 分)

有限责任公司的股东以其认缴的出资额为限对公司承担责任。本案中，绿枫公司和李某作为白桦公司的股东，应当在其认缴的出资范围内对公司承担责任。(2 分)

在注册资本认缴制下，股东依法享有期限利益。但是，根据《全国法院民商事审判工作会议纪要》的相关内容可知，在公司债务产生后，公司股东会决议或以其他方式延长股东出资期限的，债权人有权以公司不能清偿到期债务为由，请求未届出资期限的股东在未出资范围内对公司不能清偿的债务承担补充赔偿责任。(2 分)

本案中，白桦公司通过股东会决议将股东的出资期限延长至 2020 年 12 月 31 日，属于恶意延长股东出资期限的行为，所以，达尔公司有权要求未届出资期限的股东在未出资范围内对不能清偿的货款担补充赔偿责任。(1 分)

5. 达尔公司不可以向红枫公司主张权利。(2 分)

依据《公司法》及相关规定，公司债权人请求未履行或者未全面履行出资义务的股东在未出资本息范围内对公司债务不能清偿的部分承担补充赔偿责任的，人民法院应予支持；未履行或者未全面履行出资义务的股东已经承担上述责任，其他债权人提出相同请求的，人民法院不予支持。(2 分)

本案中，红枫公司已经将自己的股权合法转让给紫枫公司，退出了白桦公司，并且根据题干表述，红枫公司与绿枫公司之间并无其他规避法律责任的违法行为，所以红枫公司无须承担责任，达尔公司可以向新股东紫枫公司主张权利。(1 分)

13 CASE （本题 30 分）

｜案　情｜

A 公司是一家有限责任公司，有股东甲、乙、丙、丁四人。其中甲是代张三持股，因为张三正与其妻子闹离婚，张三遂与甲商定，由甲出面和乙、丙、丁设立 A 公司，在公司股东名册和政府部门登记的均为甲，但出资和相应的投资收益均归张三。此事被张三的妻子知晓后，其在离婚诉讼中要求分割张三实际享有的股权。（事实一）

后来，甲因为买房子缺钱，遂在征得 A 公司其他股东同意的情况下将自己名下实为张三所有的股权作价 40 万元卖给李四。在收取李四 40 万元款项后，A 公司股东名册上的股东名字变更为李四，但 A 公司未及时到公司登记机构办理变更登记。后来，甲又将该股权作价 50 万元卖给王五，在收取款项后，A 公司到公司登记机构办理了变更登记。张三、李四在得知后十分恼怒，欲追究甲的责任。（事实二）

公司设立时，甲、乙、丙三人共同组成了 A 公司董事会，公司章程规定：董事会享有解聘经理等职权；董事会须由 2/3 以上的董事出席；董事会决议应由占全体股东 2/3 以上的董事表决通过。某日公司召开董事会，甲、乙、丙三人均出席，会议形成了解聘甲总经理职务的决议，理由是甲未经董事会同意私自动用公司资金炒股，造成巨大损失。乙、丙均在决议上签字，甲拒绝签字。后来查明，所谓甲私自炒股一事其实存在重大偏差和误会，甲提起诉讼要求法院撤销该决议。（事实三）

A 公司公司董事会由甲、乙、丙三人组成，丁作为小股东只占 8% 的股权。在公司运营过程中，丁感觉自己获利甚少，遂提出查账，但被董事会拒绝。丁认定其中必有蹊跷，自己的利益必定受到了侵害，遂以甲、乙、丙三人为被告提起解散公司之诉。（事实四）

B 公司向法院申请 A 公司破产，理由是 A 公司资不抵债，无法清偿自己的债务。A 公司对此提出异议，认为 B 公司既然认为 A 公司资不抵债，理应由 B 公司举证证明 A 公司的资产不足以清偿全部债务。并且，A 公司认为该笔债务 C 公司作连带保证，而 C 公司实力雄厚、现金流充足，在 C 公司有偿付能力的情况下，B 公司就不应该申请 A 公司破产。（事实五）

法院受理破产申请后，为 A 公司指定了管理人。在宣告破产之前，持股 20% 的股东丙认为如果能引入战略投资者，A 公司仍可起死回生且大有作为，于是向法院申请重整。但是，债权人 B 公司对此表示反对。（事实六）

｜问　题｜

1. 根据事实一，张三妻子能否要求分割张三实际上的股权？

2. 根据事实二，甲名下的股权应归谁所有？受损害方应如何追究甲的责任？

3. 根据事实三，A 公司董事会解聘甲总经理职务的决议是否有效？

4. 根据事实四，丁能否提起解散公司之诉？

5. 根据事实五，A 公司的主张是否合法？

6. 根据事实六，A公司能否进行重整？

| **法理透析** |

1.《公司法》第 71 条规定，有限公司股东的股权转让给股东以外的人需要经其他股东过半数同意，且其他股东不行使优先购买权。

2. 善意取得制度与股权的结合命题。

3.《企业破产法》第 70 条第 2 款规定，债权人申请对债务人进行破产清算的，在人民法院受理破产申请后、宣告债务人破产前，债务人或者出资额占债务人注册资本 1/10 以上的出资人，可以向人民法院申请重整。

4. 最高人民法院《关于适用〈中华人民共和国企业破产法〉若干问题的规定(一)》(以下简称《破产法解释(一)》)第 6 条第 1 款规定，债权人申请债务人破产的，应当提交债务人不能清偿到期债务的有关证据。

5.《破产法解释(一)》第 1 条第 2 款规定，相关当事人以对债务人的债务负有连带责任的人未丧失清偿能力为由，主张债务人不具备破产原因的，人民法院不予支持。

| **参考答案** |

1. 不能。(2 分)根据《公司法》第 71 条的规定，有限公司股东的股权转让给股东以外的人需要经其他股东过半数同意，且其他股东不行使优先购买权。虽然张三是实际出资人并享有投资收益权，但由于张三的妻子并非 A 公司的股东，而分割股权需要经其他股东过半数同意且无人行使优先购买权，故张三的妻子并不能基于离婚直接要求分割张三的股权。(3 分)

2. 甲名下的股权应归王五所有。(2 分)本题事实二构成“一股二卖”，即一项股权交易了两次，具体指股权在第一次转让后尚未向公司登记机关办理变更登记，原股东对仍登记于其名下的股权作出转让、质押或其他处分行为。根据公司法的规定，第二次处分行为依据《民法典》第 311 条的规定处理，参照善意取得制度，王五可依据善意取得而获得该项股权。原名义股东甲处分股权损害了实际出资人张三的权益，张三可以依据双方之间的代持股协议追究甲的责任。第一次股权受让人李四的损失可要求甲承担赔偿责任。李四请求未及时办理变更登记有过错的董事、高级管理人员或实际控制人承担责任的，法院应予支持；若李四对于未及时办理变更登记也有过错，可以适当减轻上述董事、高级管理人员或实际控制人的责任。(3 分)

3. 有效。(2 分)人民法院在审理公司决议撤销纠纷案件中，应当审查会议召集程序、表决方式是否违反法律、行政法规或者公司章程，以及决议内容是否违反公司章程。在未违反上述规定的前提下，解聘总经理的决议所依据的事实是否属实，理由是否成立，不属于司法审查范围。(3 分)

4. 不能。(2 分)首先，根据公司法规定，解散公司之诉的原告应为单独或合计持有公司全部股东表决权 10% 以上的股东。本题中，丁只持有 8% 的股权，不符合原告持股要求。其次，请求解散公司之诉针对的是公司陷入僵局的情形，股东不能以知情权、利润分配权等权益受到侵害为由提起解散公司诉讼。本题中，丁以查账权被拒绝为由提起解散公司之诉不合法。最后，解散公司之诉的被告应该是公司，而不是其他股东。本题中，丁起诉甲、乙、丙是被告不适格。(3 分)

5. 不合法。(2 分)《破产法解释(一)》第 6 条第 1 款规定，债权人申请债务人破产的，应当提交债务人不能清偿到期债务的有关证据。可见,债权人 B 公司只需要证明 A 公司到期不能清偿债务即可,无须证明 A 公司资不抵债。

《破产法解释(一)》第 1 条第 2 款规定,相关当事人以对债务人的债务负有连带责任的人未丧失清偿能力为由,主张债务人不具备破产原因的,人民法院不予支持。本题中,A 公司以连带保证人 C 公司有清偿能力为由主张自己不具备破产原因是得不到法院支持的。(3 分)

6. 可以。(2 分)《企业破产法》第 70 条第 2 款规定,债权人申请对债务人进行破产清算的,在人民法院受理破产申请后、宣告债务人破产前,债务人或者出资额占债务人注册资本 1/10 以上的出资人,可以向人民法院申请重整。本题中,股东丙申请重整的时间是法院受理破产申请后、宣告破产之前,且丙持股 20%,完全符合重整的要求,此时无须债权人表示同意。(3 分)

14 CASE （本题28分）

| 案 情 |

2019年3月,甲有限责任公司(以下简称甲公司)在江中市成立。公司主要从事医疗器械、设备与物资的融资租赁、销售与维修,股东分别为A、B、C、D、E、F。公司章程规定:(1)公司注册资本为2000万元,除E外,其余各股东均应在公司设立后1个月内缴纳所认缴出资的60%,剩余部分在2021年3月31日之前缴纳;(2)E以其名下的一套商品房,作价300万元作为出资,以便公司将其作为办公用房;(3)公司董事会由A、B、C三人组成,A任董事长兼法定代表人,B为总经理;(4)F为公司监事。

公司成立后,各股东均依约定履行了各自相应的出资义务,且公司运行良好。

2019年6月,经全体股东协商,又达成如下协议:(1)虽然股东D仅持有5%的股权,但考虑到D具有较高的医疗器械维修技术,公司决定高薪聘请D为维修部经理,年薪50万元,但D以后不再参与公司利润的分配;(2)A代表公司对外签订合同时,凡合同标的金额超过100万元的,均须经公司董事会批准。

2019年11月初,江中市暴发某流行病,导致某医疗物资需求紧张。11月10日,A得知江北市乙公司有一批该物资代售,当即以甲公司名义,下单订购了总金额为200万元的该物资(该物资单价为40元)。该批物资运到后,不到2天即销售一空,甲公司获利60万元。A在15日上午又打电话给乙公司,咨询是否还有该物资,在得到乙公司肯定回答后,A表示向本公司董事会报告后,会很快向乙公司下订单。A随后分别致电B与C,商量准备再自乙公司购进500万元的该项物资,但B、C均表示交易金额太大,应再等等看。

B的妻弟H同样从事医疗设备与物资的销售,且以个人全资设立了丁有限责任公司(以下简称丁公司)。B将这一消息随即告知H,H当机立断,15日下午在B的陪同下,前往江北市乙公司处,以丁公司名义,且以现金付款方式,将乙公司所有库存的该物资(总价款为800万元)全部买走。次日上午,尽管未得到B、C的确定回复,但A担心错失机会,决定先斩后奏,电话联系乙公司准备下单,但乙公司表示物资在昨天已全部卖完,A听后后悔不迭。

至11月30日江中市疫情得到控制时,丁公司未销售出去的物资仅剩不到100件。丁公司共获利400万元,B自其中分得120万元。

后A偶然得知B与H的行为,随后告知公司其他股东。12月30日,甲公司召开公司年终股东会,通过了当年利润分配决议方案;同时,尽管B明确表示反对,但股东会最终仍决议B不享有参与此次利润分配的权利。

另外查明:E用来出资的商品房,是用伪造遗嘱的方法继承而来的,对该房屋享有真正继承权的是E的弟弟L,甲公司其他股东对此均不知情。

| 问 题 |

1. L能否向甲公司主张房屋的返还？为什么？

2. 关于股东 D 的事项的股东约定，是否具有法律效力？为什么？

3. 就 A 与乙公司 11 月 10 日所签订的合同，请分析其法律效力。

4. 针对 B、H 的行为，甲公司及其股东，可以主张哪些法律救济？

5. 就剥夺 B 之利润分配的股东会决议，是否具有法律效力？为什么？

| **法理透析** |

1.《民法典》第 311 条规定:“无处分权人将不动产或者动产转让给受让人的,所有权人有权追回;除法律另有规定外,符合下列情形的,受让人取得该不动产或者动产的所有权:(一)受让人受让该不动产或者动产时是善意;(二)以合理的价格转让;(三)转让的不动产或者动产依照法律规定应当登记的已经登记,不需要登记的已经交付给受让人。受让人依据前款规定取得不动产或者动产的所有权的,原所有权人有权向无处分权人请求损害赔偿。当事人善意取得其他物权的,参照适用前两款规定。”

2.《公司法》第 34 条规定:“股东按照实缴的出资比例分取红利;公司新增资本时,股东有权优先按照实缴的出资比例认缴出资。但是,全体股东约定不按照出资比例分取红利或者不按照出资比例优先认缴出资的除外。”股东按照实缴的出资比例分取红利;但是,全体股东约定不按照出资比例分取红利的除外。

3.《民法典》第 61 条第 3 款规定:“法人章程或者法人权力机构对法定代表人代表权的限制,不得对抗善意相对人。”本案的股东协议对 A 的职权为 100 万元以内的限制约定,不能对抗外部的善意相对人。A 作为甲公司的法定代表人,有权代表甲公司签署协议。虽然其行为超出了股东会协议的授权界限,但由于本案中未明示乙公司对此知情或应当知情,应认定乙公司为善意,所以该合同有效。

4. 除非 H 的行为已构成不正当竞争或者满足其他的侵权行为构成要件,否则甲公司及其股东不享有主张任何救济的权利。

5. 股东的利润分配权源于其对公司的出资,为股东所享有的一项基本权利,具有不可剥夺性。因此,只要股东在其出资义务履行上不存在疑问,原则上不得剥夺其利润分配权。

对于 B 未经股东会同意,利用职务便利为他人(妻弟 H)谋取属于公司的商业机会的行为,由于 B 违反了董事对公司的忠实义务,其所得收入应归公司所有,并应对给公司造成的损失承担赔偿责任。公司怠于追究时,可激活股东代位诉讼。总之,B 作为董事未尽忠实义务,需对公司承担责任,但公司不可因此剥夺 B 本应享有的利润分配权。

| **参考答案** |

1. 不能。(2 分)

本案中,E 因伪造遗嘱非法继承而并未取得该房屋所有权,其将房屋所有权转让给甲公司履行出资义务的行为构成无权处分;E 既非甲公司董事也非高级管理人员,且依案情“甲公司其他股东对此均不知情”的交代,可认定甲公司为善意;该房屋作价 300 万元是合理的,且办理了房屋过户手续。因此,本案事实符合《民法典》第 311 条所规定的善意取得要件,甲公司可善意取得该房屋,L 不能向甲公司主张返还房屋。(3 分)

2. 具有法律效力。

(1)任命 D 为维修部经理。维修部经理不属于高级管理人员,根据《公司法》第 46 条和第 49 条的规定,对 D 的任命应为公司经理的职权。虽然本案以全体股东协议的方式来决定对 D 的雇佣,有干预公司经理职权之嫌,但鉴于此事项之重要性,全体股东在此事项上收回经理职权,并不

违法,故有效。(3 分)

(2)关于 D 的利润分配约定,根据《公司法》第 34 条的规定,股东按照实缴的出资比例分取红利,但是全体股东约定不按照出资比例分取红利的除外。本案中,全体股东约定以给付 D 高薪酬的方式,代替对其依出资比例进行利润分配,并不违法。(3 分)

3. 合法有效。(2 分)

《民法典》第 61 条第 3 款规定,法人章程或者法人权力机构对法定代表人代表权的限制,不得对抗善意相对人。本案的股东协议对 A 的职权为 100 万元以内的限制约定,不能对抗外部的善意相对人。A 作为甲公司的法定代表人,有权代表甲公司签署协议。虽然其行为超出了股东会协议的授权界限,但由于本案中未明示乙公司对此知情或应当知情,应认定乙公司为善意,所以该合同有效。(3 分)

4. (1)除非 H 的行为已构成不正当竞争或满足其他的侵权行为构成要件,否则甲公司及其股东不享有主张任何救济的权利。(3 分)

(2)B 为甲公司董事,根据《公司法》第 148 条的规定,其行为构成利用职务便利谋取公司商业机会的行为。对于 B 因该行为所获得的收入,甲公司可主张归入权;若该行为同时造成甲公司损失,则甲公司可依据《公司法》第 149 条向其主张损害赔偿责任。如果公司怠于追究,甲公司的股东可依据《公司法》第 151 条的规定,以自己的名义对 B 提起诉讼。(3 分)

5. 不具有效力。(2 分)

(1)股东的利润分配权,为股东所享有的一项基本权利,原则上具有不可剥夺性;(2)股东的利润分配权源于其对公司的出资,B 如约履行出资义务,故在其出资义务履行上不存在疑问,原则上不得剥夺其利润分配权;(3)根据《公司法》第 34 条的规定,不按实缴出资比例分红应由全体股东约定,亦即应征得 B 的同意,但本案中 B 明确反对;(4)对 B 损害公司利益的行为,可以通过其他的法律途径来主张救济,不能限制或剥夺 B 的利润分配权。(4 分)

民事诉讼法与仲裁制度

15 CASE （本题25分）

｜案　情｜

2018年1月，位于北京市海淀区的海涛公司与位于北京市东城区的博达公司签订合同约定：博达公司将其位于北京市大兴区的厂房出租给海涛公司从事经营活动，租期5年；租金为每年180万元；合同履行发生争议时，应向北京市海淀区人民法院（以下简称海淀区法院）起诉。

2020年年底，海涛公司拖欠博达公司租金80万元，经催告海涛公司仍未在合理期限内支付，故博达公司向海淀区法院提起诉讼，要求海涛公司支付所欠租金，并主张解除合同。博达公司获得胜诉判决后，海涛公司无财产可供执行。后博达公司查明位于北京市海淀区的胜达公司拖欠海涛公司货款50万元到期未清偿，遂向海淀区法院起诉，诉请代位行使海涛公司对胜达公司的债权。

2021年，海涛公司因经营管理不善，资不抵债，无法清偿大量的到期债务。海涛公司的到期债权人铛铛公司向海淀区法院申请宣告海涛公司破产，法院经审查后裁定受理。随后海涛公司的债权人甲银行依仲裁协议向北京仲裁委员会申请仲裁，要求海涛公司清偿贷款本息。

｜问　题｜

1. 博达公司向海淀区法院起诉海涛公司，法院应如何处理？为什么？

2. 在博达公司起诉胜达公司的诉讼中，各方当事人的诉讼地位应如何确定？

3. 博达公司获得胜诉判决后再次起诉胜达公司，是否构成重复起诉？为什么？

4. 若博达公司未提起代位权诉讼，在民事诉讼制度的框架下，其还可以采取什么方式救济？为什么？

5. 甲银行申请仲裁，北京仲裁委员会应如何处理？为什么？

| **法理透析** |

1. 针对第 1 题，首先，博达公司将厂房出租给海涛公司，是基于房屋租赁合同产生的纠纷，应按照不动产纠纷确定管辖法院，属于专属管辖。很多同学会被案情给出的“合同履行发生争议，应向海淀区法院起诉”迷惑，直接误认为本题考查协议管辖，但其实本题解题的关键是专属管辖优先，即协议管辖不得违反专属管辖的规定。

其次，问题问的是“博达公司向海淀区法院起诉海涛公司，法院应如何处理”。单看问题，不考虑案例中案件进行到了哪一步，那么应该分情况讨论：①如果海淀区法院未受理案件，则应告知博达公司向有管辖权的北京市大兴区人民法院起诉，若博达公司坚持起诉，海淀区法院应当裁定不予受理；②已经受理的，则说明海淀区法院受理错误，应该将案件移送给有管辖权的北京市大兴区人民法院。

2. 第 2 题考查的是代位权诉讼。《民法典》第 535 条第 1 款规定：“因债务人怠于行使其债权或者与该债权有关的从权利，影响债权人的到期债权实现的，债权人可以向人民法院请求以自己的名义代位行使债务人对相对人的权利，但是该权利专属于债务人自身的除外。”

案情信息显示：“后博达公司查明位于北京市海淀区的胜达公司拖欠海涛公司货款 50 万元到期未清偿，遂向海淀区法院起诉，诉请代位行使海涛公司对胜达公司的债权。”在这个法律关系中，博达公司为债权人，海涛公司为债务人，胜达公司为次债务人（相对人）。所以，在代位权之诉中，应当以博达公司为原告、胜达公司为被告，海涛公司作为无独立请求权第三人参加诉讼。

3. 第 3 题考查重复起诉。最高人民法院《关于适用〈中华人民共和国民事诉讼法〉的解释》第 247 条第 1 款规定：“当事人就已经提起诉讼的事项在诉讼过程中或者裁判生效后再次起诉，同时符合下列条件的，构成重复起诉：（一）后诉与前诉的当事人相同；（二）后诉与前诉的诉讼标的相同；（三）后诉与前诉的诉讼请求相同，或者后诉的诉讼请求实质上否定前诉裁判结果。”

在本案中，（1）关于前诉：①当事人为原告博达公司、被告海涛公司；②诉讼标的为房屋租赁合同法律关系；③诉讼请求为博达公司要求海涛公司支付所欠租金，并主张解除合同。（2）关于后诉：①当事人为原告博达公司、被告胜达公司、无独立请求权第三人海涛公司；②诉讼标的为合同保全法律关系；③诉讼请求为博达公司要求代位行使海涛公司对胜达公司的债权。

前诉与后诉的当事人、诉讼标的以及诉讼请求均不同，不符合重复起诉的认定条件。

4. 最高人民法院《关于适用〈中华人民共和国民事诉讼法〉的解释》第 499 条第 1 款规定：“人民法院执行被执行人对他人的到期债权，可以作出冻结债权的裁定，并通知该他人向申请执行人履行。”

本案中，如果博达公司没有以胜达公司为被告提起代位权诉讼，在民事诉讼制度的框架下，其还可以在执行阶段采取救济措施。在执行程序中，被执行人海涛公司不能清偿债务，但其对第三人胜达公司享有到期债权，申请执行人博达公司可以直接申请对胜达公司代位执行。

5. 甲银行向北京仲裁委员会申请仲裁，是在海淀区法院审查了债权人锴锴公司提出的破产申请并且裁定受理之后。《企业破产法》第 3 条规定：“破产案件由债务人住所地人民法院管辖。”破产程序启动后，排除了具有个别给付内容的裁判或裁决，法院或者仲裁庭不应再受理个别清偿的诉求，所以北京仲裁委员会应当裁定不予受理。

| **参考答案** |

1.(1)若海淀区法院尚未受理，则应当告知博达公司向有管辖权的北京市大兴区人民法院起诉，若博达公司坚持起诉，海淀区法院应裁定不予受理；(2)若海淀区法院已受理，则应将案件移送给北京市大兴区人民法院审理。(4分)

因为本案为房屋租赁合同，适用专属管辖，协议管辖不得违反专属管辖规定，双方约定的海淀区法院不享有管辖权，无管辖权的法院应将案件移送给有管辖权的北京市大兴区人民法院审理。(2分)

2.博达公司是原告，胜达公司是被告，海涛公司是无独立请求权第三人。(3分)

3.不构成重复起诉。(2分)

最高人民法院《关于适用〈中华人民共和国民事诉讼法〉的解释》第247条第1款规定："当事人就已经提起诉讼的事项在诉讼过程中或者裁判生效后再次起诉，同时符合下列条件的，构成重复起诉：(一)后诉与前诉的当事人相同；(二)后诉与前诉的诉讼标的相同；(三)后诉与前诉的诉讼请求相同，或者后诉的诉讼请求实质上否定前诉裁判结果。"(3分)

本案中，前诉与后诉的当事人、诉讼标的、诉讼请求均不同，不符合重复起诉的认定条件。(1分)

4.在执行过程中，博达公司还可以申请对胜达公司代位执行。(2分)

因为在执行程序中，被执行人海涛公司不能清偿债务，但对第三人胜达公司享有到期债权，申请执行人博达公司可以直接申请对胜达公司代位执行。(3分)

5.北京仲裁委员会应不予受理。(2分)

因为破产程序启动后，排除了具有个别给付内容的裁判或裁决，法院或者仲裁庭不应再受理个别清偿的诉求。(3分)

行政法与行政诉讼法

16 CASE （本题28分）[1]

| 案　情 |

材料一：为响应国家政策号召，京州市市委辖区内某乡政府跟康某签订了《补偿协议》，要求康某拆除违法修建和许可证到期的养殖场，并要求以后不得重新修建。康某依约将养殖场拆除，拿到乡政府补偿款。

后来康某又私自修建养殖场，被乡政府发现，乡政府发出通知要求康某拆除。履行期限届满后，康某没有拆除养殖场，乡政府组织沈村村民委员会将养殖场拆除。

康某发现后，骑上摩托车追赶已经拆除完毕的乡政府工作人员，不慎发生碰撞导致其受伤。康某以拆除行为违法为由向法院起诉乡政府和沈村村民委员会，要求赔偿其医疗费、误工费、精神损失费，并要求附带性审查县政府制定的一个措施（授权乡政府有权拆除）。

材料二：国务院某相关条例，具体内容为授权政府有权实施赔偿补偿。

材料三：县政府制定的某措施，具体内容为授权乡政府有权拆除。

| 问　题 |

1. 本案被告是谁？

2.《补偿协议》的性质是什么？

3. 法院应当如何处理附带性审查请求？

4. 法院通知乡政府负责人出庭，但是负责人没有理由未出庭，人民法院可以采取哪些措施？

5. 康某要求赔偿因受伤遭受的损失能否得到支持？

---

① 本题为2020年新疆延考卷回忆版改编题目，案情结尾有两个条例不清，但不影响做题。——编者注

｜ **法理透析** ｜

1. 本题考查内容比较常规，知识点涉及行政协议的性质确定、被告资格的确认、行政授权、行政机关负责人出庭应诉制度、行政赔偿等考点。

2. 行政授权的作出依据是法律、法规或者规章。县政府颁布的措施文件性质上是其他规范性文件。

3. 行政协议是指行政机关为实现公共利益或者行政管理目标，在法定职责范围内，与公民、法人或者其他组织协商订立的具有行政法上权利义务内容的协议。

4. 行政机关负责人有正当理由不能出庭应诉的，应当向人民法院提交情况说明，并加盖行政机关印章或者由该机关主要负责人签字认可。行政机关拒绝说明理由的，不发生阻止案件审理的效果，人民法院可以向监察机关、上一级行政机关提出司法建议。

｜ **参考答案** ｜

1. 本案的被告是县政府。(2 分)

依据《行政诉讼法》及相关规定，行政授权的作出依据是法律、法规或者规章。县政府颁布的措施文件性质上是其他规范性文件，是没有权利授权乡政府拆除违法建筑物的。本案中，县政府的措施文件无授权资格，所以不能以乡政府为被告，只能以县政府为被告。(4 分)

2.《补偿协议》属于行政协议。(2 分)

依据《行政诉讼法》及相关规定，行政协议是指行政机关为实现公共利益或者行政管理目标，在法定职责范围内，与公民、法人或者其他组织协商订立的具有行政法上权利义务内容的协议。本案中，乡政府为了对外实施行政管理、满足公共利益需要，与康某签订的具有行政法上权利义务内容的协议，属于行政协议。(4 分)

3. 依据《行政诉讼法》及相关规定，人民法院经审查认为规范性文件不合法的，不作为人民法院认定行政行为合法的依据，并在裁判理由中予以阐明。作出生效裁判的人民法院应当向规范性文件的制定机关提出处理建议，并可以抄送制定机关的同级人民政府、上一级行政机关、监察机关以及规范性文件的备案机关。(5 分)

4. 依据《行政诉讼法》及相关规定，行政机关负责人有正当理由不能出庭应诉的，应当向人民法院提交情况说明，并加盖行政机关印章或者由该机关主要负责人签字认可。行政机关拒绝说明理由的，不发生阻止案件审理的效果，人民法院可以向监察机关、上一级行政机关提出司法建议。(5 分)

5. 不能。(2 分)

根据《行政诉讼法》及《国家赔偿法》的相关规定，因公民、法人或其他组织自己的行为致使损害发生的，不予赔偿。本案中，康某受伤的原因是自己骑摩托车追赶已经拆除完毕的乡政府工作人员，自己不慎发生碰撞而受伤，与乡政府工作人员执行职务的行为没有任何因果关系，所以其赔偿申请不予支持。(4 分)

17 CASE （本题28分）

| 案 情 |

1994年12月12日，汉东省京州市人民政府(以下简称京州市政府)以通告的形式，对本市区范围内人力客运三轮车实行限额管理。1996年8月，京州市政府对每个从人力客运老年车改型为人力客运三轮车(240辆)的经营者收取了有偿使用费3500元。1996年11月，京州市政府对原有的161辆人力客运三轮车经营者每人收取了有偿使用费2000元。1999年7月15日、28日，京州市政府针对有偿使用期限已满2年的人力客运三轮车，发布《关于整顿城区小型车辆营运秩序的公告》(以下简称《公告》)和《关于整顿城区小型车辆营运秩序的补充公告》(以下简称《补充公告》)。其中，《公告》要求“原已具有合法证照的人力客运三轮车经营者必须在1999年7月19日至20日到市交警大队办公室重新登记”，《补充公告》要求“经审查，取得经营权的登记者，每辆车按8000元的标准(符合《公告》第六条规定的每辆车按7200元的标准)交纳经营权有偿使用费”。张某文、陶某仁等182名人力客运三轮车经营者认为京州市政府作出的《公告》第6条和《补充公告》第2条的规定形成重复收费，侵犯其合法经营权，向汉东省京州市人民法院提起行政诉讼，要求判决撤销京州市政府作出的上述《公告》和《补充公告》。

《汉东省道路运输管理条例》第4条规定，各级交通行政主管部门负责本行政区域内营业性车辆类型的调整、数量的投放。

《汉东省道路运输管理条例》第24条规定，经县级以上人民政府批准，客运经营权可以实行有偿使用。

汉东省交通厅制定的《汉东省小型车辆客运管理规定》(汉交运〔1994〕359号)第8条规定，各市、地、州运管部门对小型客运车辆实行额度管理时，经当地政府批准可采用营运证有偿使用的办法，但有偿使用期限一次不得超过2年。

| 问 题 |

1. 本案是否属于行政诉讼受案范围？为什么？

2. 如果本案属于行政诉讼受案范围，则被诉行政行为是否合法？为什么？

3. 汉东省交通厅制定的《汉东省小型车辆客运管理规定》是否应适用？

4. 原告主张，因京州市政府在1996年实施人力客运三轮车经营权许可时未告知许可期限，所以其认为经营许可是无期限的。本案中，行政许可是否应当具有期限？为什么？

5. 后京州市政府通过两次“惠民”行动，原401辆三轮车基本上已经分批次完成置换，京州市城区交通秩序得到好转。如果被诉行政行为违法，本案是否应当作撤销判决？为什么？

| 法理透析 |

1.《行政诉讼法》第 12 条第 1 款第 3 项规定，公民、法人或者其他组织因申请行政许可，行政机关拒绝或者在法定期限内不予答复，或者对行政机关作出的有关行政许可的其他决定不服而提起的诉讼，人民法院应当受理。第 44 条规定，对属于人民法院受案范围的行政案件，公民、法人或者其他组织可以先向行政机关申请复议，对复议决定不服的，再向人民法院提起诉讼；也可以直接向人民法院提起诉讼。法律、法规规定应当先向行政机关申请复议，对复议决定不服再向人民法院提起诉讼的，依照法律、法规的规定。

首先，京州市政府作出的决定符合行政诉讼的受案范围；其次，除非法律、法规规定必须先申请行政复议的，行政争议当事人可以自由选择申请行政复议或提起行政诉讼。根据我国现行法律、法规的规定，行政复议前置不终局的主要情况有纳税争议案件、当场作出的行政处罚案件等。

2.《行政许可法》第 4 条规定，设定和实施行政许可，应当依照法定的权限、范围、条件和程序。行政机关作出行政许可等授益性行政行为时，应当明确告知行政许可的期限。行政机关在作出行政许可时，行政相对人也有权知晓行政许可的期限。明确行政许可的期限，既是为了保障公共利益的需要，也是为了保障许可申请人的选择权利。京州市政府 1996 年的经营权许可在程序上存在明显不当，直接导致与其存在前后承继关系的本案被诉行政程序明显不当。

3. 汉东省交通厅制定的《汉东省小型车辆客运管理规定》是否应适用是判断本案中运营人力客运三轮车行政许可是否有期限的问题的关键一步。该规范性文件对营运证实行有期限有偿使用的规定，与地方性法规并不冲突，且没有失效。

4. 本题知识点是行政许可期限问题。行政许可，是指行政机关根据公民、法人或者其他组织的申请，经依法审查，准予其从事特定活动的行为。行政许可可以分为有期限的行政许可和没有期限的行政许可。所谓有期限的行政许可，就是指获得行政机关从事特定活动的准许是有期限的，超过准许的期限就不能再从事特定活动；所谓无期限的行政许可，是指获得行政机关从事特定活动的准许没有期限限制，一旦获得行政许可，就可以无限期地从事特定活动。一般而言，行政许可都是有期限的。《行政许可法》第 18 条规定："设定行政许可，应当规定行政许可的实施机关、条件、程序、期限。"

判断特定行政许可是否附带期限，也就是具体判断本案中运营人力客运三轮车行政许可是否有期限，主要从两个方面分析：第一，该行政许可所依据的法律、法规、规章等规范性文件是否对行政许可限定了期限；第二，该行政许可实施机关在作出行政许可决定时是否限定了行政许可的期限。如果该行政许可所依据的法律、法规、规章等规定了行政许可的期限，则该行政许可是有期限的，行政许可实施机关必须在法律、法规、规章等规定范围内作出决定；如果行政许可所依据的法律、法规、规章等没有就行政许可的期限问题进行规定，则行政许可实施机关可以在法律、法规、规章等允许的范围内对行政许可的期限在作出行政许可决定时进行限定。

根据本案提供的材料，运营人力客运三轮车需要获得营运证。这是一项行政许可事项，对该营运证的管理属于行政许可实施工作。那么判断该营运证或者该项行政许可是否有期限，首先就要看该项行政许可实施所依据的法律、法规、规章等是否规定了运营人力客运三轮车行政许可的期限;其次要看具体行政许可实施机关在作出相应行政许可决定时是否依法依规为行政许可设定了期限。

5. 本题考查考生对行政诉讼第一审程序中撤销判决的掌握。撤销判决是行政诉讼判决的一种,也是最常见的行政诉讼判决之一。我国有关行政诉讼第一审程序撤销判决的规定,主要在《行政诉讼法》第70条中。从上述规定看,人民法院在行政诉讼一审程序中,针对违法行政行为和严重不合理的行政行为,一般应当判决撤销。但在满足法定条件时,也可以不适用撤销判决,而是适用确认违法判决等。

本题已经假设京州市政府作出《公告》和《补充公告》相关规定的行政行为违法。根据《行政诉讼法》的规定,应当适用确认违法判决,具体特殊情况参见《行政诉讼法》第74条中列举的5种情形。题干明确表示,作出《公告》和《补充公告》相关规定的行政行为虽然存在合法性问题,但使京州市城区交通秩序得到好转,如果撤销该行政行为,会导致京州市交通整顿行动功亏一篑。况且,从题中可以看出,有关行政许可依据相关规定,本身应当是具有行政许可期限的,只不过是京州市政府1996年作出行政许可决定时,因为自身的疏忽没告知行政相对人相关期限,导致行政行为违法。因此综合考虑,不应当对京州市政府作出的《公告》和《补充公告》适用撤销判决。

| 参考答案 |

1. 本案属于行政诉讼的受案范围。(2分)

《公告》要求原已具有合法证照的人力客运三轮车经营者必须到市交警大队办公室重新登记,《补充公告》要求取得经营权的登记者交纳经营权有偿使用费,二者都属于针对特定的人作出的行政行为,且对相对人的权利义务关系产生实际影响,应当纳入行政诉讼的受案范围。(4分)

2. 被诉行政行为不合法。(2分)

从被诉的行政程序上看,违反法定程序。该被诉行为是对既有的已经取得合法证照的人力客运三轮车经营者收取有偿使用费,而上述人力客运三轮车经营者的权利是在1996年通过经营权许可取得的。前后两个行政行为之间存在承继和连接关系。行政机关在1996年实施人力客运三轮车经营权许可之时,未告知张某文、陶某仁等人人力客运三轮车2年的经营权有偿使用期限。京州市政府1996年的经营权许可在程序上存在明显不当,直接导致与其存在前后承继关系的本案被诉行政行为违反法定程序。(4分)

3. 应当应用,从法律适用上看,根据《汉东省道路运输管理条例》和汉东省交通厅制定的《汉东省小型车辆客运管理规定》的规定可知,汉东省地方性法规已经明确对客运经营权可以实行有偿使用。汉东省交通厅制定的规范性文件虽然早于地方性法规,但该规范性文件对营运证实行有期限有偿使用与地方性法规并不冲突。基于行政执法和行政管理需要,客运经营权也需要设定一定的期限。(5分)

4. 本案中,三轮车经营权应当有期限。京州市政府实施人力客运三轮车经营权许可,目的在于规范人力客运三轮车经营秩序。人力客运三轮车是涉及公共利益的公共资源配置方式,设定一定的期限是必要的。客观上,汉东省交通厅制定的《汉东省小型车辆客运管理规定》也明确了

许可期限。京州市政府没有告知许可期限,存在程序上的瑕疵,但原告仅以此认为行政许可没有期限限制,不予支持。(5分)

5.本案不应作撤销判决,而应判决确认违法。(2分)

京州市政府作出《公告》和《补充公告》在行政程序上存在瑕疵,属于明显不当。但是,考虑到本案被诉行政行为作出之后,京州市城区交通秩序得到好转,城市道路运行能力得到提高,城区市容市貌持续改善,以及通过两次"惠民"行动,原401辆三轮车基本上已经分批次完成置换,如果判决撤销被诉行政行为,将会给行政管理秩序和社会公共利益带来明显不利影响。因此,应当根据《行政诉讼法》及相关司法解释的规定,判决确认被诉行政行为违法。(4分)

18 CASE **（本题 28 分）**

｜案　情｜

2019 年 8 月 1 日上午，甲县乙镇政府交通安全管理办公室工作人员向某等人进行交通检查。任某搭乘杨某驾驶的两轮摩托车行驶至乙镇加油站（省道 S105 其中一段）路段时，因任某未戴头盔，向某等人通过喊话的方式纠正其违法行为，但杨某未停车。当向某欲用手抓行驶中的摩托车钥匙时，杨某为躲避该行为致使摩托车倒地，造成任某受伤。任某伤后被送往甲县人民医院治疗，经诊断为特重型颅脑损伤、多器官功能不全。2019 年 11 月 12 日，任某申请司法鉴定，鉴定结果为任某特重型颅脑损伤愈后遗留智力缺损和神经功能障碍后遗症，构成精神残疾，伤残程度系七级。2020 年 1 月 9 日，任某以乙镇政府为被告提起行政诉讼，要求确认向某等人履职行为违法，并请求赔偿医疗费、误工费、残疾赔偿金、律师费以及精神损害抚慰金共计 10 万元。

立案后，被告提交了甲县交警大队与其签订的《行政执法委托协议书》，该协议书全文为："根据《甲县公安局关于印发甲县乡村道路交通安全管理办法的通知》（以下简称《通知》），将本乡（镇）行政区域内乡道和村道的道路交通安全监督管理工作委托给乙镇政府，具体由乙镇交通安全监督管理办公室行使下列监督管理职权：（一）行政检查权。（二）违法行为制止权。（三）部分行政处罚权。"在审理过程中，经申请，法院对任某的伤残等级进行重新鉴定，鉴定意见和任某提供的一致。

｜材料一｜

《道路交通安全法》第 5 条规定："国务院公安部门负责全国道路交通安全管理工作。县级以上地方各级人民政府公安机关交通管理部门负责本行政区域内的道路交通安全管理工作。

县级以上各级人民政府交通、建设管理部门依据各自职责，负责有关的道路交通工作。"

｜材料二｜

《甲县公安局关于印发甲县乡村道路交通安全管理办法的通知》载明，为切实加强乡村道路交通安全管理，预防和控制乡村道路交通安全事故发生，确保人民群众生命财产安全，各乡镇（街道）成立由乡镇（街道）分管道路交通安全工作负责人任主任，安监办主任、每条村道的乡镇（街道）责任人及辖区派出所、交巡警中队、司法所、农综站等单位负责人为成员的交通安全管理办公室，负责辖区乡道和村道交通监督管理工作。

｜问　题｜

1. 如何确定本案的被告、管辖法院？请阐明理由。

2. 请结合《行政处罚法》，分析本案有关行政处罚的委托是否合法。

3. 任某的起诉是否超出起诉期限？请阐明理由。

4. 杨某能否成为本案第三人？请阐明理由。

5. 任某提出的哪些行政赔偿事项能够获得支持？请阐明理由。

| **法理透析** |

1. 行政机关委托的组织所作的行政行为，委托的行政机关是被告，当事人不服提起诉讼的，应当以委托的行政机关为被告。

2. 公民、法人或者其他组织直接向人民法院提起诉讼的，应当自知道或者应当知道作出行政行为之日起6个月内提出。法律另有规定的除外。

3. 公民、法人或者其他组织同被诉行政行为有利害关系但没有提起诉讼，或者同案件处理结果有利害关系的，可以作为第三人申请参加诉讼，或者由人民法院通知参加诉讼。

4. 国家机关和国家机关工作人员行使职权，有侵犯公民、法人和其他组织合法权益的情形，造成损害的，受害人有依照《国家赔偿法》取得国家赔偿的权利。

| **参考答案** |

1. (1) 本案的被告应为甲县交警大队。本案中，乙镇交通安全监督管理办公室是由乙镇政府组建的内设机构，其行为所产生的责任应由乙镇政府承担。并且，本案存在委托关系，乙镇政府所享有的道路交通安全监督管理权来源于甲县交警大队委托。根据《行政诉讼法》的规定，行政机关委托的组织所作的行政行为，委托的行政机关是被告，当事人不服提起诉讼的，应当以委托的行政机关为被告。因此，本案的被告应为甲县交警大队。(4分)

(2) 本案的管辖法院为甲县法院。本案的被告为甲县交警大队，根据《行政诉讼法》的规定，本案级别管辖为基层法院；在地域管辖方面，适用“原告就被告”原则，因此管辖法院为甲县法院。(4分)

2. 本案的行政处罚委托不合法。第一，行政委托依据为《甲县公安局关于印发甲县乡村道路交通安全管理办法的通知》，这是行政规范性文件，不属于法律、法规和规章的范畴，以此作为行政处罚委托依据不合法。(2分) 第二，《行政执法委托协议书》只是大概规定了委托的事项，即行政检查权、违法行为制止权、部分行政处罚权，并未列明部分行政处罚权到底指哪些，而且也未载明委托权力的行使期限。因此，本案在执法委托依据、内容上存在违法情形。(3分)

3. 任某的起诉未超出起诉期限。(2分)《行政诉讼法》规定，公民、法人或者其他组织直接向人民法院提起诉讼的，应当自知道或者应当知道作出行政行为之日起6个月内提出。法律另有规定的除外。本案的起诉期限从2019年8月1日起算，到2020年1月9日并未超出6个月的起诉期限。(3分)

4. 杨某能成为本案的第三人。(2分)《行政诉讼法》规定，公民、法人或者其他组织同被诉行政行为有利害关系但没有提起诉讼，或者同案件处理结果有利害关系的，可以作为第三人申请参加诉讼，或者由人民法院通知参加诉讼。本案中，任某提起行政诉讼，杨某作为驾驶人，与被诉行为有利害关系，能够成为本案的第三人。(3分)

5. 任某提出的医疗费、误工费、残疾赔偿金以及精神损害抚慰金能够获得支持。(2分) 根据《国家赔偿法》的规定，任某提出的赔偿医疗费、误工费、残疾赔偿金能获得支持，律师费不属于因残疾而增加的必要支出，不予支持。此外，向某等人的违法行为致使任某精神残疾，根据《国家赔偿法》及相关司法解释的规定，精神损害抚慰金也应获得支持。(3分)

学 科 综 合

19 CASE **(本题56分)**[①]

| 案 情 |

张某与前妻李某育有一子张木木(2021年已满8周岁),张木木跟随张某居住在2016年购买的世贸小区59栋1号楼内。世贸小区的物业服务合同于2021年5月到期后,业主既未另聘,亦未续聘,但原物业服务公司仍继续提供物业服务。张某的妹妹张美丽与丈夫孙某育有一女孙小宁,孙小宁和张木木同年,但晚出生一周。

2021年9月6日早上8点,张美丽一家三口来张某家做客,物业服务公司的保安照例打电话给张某核实来访客人身份,并在登记后允许张美丽进入。刚过9点,张木木与孙小宁经大人同意后出门去玩。出门前,孙某叮嘱两个孩子"只能在院里玩,不能上楼,更不能从楼上往下扔东西"。但孙小宁说想去楼上看看,于是跑到了楼顶,楼顶有两块砖头,两人想砖头放在楼顶不安全,于是一人捡起一块从楼顶扔了下去。

郝建与胜达公司约定于2021年9月6日上午10点于世贸小区一楼街面的咖啡厅签订合同。郝建提前到达,感觉小区不错,就想着先出去看看。郝建出门的时候看吧台无人,就把自己的收款码贴在了收款二维码上。出门后,郝建见世贸小区很大,想要去居民楼里看看。于是谎称自己是业主忘带门禁卡,要保安开门让自己进入。世贸小区管理严格,原物业服务合同约定,外来人员须通过业主核实身份并登记后才允许进入,但保安因忙于打电话,未加核实便给郝建开了门。

郝建在世贸小区内步行时,一块砖头突然坠落在郝建身旁,郝建因此受惊吓跌倒造成左腿骨折。胜达公司代表到达咖啡厅等候多时不见郝建,于是离开并决定再也不与郝建签订合同,郝建因此遭受200万元损失。

张某带着张木木探视住院治疗的郝建期间,医生见张木木气色不好,建议顺便检查一下。检查后,见抽血化验结果显示张木木为A型血,而张某与李某均为O型血,张某便怀疑张木木不是自己亲生的。张某立即找李某质问,发现李某因贩毒被收监羁押,但李某拒不说出张木木的生父。张某又去找李某的父母,发现李某的父母无经济来源,不具有抚养张木木的能力。在住院的1个月中,郝建通过更换的咖啡厅收款二维码共收到客人支付的5万元,咖啡厅月底感觉金额不对后才发现其行为,准备起诉追究郝建的民事责任。

由于通过调取小区监控录像等措施仍不能确定坠落在郝建身旁的那块砖是张木木扔下的还是孙小宁扔下的,郝建在评估了相关人员的赔偿能力后,以张木木及其监护人、孙小宁及其监护

① 本题为2021年延考民综回忆版改编题目。——编者注

人为共同被告起诉,请求被告共同承担侵权责任。诉讼中,张某主张张木木非自己亲生,自己不是张木木的监护人,无须承担责任。孙某主张由于不能证明致郝建受伤的那块砖头是孙小宁所扔,且自己当时尽到了教育等监护责任,因此,孙小宁及其监护人无须承担责任。因两个孩子无个人财产,一审法院判决张木木的监护人张某与孙小宁的监护人张美丽、孙某对郝建承担10万元的连带侵权损害赔偿责任,并向郝建赔礼道歉。

一审判决书送达时,因孙某不在家,张美丽一人签收了判决书。由于夫妻双方多次因为此案争吵关系不睦,所以,直到上诉期间届满后,张美丽才将一审判决书已经送达的事实告诉孙某。孙某知情后立即提起上诉。

一审上诉期限届满后,郝建申请强制执行。执行阶段,张美丽与郝建达成执行和解协议,该协议约定:"协议订立后一个月内,张美丽给郝建10万元,不再作其他主张。"后因资金紧张,张美丽未按该协议打款。于是郝建申请法院恢复对原判决的执行,法院裁定同意。

1周后,张美丽在法院执行前给郝建打了10万元。郝建在知悉赔偿款已经支付后,仍请求法院依照原判决对赔礼道歉部分的责任强制执行。

| 问　题 |

1. 张木木的监护人应该如何确定?

2. 张木木和孙小宁是不是本案适格被告?为什么?

3. 诉讼过程中,就导致郝建人身损害的砖头到底是谁所扔的问题,谁应当承担证明责任?

4. 就扔砖头造成郝建人身损害一事,除了张木木、孙小宁及二人的监护人外,还有哪些民事主体有可能承担侵权责任?为什么?

5. 对郝建因受人身损害而未能与胜达公司签订合同所遭受的200万元损失,其是否有权主张赔偿?为什么?

6. 郝建更换咖啡厅收款二维码,导致顾客支付的5万元到了郝建的账户,咖啡厅对郝建享有哪些请求权?

7. 世贸小区的物业公司未经过业主核实就放郝建进入小区,是否属于违约行为?是否承担责任?

8. 孙某以一审判决书由张美丽代收以及自己在上诉期间届满才知道一审判决书送达事由为由提起上诉,能否得到支持?

9. 在张美丽向郝建账户打入10万元后,郝建申请法院执行赔礼道歉部分能否得到支持?为什么?

| **法理透析** |

1. 本题作为延考卷的民综题，重点在于考查监护人制度、民事诉讼法主体适格、侵权责任、物业服务合同、送达上诉、恢复执行等考点，没有涉及商法内容，不太符合全国卷的命题方式，但是考生可以对涉及的考点进行练习。

2.《民法典》第 27 条规定，"父母是未成年子女的监护人。未成年人的父母已经死亡或者没有监护能力的，由下列有监护能力的人按顺序担任监护人：(一)祖父母、外祖父母；(二)兄、姐；(三)其他愿意担任监护人的个人或者组织，但是须经未成年人住所地的居民委员会、村民委员会或者民政部门同意"。

3.《民法典》第 1188 条规定，"无民事行为能力人、限制民事行为能力人造成他人损害的，由监护人承担侵权责任。监护人尽到监护职责的，可以减轻其侵权责任。有财产的无民事行为能力人、限制民事行为能力人造成他人损害的，从本人财产中支付赔偿费用；不足部分，由监护人赔偿"。

4. 最高人民法院《关于适用〈中华人民共和国民事诉讼法〉的解释》第 67 条规定，"无民事行为能力人、限制民事行为能力人造成他人损害的，无民事行为能力人、限制民事行为能力人和其监护人为共同被告"。

5.《民法典》第 1254 条第 2 款规定，"物业服务企业等建筑物管理人应当采取必要的安全保障措施防止前款规定情形的发生；未采取必要的安全保障措施的，应当依法承担未履行安全保障义务的侵权责任"。

6.《民法典》第 1165 条第 1 款规定，"行为人因过错侵害他人民事权益造成损害的，应当承担侵权责任"。

7. 不当得利之债。本案中，郝建获得了财产利益，咖啡厅遭受了财产损失，二者之间具有因果关系，且郝建获得该财产利益无法律上的原因。根据《民法典》第 985 条的规定，本案成立侵害权益型不当得利，咖啡厅有权请求郝建返还不当得利。由于本案中同一内容的给付，既成立侵权又成立不当得利，属于请求权竞合，所以咖啡厅有权向郝建择一主张侵权损害赔偿或者不当得利返还。

8. 送达诉讼文书，应当直接送交受送达人。受送达人是公民但本人不在的，交给其同住成年家属签收即视为完成直接送达，受送达人的同住成年家属在送达回证上签收的日期为送达日期。

9. 在履行执行和解协议的过程中，申请执行人因被执行人迟延履行申请恢复执行的同时，又继续接受并积极配合被执行人的后续履行，直至和解协议全部履行完毕的，属于《民事诉讼法》及司法解释规定的和解协议已经履行完毕，不再恢复执行原生效法律文书的情形。

| **参考答案** |

1. 张木木的监护人为张某。(2 分)

依据《民法典》第 27 条的规定，父母是未成年子女的监护人。本案中，张木木在张某和李某婚姻关系存续期间受孕、出生，推定张木木为张某的婚生子女。(3 分)同时，张木木的母亲李某因犯罪被收监羁押而没有监护能力，故张某为张木木的监护人。(1 分)

2. 张木木和孙小宁是本案适格被告。(2 分)

本案属于共同危险行为致人损害,依据《民法典》第 1170 条及相关规定,共同危险行为人应当承担连带侵权损害赔偿责任。(2 分)同时,张木木和孙小宁均为限制民事行为能力人,依据《民法典》第 1188 条的规定,应当由张木木和孙小宁以其个人财产承担责任,没有个人财产或者财产不足,才由其监护人承担无过错替代责任。因此张木木和孙小宁是本案适格被告。(2 分)

【提示】

回答不是适格被告也可以,本题答案并非唯一,只要言之有理即可得分。

3. 由张木木和孙小宁承担证明责任(2 分)

根据《民法典》第 1170 条的规定,本案成立共同危险行为。在责任成立上,共同危险行为采因果关系推定规则,即推定张木木和孙小宁的行为与损害具有因果关系;在责任免除上,共同危险行为人若能提供反证来证明实际加害人(具体侵权人),由确定的实际加害人依照法律的规定承担侵权责任。(2 分)

综上,就导致郝建人身损害的砖头是谁扔的,应当由张木木和孙小宁承担证明责任。(1 分)

4. 世贸小区的物业服务公司有可能承担侵权责任。(2 分)

根据《民法典》第 1254 条第 2 款的规定,物业服务公司负有防范高空抛物致人损害的安全保障义务,若其违反安全保障义务,应当依照《民法典》第 1198 条第 2 款的规定承担与其过错相应的补充责任。(3 分)

5. 郝建不能主张损害赔偿。(2 分)

我国《民法典》规定的人身损害赔偿只包括由侵权行为所造成的直接损失和间接损失,不包括纯粹经济损失。(2 分)这 200 万元并非侵害郝建的人身权所造成的直接损失或者间接损失,故其无权主张侵权损害赔偿。(1 分)

6. 咖啡厅有权选择向郝建择一主张侵权损害赔偿或者不当得利返还。(2 分)

根据《民法典》第 985 条的规定,本案成立侵害权益型不当得利,咖啡厅有权请求郝建返还不当得利。由于本案中同一内容的给付,既成立侵权又成立不当得利,属于请求权竞合,所以咖啡厅有权对郝建择一主张侵权损害赔偿或者不当得利返还。(3 分)

7. 属于违约行为。(2 分)应当承担责任。(2 分)

本案中,物业服务合同到期后,业主既未另聘也未续约,原物业服务公司仍继续提供物业服务,根据《民法典》第 948 条第 1 款的规定,原物业服务合同自动续期,但属于不定期物业服务合同。本案中,保安没有经过业主核实就允许郝建进入小区,属于不履行维护小区基本秩序、保护业主人身财产安全等物业服务合同义务,成立违约。基于此,业主有权请求物业服务公司承担实际履行、采取补救措施的违约责任。(6 分)

8. 不能。(2 分)

根据《民事诉讼法》及相关规定。送达诉讼文书,应当直接送交受送达人。受送达人是公民但本人不在的,交给其同住成年家属签收即视为完成直接送达,受送达人的同住成年家属在送达回证上签收的日期为送达日期。(3 分)

本案中,法院将判决书交给与孙某同住的妻子张美丽,即视为完成直接送达,而无须考虑张

美丽是否将签收文书告知并交付孙某。因此,上诉期限届满后,孙某不得上诉。(2 分)

9. 不能得到支持。(2 分)

在履行执行和解协议的过程中,申请执行人因被执行人迟延履行申请恢复执行的同时,又继续接受并积极配合被执行人的后续履行,直至和解协议全部履行完毕的,属于《民事诉讼法》及司法解释规定的和解协议已经履行完毕,不再恢复执行原生效法律文书的情形。(3 分)本案中,郝建由于被执行人迟延履行而申请恢复执行,后接受了被执行人的继续履行,即接受了被执行人赔偿的 10 万元。此时执行和解协议已经全部履行完毕,法院不得再执行原判决中的赔礼道歉。如果郝建因为被执行人迟延履行而遭受损失,可以另诉主张赔偿。(2 分)

20 CASE （本题58分）

｜案　情｜

A公司为生产经营向B银行借款，以公司的两台设备和一块土地的建设用地使用权为B银行设立抵押，并办理了抵押登记。获得贷款后，A公司继续开发土地，在土地上修建厂房，并将厂房的一部分出租给了C公司。

A公司与D公司签订合同，A公司按照合同要求将货物交付给D公司指派的上门运货车队，在运输过程中部分货物被盗。D公司对收到的剩余货物进行检验后，认为货物不符合质量要求遂以违约为由将A公司起诉至法院。A公司认为D公司的检验报告不正确，并向法院出示了检验合格的鉴定，但D公司认为该鉴定是A公司自己做的，不具有可信性。法院认为货物是否符合质量要求需要进行专业鉴定。

A公司与E公司签订合同，A公司按照合同要求将货物运送给E公司。在运输过程中，A公司接到E公司通知，E公司已经将货物转给急需货物的F公司，要求A公司将货物直接送到F公司。但是由于A公司与F公司历来不和，其没有将货物送往F公司而是仍送到E公司，结果导致F公司因为原料短缺而停止生产。

A公司因为资金周转困难，将已经为B银行设定抵押的设备卖给了不知情的G公司。G公司支付了全部价款，先取走了一台设备。

｜问　题｜

1. B银行应当如何实现抵押权？

2. 对于A公司与D公司的合同，货物被盗的损失应当由谁承担？

3. 对于A公司与D公司的合同，D公司能否以A公司交付的货物质量不合格为由，请求A公司对被盗货物承担不符合质量要求的违约责任？

4. 关于A公司、D公司对产品质量检验的争议，法院应当如何处理？

5. D公司应当向哪个(些)法院起诉？

6. 对于A公司与E公司的合同，A公司是否有义务将货物送给F公司？

7. 对于A公司未能送货导致F公司停产的损失，F公司能否主张A公司赔偿？诉讼当事人应当如何列明？

8. B银行对于已经出卖的两台设备的抵押权能否实现？

9. B银行如果想实现担保，应当向哪些法院申请？

10. 对于B银行实现担保的请求，法院应当如何做？

| **法理透析** |

1.《民法典》第 604 条规定，标的物毁损、灭失的风险，在标的物交付之前由出卖人承担，交付之后由买受人承担，但是法律另有规定或者当事人另有约定的除外。

2.《民法典》第 577 条规定，当事人一方不履行合同义务或者履行合同义务不符合约定的，应当承担继续履行、采取补救措施或者赔偿损失等违约责任。

3. 最高人民法院《关于民事诉讼证据的若干规定》第 41 条规定，对于一方当事人就专门性问题自行委托有关机构或者人员出具的意见，另一方当事人有证据或者理由足以反驳并申请鉴定的，人民法院应予准许。第 30 条第 1 款规定，人民法院在审理案件过程中认为待证事实需要通过鉴定意见证明的，应当向当事人释明，并指定提出鉴定申请的期间。第 31 条第 1 款规定，当事人申请鉴定，应当在人民法院指定期间内提出，并预交鉴定费用。逾期不提出申请或者不预交鉴定费用的，视为放弃申请。

4.《民事诉讼法》第 24 条规定，因合同纠纷提起的诉讼，由被告住所地或者合同履行地人民法院管辖。最高人民法院《关于适用〈中华人民共和国民事诉讼法〉的解释》第 18 条第 1 款、第 2 款规定，合同约定履行地点的，以约定的履行地点为合同履行地。合同对履行地点没有约定或者约定不明确，争议标的为给付货币的，接收货币一方所在地为合同履行地；交付不动产的，不动产所在地为合同履行地；其他标的，履行义务一方所在地为合同履行地。即时结清的合同，交易行为地为合同履行地。本题中，双方当事人之间为普通合同买卖纠纷，故被告住所地 A 公司住所地法院有管辖权。同时，由于双方并未约定合同履行地，应当适用“其他标的，履行义务一方所在地为合同履行地”的规定。

5.《民法典》第 523 条的规定，当事人约定由第三人向债权人履行债务，第三人不履行债务或者履行债务不符合约定的，债务人应当向债权人承担违约责任。

6.《民法典》第 417 条的规定，建设用地使用权抵押后，该土地上新增的建筑物不属于抵押财产。该建设用地使用权实现抵押权时，应当将该土地上新增的建筑物与建设用地使用权一并处分。但是，新增建筑物所得的价款，抵押权人无权优先受偿。

7.《民法典》第 404 条规定，以动产抵押的，不得对抗正常经营活动中已经支付合理价款并取得抵押财产的买受人。对于正常经营活动，最高人民法院《关于适用〈中华人民共和国民法典〉有关担保制度的解释》第 56 条规定，“买受人在出卖人正常经营活动中通过支付合理对价取得已被设立担保物权的动产，担保物权人请求就该动产优先受偿的，人民法院不予支持，但是有下列情形之一的除外：……（二）购买出卖人的生产设备……”

8.《民事诉讼法》第 207 条规定，申请实现担保物权，由担保物权人以及其他有权请求实现担保物权的人依照《民法典》等法律，向担保财产所在地或者担保物权登记地基层人民法院提出。

| **参考答案** |

1. B 银行能仅就土地实现抵押权，不能对房屋实现抵押权。（2 分）

根据《民法典》第 417 条的规定，建设用地使用权抵押后，该土地上新增的建筑物不属于抵押财产。该建设用地使用权实现抵押权时，应当将该土地上新增的建筑物与建设用地使用权一并处分。但是,新增建筑物所得的价款,抵押权人无权优先受偿。本题中,A 公司先抵押建设用地使用权后建厂房,抵押的客体仅为建设用地使用权,而不及于新增的建筑物。B 银行仅可就拍卖的建设用地使用权的费用主张优先受偿。(4 分)

2. 货物被盗的损失应当由 D 公司承担。(2 分)

根据《民法典》第 604 条规定,标的物毁损、灭失的风险,在标的物交付之前由出卖人承担,交付之后由买受人承担,但是法律另有规定或者当事人另有约定的除外。本题中,A 公司已将货物交付给 D 公司指派的运货车队,货物毁损、灭失的风险应当由 D 公司承担。(4 分)

3. D 公司可以以 A 公司交付的货物质量不合格为由,请求 A 公司对被盗货物承担违约责任。(2 分)

根据《民法典》第 577 条的规定,当事人一方不履行合同义务或者履行合同义务不符合约定的,应当承担继续履行、采取补救措施或者赔偿损失等违约责任。本题中,A 公司交付的部分货物虽被盗,但是仍然应当承担该部分货物质量不合格的违约责任。(4 分)

4. 法院应当向 D 公司释明由 D 公司对货物质量问题申请鉴定,并指定提出鉴定申请的期间。(2 分)

根据最高人民法院《关于民事诉讼证据的若干规定》第 41 条的规定,对于一方当事人就专门性问题自行委托有关机构或者人员出具的意见,另一方当事人有证据或者理由足以反驳并申请鉴定的,人民法院应予准许。第 30 条第 1 款规定,人民法院在审理案件过程中认为待证事实需要通过鉴定意见证明的,应当向当事人释明,并指定提出鉴定申请的期间。第 31 条第 1 款规定,当事人申请鉴定,应当在人民法院指定期间内提出,并预交鉴定费用。逾期不提出申请或者不预交鉴定费用的,视为放弃申请。本题中,对于 A 公司就货物质量问题单方出具的意见,D 公司不予承认,且法院也认为货物质量问题需要专业鉴定,则法院应向 D 公司释明,并指定提出鉴定申请的期间。(4 分)

5. D 公司应当向 A 公司住所地法院起诉。(2 分)

根据《民事诉讼法》第 24 条的规定,因合同纠纷提起的诉讼,由被告住所地或者合同履行地人民法院管辖。最高人民法院《关于适用〈中华人民共和国民事诉讼法〉解释》第 18 条规定,合同约定履行地点的,以约定的履行地点为合同履行地。合同对履行地点没有约定或者约定不明确,争议标的为给付货币的,接收货币一方所在地为合同履行地;交付不动产的,不动产所在地为合同履行地;其他标的,履行义务一方所在地为合同履行地。即时结清的合同,交易行为地为合同履行地。本题中,双方当事人之间为普通合同买卖纠纷,故被告 A 公司住所地法院有管辖权。同时,由于双方并未约定合同履行地,应当适用“其他标的,履行义务一方所在地为合同履行地”的规定。由于 A 公司为履行义务一方,故 A 公司所在地为合同履行地。综上所述,D 公司应当向 A 公司住所地法院起诉。(4 分)

6. A 公司无义务将货物送给 F 公司。(2 分)

根据《民法典》第 523 条的规定,当事人约定由第三人向债权人履行债务,第三人不履行债务或者履行债务不符合约定的,债务人应当向债权人承担违约责任。本题中,A 公司和 E 公司达成买卖合同,E公司和F公司达成转售买卖合同。此时,未经A公司的同意,其不负有替E公司向F公司履行债务的义务。因此,A公司无义务将货物送给F公司。(4分)

7. F公司无法直接向A公司主张赔偿。F公司应当起诉E公司,同时法院可列A公司为无独立请求权第三人。(2分)

F公司与A公司之间并无合同关系,基于合同的相对性,F公司应当起诉E公司,E公司败诉后,可向A公司主张损害赔偿。由于A公司与此诉讼结果有法律上的利害关系,可在F公司与E公司的诉讼中列为无独立请求权第三人。(4分)

8. B银行可以就设备主张抵押权。(2分)

根据《民法典》第404条的规定,以动产抵押的,不得对抗正常经营活动中已经支付合理价款并取得抵押财产的买受人。对于正常经营活动,最高人民法院《关于适用〈中华人民共和国民法典〉有关担保制度的解释》第56条规定,“买受人在出卖人正常经营活动中通过支付合理对价取得已被设立担保物权的动产,担保物权人请求就该动产优先受偿的,人民法院不予支持,但是有下列情形之一的除外:……(二)购买出卖人的生产设备……”因此,购买出卖人的生产设备不属于正常的经营范围,可以对生产设备主张抵押权。(4分)

9. B银行如果想实现担保,应当向设备或土地所在地基层人民法院提出。(2分)

根据《民事诉讼法》第207条的规定,申请实现担保物权,由担保物权人以及其他有权请求实现担保物权的人依照《民法典》等法律,向担保财产所在地或者担保物权登记地基层人民法院提出。本题中,A公司以设备和建设用地使用权作为抵押,B银行如果想实现担保,应当向设备或土地所在地基层人民法院提出申请。(4分)

10. 法院受理申请后,经审查,符合法律规定的,裁定拍卖、变卖担保财产,当事人依据该裁定可以向人民法院申请执行;不符合法律规定的,裁定驳回申请,当事人可以向人民法院提起诉讼。(4分)